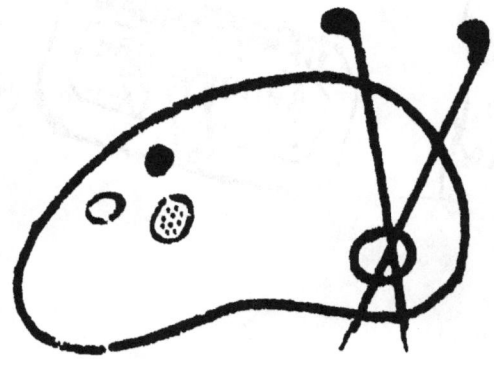

Couvertures supérieure et inférieure
en couleur

COUVERTURES SUPERIEURE ET INFERIEURE D'IMPRIMEUR

La Maison de Pilate

par

Paul Féval

LA
MAISON DE PILATE

II

A LA MÊME LIBRAIRIE

ŒUVRES DE PAUL FÉVAL

	fr.	c.
Aimée. 1 vol.	1	»
Alizia Pauli. 1 vol.	1	»
Les amours de Paris. 2 vol.	7	»
L'arme invisible et Maman Léo. 2 vol.	2	»
L'avaleur de sabre et Mademoiselle Saphyr. 2 vol.	2	»
Blanchefleur. 1 vol.	1	25
Le Bossu. 2 vol.	7	»
Bouche de fer. 1 vol.	3	50
Le capitaine Fantôme. 1 vol.	1	»
Les filles de Cabanil. 1 vol.	1	»
Talavera-de-la-Reine. 1 vol.	1	»
La chambre des amours. 1 vol.	1	»
Cœur d'acier. 2 vol.	7	»
La cosaque. 1 vol.	»	60
Le dernier vivant. 2 vol.	2	50
Les deux femmes du roi. 1 vol.	1	»
Le drame de la jeunesse. 1 vol.	3	50
La fabrique de mariages. 1 vol.	3	50
Les habits noirs. 2 vol.	7	»
Jean-Diable : 1° Une nuit à Londres; 2° Le château de Belcamp; 3° Le procès criminel. 3 vol.	3	»
Le jeu de la mort. 1 vol.	1	»
La tontine infernale. 1 vol.	1	»
Madame Gil-Blas. 2 vol.	7	»
Les mystères de Londres. 2 vol.	7	»
La pécheresse. 1 vol.	1	25
La province de Paris. 1 vol.	1	»
Le quai de la ferraille. 2 vol.	2	»
Le roi des gueux. 2 vol.	2	50
La maison de Pilate. 2 vol.	2	50
Le roman de minuit. 1 vol.	»	60
La rue de Jérusalem. 2 vol.	2	»
La tache rouge. 2 vol.	7	»
Le tueur de tigres. 1 vol.	3	50
La vampire. 1 vol.	1	»
Le volontaire. 1 vol.	3	50

OUVRAGES DE PAUL FÉVAL, FILS

	fr.	c.
Le fils de Lagardère (suite du *Bossu*). 2 vol.	7	»
Les Jumeaux de Nevers. 2 vol.	7	»
Le collier sanglant. 1 vol.	1	25
Le boucher des dames. 1 vol.	1	25
Le livre jaune. 1 vol.	3	50
Le crime du juge. 1 vol.	»	60

Imprimerie de Poissy — S. Lejay et Cie.

LA
MAISON DE PILATE

PAR

PAUL FÉVAL

TOME DEUXIÈME

NOUVELLE ÉDITION

PARIS

E. DENTU, LIBRAIRE-ÉDITEUR

3 ET 5, PLACE DE VALOIS, PALAIS-ROYAL

Tous droits réservés.

LA
MAISON DE PILATE

I

LE MÉDAILLON DE MENDOZE

C'était une pièce assez vaste, dont les murailles toutes nues gardaient la trace de ces peintures arabes que les antiquaires recherchent si passionnément. Le tour des portes et des croisées était marqué par un encadrement d'azulejos ou camaïeux de Hollande, et le plancher se recouvrait d'un riche tapis turc. Les meubles, simples et peu nombreux, avaient l'ancienne forme espagnole. Deux rangées de planches supportaient des fioles et des livres. Un crucifix d'ébène était accroché dans un coin, au-dessus d'une marche de prie-Dieu recouverte de laine.

A vrai dire, rien n'annonçait ici la demeure d'un musulman, mais nous avons déjà fait remarquer cette circonstance que juifs et sectateurs du Prophète avaient des mesures à garder dans la loyale cité de Séville.

L'inquisition et l'audience ne péchaient ni l'une ni l'autre par trop de tolérance.

Comme aspect, c'était la retraite d'un savant, d'un médecin, si vous voulez; Moghrab avait réservé pour son fameux laboratoire tout ce qui sentait les sciences occultes et les calculs astrologiques.

Par le fait, Moghrab était un médecin. Qui guérit un perroquet peut guérir un homme, et nous l'avons vu à l'œuvre, sous sa seconde espèce, Hussein le Noir, auprès du favori de Philippe IV, Almanzor, ce volatile élégant qui devançait l'histoire et proclamait cent fois par jour la grandeur du petit-fils de Charles-Quint, Almanzor devait la vie à Hussein le Noir.

Hussein le Noir avait en outre traité le roi lui-même dans plusieurs maladies, à l'insu de ses docteurs ordinaires. Moghrab, nous ne l'ignorons pas, était le médecin du comte-duc; le vieux Bernard de Zuniga le consultait quotidiennement, et la reine, au dire de toute la cour, ne prolongeait son existence chancelante que par les soins de son sorcier Soliman.

Or, Soliman, Moghrab, Hussein le Noir étaient une seule et même personne.

A quel but marchait donc cet homme par des routes si tortueuses et si diverses ?...

En entrant dans la chambre où Mendoze sommeillait, il jeta sur le tapis son large sombrero et se dépouilla de son manteau. Ce visage de marbre que nous connaissons apparut aux lueurs de la lampe. Il y avait sur ses traits une fatigue immense; son front large et puissant semblait s'incliner sous un poids mystérieux.

Son œil brûlait pourtant dans l'ombre profonde

de ses orbites, mais c'était l'éclat fiévreux que donne un labeur sans merci ni trêve.

Il s'affaissa plutôt qu'il ne s'assit sur son siège, sa longue barbe balaya sa poitrine, et ses deux mains croisées emprisonnèrent ses genoux.

Le sereno passait, criant la troisième heure de la nuit, et, chose étrange! annonçant la pluie dont quelques gouttes s'égaraient dans la sécheresse de ce ciel.

Moghrab ferma les yeux comme si le sommeil allait le prendre. Ce large cercle que creusent les lassitudes et que les heures du repos développent cerna plus profondément sa paupière.

Mais il ne dormit pas. Il n'était pas là pour dormir.

— L'Espagne!... murmura-t-il; Charles-Quint!... l'empire du monde!

Un sourire amer releva les coins de sa lèvre.

— Philippe IV!... acheva-t-il avec colère et dédain.

Puis, avec un accent plus sarcastique :

— Le roi des perroquets et des taureaux!... le plastron de l'Europe!... la queue burlesque d'une splendide histoire!

Le sourire moqueur mourut sur sa bouche, qui se fronça.

— Il y a longtemps qu'on n'a vu mourir un peuple, pensa-t-il tout haut, tandis que ses yeux se rouvraient pour jeter leur regard dans le vide; ces choses arrivent périodiquement et quand Dieu le veut... L'homme s'agite dans sa misérable impuissance...

Dans sa prunelle ardente, tournée un instant

vers le ciel, il y avait comme un reproche.

Mais sa prunelle se baissa ; il fit le signe de la croix et prononça lentement :

— Loué soit Dieu ! Que sa volonté s'accomplisse !

Un silence suivit. La résignation avait peine à entrer dans cette âme vigoureuse. Des rides profondes se creusaient au front de Moghrab, et sa respiration sifflait dans sa gorge.

— L'homme s'agite, répéta-t-il avec effort : j'ai dépensé toute une vie à ce labour ingrat ; j'ai soulevé le rocher de Sisyphe, mais il est retombé sur ma poitrine écrasée. Est-ce parce que, en voulant sauver l'Espagne, je voulais aussi me venger ?

Mendoze s'agita sur sa couche, Moghrab se leva en sursaut, et passa la main sur son front.

Il s'approcha du lit. Il prit le bras du dormeur et consulta son pouls attentivement. Son visage s'éclaira.

— La jeunesse !... murmura-t-il ; son sommeil est calme.

On dirait qu'il y a un sourire sous ses paupières fermées.

C'était vrai. Parmi la pâleur qui couvrait les traits de Mendoze, quelque chose souriait. Sans doute un rêve heureux passait dans son sommeil. La lampe placée sur la table, à l'autre extrémité de la chambre, n'envoyait à son visage que de lointains reflets, il était impossible de ne point admirer cette franche et vaillante beauté.

Moghrab s'assit auprès du lit. Ses yeux étaient humides, et il y avait bien longtemps que Moghrab n'avait pleuré.

Il se révolta contre ses larmes.

— Pourquoi tous à la fois, mes souvenirs? s'écria-t-il en redressant sa taille flère; pourquoi mon passé tout entier?... J'ai vu Medina-Celi et je n'ai pas pleuré!... j'ai été m'asseoir sur le gazon qui recouvre la pauvre tombe de ma femme, et je me suis étonné de ne point trouver des pleurs dans mes yeux!... Isabel! Isabel! ma jeunesse chérie! mes illusions! mon héroïque espoir!... Isabel, parfum de mes belles années!... mon cœur est plein de toi, mon cœur de vieillard ! Pauvre croix plantée dans la mousse! pauvre nom inscrit sur la pierre!... Isabel! Isabel!

Ses deux mains se collèrent à son visage inondé.

— Je pleure comme une femme, reprit-il; mais Dieu seul me voit... Aujourd'hui comme toujours, mon cœur et ma conscience sont ouverts seulement à l'œil de mon souverain maître...

Je n'ai pas pleuré pendant que j'étais captif ; je n'ai pas pleuré pendant que je cachais dans les entrailles du sol mon existence proscrite; je n'ai pas pleuré sur la terre de l'exil; je n'ai pas pleuré en quittant le nom de mon père!...

— Non, poursuivit-il avec cette sourde exaltation des désespérés qui remontent par la pensée la pente des années heureuses, il fallait le vivant reflet de mon bonheur perdu, et l'écho réveillé de mes jeunes espérances que la mort a rendues muettes à jamais!...

Il reprit la main de Ramire et la serra doucement entre les siennes. Il y avait là de l'affection, mais cette affection mélancolique s'égarait par dessus la tête de l'enfant pour chercher son aliment dans les nuages du passé.

Il le sentait. Un remords pesait sur son âme.

Il traversa la chambre, les yeux secs désormais, et cependant le cœur plus triste. Il alla prendre la lampe qu'il déposa sur la table de nuit.

— Isabel!... Isabel!... murmura-t-il encore en contemplant avec recueillement le visage de Mendoze.

Tout un monde de pensées s'agitait dans son cerveau.

Il resta longtemps ainsi plongé dans l'amertume chère de ses souvenirs.

Puis tout à coup il souleva avec précaution la couverture de Mendoze, mettant à nu sa poitrine où deux appareils sanglants se croisaient. Ce n'était pas le médecin qui agissait ici, car il ne toucha point aux appareils.

Il écarta les revers de la chemise de Mendoze, non point au hasard, mais en homme sûr de trouver ce qu'il cherche. Une chaîne d'argent pendait au cou du jeune cavalier.

L'objet qu'elle soutenait était engagé sous l'un des appareils. Moghrab l'attira doucement et amena un médaillon de métal qui portait accolés deux écussons : l'un de gueules aux trois éperons d'or, l'autre de sable à l'aigle d'or, regardant un soleil de même. Les deux écussons avaient leur devise. *Sala solem*, disait l'un fièrement; l'autre, faisant allusion aux éperons de l'écu, répondait : *Para aguijar a haron* (pour aiguillonner le paresseux). Au revers du médaillon, trois mots couraient : *Haro hero ero*.

Moghrab tint un instant dans sa main le médaillon dont il ne pouvait détacher son regard. Il ne parlait plus. Tout son être s'affaissait sous le poids d'une écrasante émotion.

Le médaillon ne pouvait s'ouvrir qu'au moyen d'un secret. Moghrab avait le secret, car il ouvrit le médaillon.

Le boîtier contenait des cheveux.

Moghrab ne pleura pas cette fois; sa poitrine rendit un sourd gémissement.

Il porta les cheveux à ses lèvres. Vous eussiez dit qu'il allait tomber à la renverse.

Les larmes viennent d'un ébranlement soudain, d'un trouble qui prend le cœur par surprise. Ces profondes émotions, où l'âme se baigne d'elle-même, réfléchie et résolue, sont sans larmes.

Les larmes soulagent. Elles ne coulent guère dans ces crises où l'homme se sent défaillir et mourir.

C'était bon tout à l'heure les larmes. La vue d'un jeune visage rappelant vaguement d'autres traits bien-aimés les avaient fait jaillir. Mais ici, le premier déchirement d'une douleur terrible, incomparable, se renouvelait après quinze années.

— Isabel! balbutia Moghrab sans savoir qu'il parlait; Isabel!... les pauvres cheveux de ma femme!

Il les baisait avec religion, et chacune des fibres de son être s'agitait en un tressaillement aigu.

—Ma femme! reprit-il encore avec de tendres

et douces inflexions, mon amour chéri!... mon pauvre bonheur!

La rêverie descendait sur son front.

— C'était un soir, s'interrompit-il ; c'était non loin d'ici, sur les rives de l'île Majeure, à quelques pas des ruines de mon château de Haro qu'ils ont donné à Palomas, ce fils de louve... La brise des nuits empruntait ses plus suaves parfums à ta chevelure...

Nous allions tous les deux, enivrés par ce silence qui parle... Le fleuve chantait, les lauriers-roses agitaient doucement leurs longues branches chargées de fleurs... N'était-ce pas hier, ô ma bien-aimée?... Tu me dis tout à coup : « Don Louis, vous perdez vos jours près de moi ; je vous prends une part de votre gloire. Songez-y, don Louis, je ne puis aimer qu'un héros... »

Le lendemain mes équipages étaient prêts, car je ne savais que t'obéir, ma reine! je te dis adieu ; et le premier message que je t'adressai fut scellé de cette devise orgueilleuse que Dieu a si cruellement démentie : *Haro hero ero.*

C'était pour vous, Isabel ; vous aimiez la gloire, je voulais de la gloire.

Ses yeux demi-fermés semblaient poursuivre une vision dans le vide.

— Oui... oui... murmura-t-il, je l'entends... tu me parles de ton fils ; tu me dis que je ne suis pas un père... tu me reproches mes rêves du passé devant le présent si digne d'amour... je l'aime, Isabel, j'aime mon fils parce qu'il est le tien... Il sera plus heureux que moi : un pressentiment bien cher me le crie... Il est fort, il est brave...

C'est à lui la devise ! C'est lui qui sera le héros !

Il se pencha sur Mendoze endormi, et toucha son front de ses lèvres.

— Je l'aime ! je te dis que je l'aime.

Mais il était distrait en repassant autour du cou du jeune cavalier la chaîne avec le médaillon.

Y a-t-il en vérité des cœurs grands et ardents qui ne peuvent contenir qu'une seule passion ?

Ce Moghrab appelait Mendoze son fils, et il était obligé de répondre au vague reproche de sa conscience : « Je l'aime ! je l'aime... »

Avant de s'éloigner du lit, il étendit la main sur le front de Ramiro.

— Demain m'enverra cet amour, pensa-t-il tout haut ; tu lui ressembles, enfant ; mes bras et mon cœur te sont ouverts... Dors en paix... Il est du moins un serment que je puis faire à celle qui voit du paradis le fond de ma conscience. Maintenant que j'ai reconnu la preuve de sa naissance, s'il est attaqué, je suis prêt à donner tout mon sang pour le défendre !

Sa nuit ne devait pas avoir de sommeil, car il rejeta son manteau sur ses épaules et rabattit de nouveau sur son front les larges bords de son feutre.

Sa haute taille s'était redressée dans toute sa mâle vigueur. Si la fatigue restait, il secouait la fatigue, et sa volonté de fer lui tenait lieu de repos.

— Demain, dit-il en se dirigeant d'un pas ferme vers la chambre d'Aïdda, nos destinées se jouent avec celles de l'Espagne. Dors tranquille, enfant, tu n'en a pas fini peut-être avec l'épée... Relever

1.

l'Espagne et punir les traîtres... telle est mon œuvre ; mais je veux ma vengeance grande et mon but noblement atteint. Fi de ceux qui s'attaquent aux enfants et aux femmes ! On châtie un homme comme le comte-duc non pas dans les affections de son cœur, mais dans les angoisses de son ambition déçue... Il donnerait sa fille pour garder sa puissance... je veux lui rendre sa fille, moi qui lui ravirai son pouvoir !

Il traversait la chambre d'Aïdda. Son regard tomba sur le prie-Dieu qui était à la tête du lit de la Mauresque. Il s'arrêta : ses genoux fléchirent.

— Seigneur, pria-t-il avec une sincère et grave ferveur, protégez le fils d'Isabel ! Je ne vous demande rien pour moi ; je vous demande pour lui toutes les gloires et toutes les joies qu'ambitionnaient mes jeunes années... Le glaive frappe et rentre au fourreau après la bataille : je ferai comme le glaive ; ma carrière est finie... J'aurai été la foudre dans vos mains, Seigneur, la foudre qui éclate et se consume. J'ai pris cette tâche, je l'accomplis jusqu'au bout, et je n'en murmure point... Mais que mon nom ne périsse pas dans la tempête, Dieu tout-puissant, et que ma bien-aimée voie son fils debout sur les marches du trône !...

Il se releva. La porte de la chambre où gisait Inez était toujours entr'ouverte. On voyait sur le tapis le triangle lumineux projeté par la lampe qui brûlait au chevet de la captive.

Moghrab eut un sourire.

Pour un jour encore, dit-il, je suis le sorcier africain. Il faut que le sorcier fasse son office...

Par la puissance de mes mystérieux calculs, je retrouve cette jeune fille et je la rends à son père.

En achevant ces paroles, il dépassait le seuil. Un cri s'échappa de sa gorge : la lampe éclairait le lit vide. La prisonnière avait disparu.

Gabrielle faisait sa prière du soir dans sa chambre, située immédiatement au-dessus de celle d'Aïdda. Elle avait peine à parler à Dieu, tant sa pauvre âme, naïve et douce, était ébranlée.

Depuis vingt-quatre heures, une sorte de tourbillon l'avait arrachée à sa vie tranquille. Elle avait vu Mendoze endormi par les carreaux de sa croisée ; il était beau comme ses premiers rêves de vierge. Elle s'était éprise de ce rêve, sans trouble ni remords, comme une enfant qu'elle était, elle avait joué deux fois sa réputation pour lui venir en aide, et sa récompense avait été un froid sourire.

Elle venait trop tard : ce bel inconnu aimait ailleurs ; mais les événements marchaient, elle n'avait pas eu le temps de se recueillir dans sa tristesse. A la catastrophe sanglante de la maison de Pilate avait succédé le récit de l'Africaine.

Comment dire cela ? Gabrielle aimait et plaignait Aïdda, quoique la conduite d'Aïdda la glaçât d'horreur et de terreur. Elle n'avait point d'autre compagne ; c'était le premier cœur qui se fût ouvert pour elle.

L'Africaine, supérieure à elle par l'intelligence et par la force, lui avait montré jusqu'alors un grand cœur, plein de dévouement et de religieux souvenirs. Elle savait dès longtemps cette lugubre histoire de Blanche tuée par la honte. Elle était de ce pays d'Espagne où la vengeance est dans l'air, où le sang âcre et chaud exagère toute passion, où la rancune se confond avec l'honneur, où la haine implacable prend le nom de vertu. Le milieu où l'on est modifie le sens moral comme le sens physique. Les yeux s'habituent aux ténèbres, le cœur s'aguerrit au choc de l'étonnement ou du dégoût.

Gabrielle aimait encore Aïdda, mais c'était comme les anges du ciel qui s'intéressent aux malheureux que mènent les passions sur la terre. Elle eût voulu lui tendre la main pour l'arracher à ce gouffre de haines et de représailles cruelles.

Si le nom d'Aïdda venait dans sa prière, c'est qu'elle demandait à Dieu de la sanctifier et de la guérir.

Elle s'interrompait souvent. La pensée d'Aïdda évoquait toujours deux autres images ; pour un bourreau il y avait deux victimes : Inez, la fille du comte-duc, cette pauvre enfant innocente sur qui pesait une si odieuse fatalité ; et la Medina-Celi, cette fière fleur de noblesse que le vent du malheur avait courbée.

Gabrielle les voyait toutes deux dans le même nuage, et je ne sais par quelle mystérieuse pente elle arrivait à voir le rédempteur de ces deux agonies sous la forme d'un beau jeune homme au sourire franc, au regard hardi, à la tête hautaine, dont le vent soulevait la brune chevelure.

Le dieu sauveur prenait la taille et le visage de Mendoze.

Oh ! ne l'accusez pas ! elle avait fait son sacrifice. Cet amour si jeune avait déjà gravi les sommets de la résignation. Gabrielle pouvait sourire à l'image de Mendoze, car tous ses vœux étaient pour Isabel.

Pour Isabel, sa rivale préférée !

Elle avait déjà dit bien des fois, tout au fond de sa conscience angélique : Qu'ils soient heureux, mon Dieu !

Et quand l'ombre silencieuse du cloître passait comme un voile de deuil sur sa rêverie, elle souriait encore, ajoutant :

— Seigneur, je n'aimerai que vous, mais je prierai pour eux.

Il y avait bien une demi-heure qu'Aïdda, obéissant aux ordres de Moghrab, avait quitté la maison. Tout dormait dans l'hôtellerie voisine, on n'entendait que le bruit monotone de la pluie tombant goutte à goutte sur la galerie de bois.

Gabrielle, acharnée à la prière qui la fuyait, et s'égarant à chaque instant dans son rêve, inclinait déjà sa tête charmante sur son épaule. Elle allait s'endormir ainsi agenouillée, tant la fatigue l'accablait, lorsque tout à coup un craquement léger se fit entendre au-dessous d'elle.

Elle eut peur. C'était la première fois qu'un sentiment pareil la prenait, car sa frayeur avait trait aux choses de l'autre monde. Elle voyait justement, à l'instant où ce bruit avait frappé son oreille, les joues blanches d'Inez encadrées par ses longs cheveux ruisselants. Il lui semblait que le cercle de bistre tracé autour de ses paupières fermées s'était agrandi et creusé.

Inez avait ainsi l'air d'une morte couchée sur le lit des funérailles.

A cette heure où ses idées vacillaient, troublées déjà par le sommeil, Gabrielle confondait les deux couches en deuil, le lit de la maison de Moghrab et le lit du palais des Moncade : Blanche, la première victime, avec Inez, la seconde.

Elle se disait : « Ce breuvage qui procure l'engourdissement, fait mourir aussi quand on le boit à trop haute dose. »

Elle se rappelait l'assurance d'Aïdda qui avait affirmé péremptoirement qu'Inez ne se réveillerait pas.

La dette de malheur était-elle payée ?

Elle frissonna. Elle écouta, les mains levées déjà pour cacher sa tête craintive.

Le bruit continuait. On marchait à l'étage inférieur. — Mais c'était un pas si lent et à la fois si léger ! — Une vivante pouvait-elle marcher ainsi ?

Car ce n'était pas Moghrab. Le dur talon de l'Africain sonnait autrement sur les dalles.

Et ce n'était pas Aïdda, puisque Aïdda était chez la reine.

C'était Inez. Gabrielle en avait déjà la certitude.

Et au travers du plancher elle devinait qu'Inez se dirigeait vers elle.

La porte du logis de Moghrab s'ouvrit très doucement ; mais Gabrielle en eut la perception distincte.

On monta une marche de l'escalier, puis deux. Les veines de Gabrielle s'emplirent de froid. Elle allait voir une morte.

Elle se mit sur ses jambes qui chancelaient. Elle regretta l'absence de son père. — La vieille servante dormait tout à l'autre bout de la maison.

Il y avait Moghrab, mais la pensée de l'Africain redoublait les terreurs de Gabrielle.

On montait. — Chaque pas fait semblait un effort. La bouche de Gabrielle s'ouvrit pour crier au secours.

Deux coups légers furent frappés à la porte.

Gabrielle se laissa tomber sur son lit,

Elle avait oublié de rentrer la clef.

On frappa encore, et une voix brisée dit :

— Ouvrez, jeune fille, au nom de Dieu !

Comme Gabrielle paralysée ne bougeait ni ne répondait, la clef tourna dans la serrure, puis la porte roula lentement sur ses gonds.

II

LA FILLE D'OLIVARÈS

C'était un fantôme, en effet, le blanc fantôme d'Inez, la fille du comte-duc. Aucun de ceux qui avaient admiré naguère, aux fêtes de la cour, la brillante héritière du favori, ne l'aurait retrouvée dans cette pâle apparition.

Avant de franchir le seuil, elle se retourna comme pour voir si personne ne montait l'escalier derrière elle. Gabrielle l'avait reconnue du premier coup d'œil, ou plutôt Gabrielle savait déjà que c'était elle, mais la vue de ce spectre vivant changeait son effroi en pitié.

Gabrielle ne songeait déjà plus à ses frayeurs folles; le rêve s'était évanoui au moment même où la porte ouverte lui avait montré le profil épouvanté de la pauvre captive. Elle se demandait : « Que veut-elle ? » Son esprit ingénieux pour le bien cherchait les voies de salut et travaillait à cette délivrance.

Le regard d'Inez, après avoir plongé dans les ténèbres de l'escalier, revint à Gabrielle. Sa bouche eut un vague sourire.

— C'est vous, c'est bien vous! dit-elle.

Puis elle ajouta du ton que l'on prend pour faire une confidence :

— Personne ne m'a vue... L'homme noir était dans l'autre chambre... Ne craignez rien, ils ne viendront pas me chercher jusqu'ici.

— Je ne crains rien pour moi... commença la fille de l'oidor.

— Je sais que vous êtes bonne, interrompit Inez, je vous connais... j'ai mis tout de suite mon espoir en vous.

Sa main quitta l'appui du chambranle, et Gabrielle vit ses genoux trembler. Elle s'élança pour la soutenir; Inez, confiante, mit ses bras sur son épaule et reprit :

— Je me sens mieux que tout à l'heure... Si vous m'aviez vue ramper en montant les premières marches!... Je serai assez forte pour me rendre où je veux aller...

— Chez votre père, senora? demanda Gabrielle.

Inez ne répondit point, mais le sourire qui était sur ses lèvres s'effaça.

— Laissez-moi m'asseoir près de vous, dit-elle,

là, au pied de votre lit... Mes mains se réchauffent dans les vôtres... J'avais bien froid!

Gabrielle prit ses mains glacées et les pressa contre son cœur.

— Merci, murmura la fille du comte-duc. Vous voyez bien que vous êtes bonne, vous!

— Je voudrais vous sauver, senora.

— Me sauver! répéta Inez dont les yeux s'égarèrent, Dieu pourrait-il me sauver?

La main de Gabrielle s'appuya doucement sur ses lèvres.

— Ne blasphémez pas, jeune fille, dit-elle.

— Merci! balbutia encore Inez en baisant la main qui fermait sa bouche; Dieu est miséricordieux, puisque je vous ai trouvée sur mon chemin.

Elle se toucha le front tout à coup.

— J'ai à vous parler, reprit-elle en baissant la voix; cette porte ouverte... si l'homme sortait, il pourrait nous entendre.

Gabrielle ferma la porte.

Inez semblait réfléchir et se recueillir. Elle avait ses deux mains croisées sur ses genoux, l'œil fixe et la tête inclinée. Dans son aspect, quelque chose disait que sa raison vacillante cherchait la route à suivre dans les ténèbres de sa pensée.

La folie menaçante n'a pas seulement sa physionomie propre, elle a des poses qui lui appartiennent. Gabrielle, en revenant, se disait :

— La pauvre enfant a-t-elle déjà trop souffert?

Elle s'assit de nouveau près d'Inez et l'entoura de caressantes tendresses.

Inez levait sur elle ses grands yeux où il y avait des larmes.

Un peintre eût saisi ses pinceaux devant la grâce exquise, mais triste, de ce groupe : l'enfant écrasée sous sa détresse, et le doux ange des jeunes consolations...

— J'ai à vous parler, dit une seconde fois Inez ; j'ai tout entendu.

— Entendu quoi ?... demanda la fille de l'oidor.

— Ici... en bas... dans cette horrible maison. Je vous dis que j'ai tout entendu... La tigresse n'avait pas caché ses griffes sanglantes... je me suis défiée d'elle tout de suite...

— Avez-vous vu le fond du cœur de celle que vous outragez, senora ? interrompit Gabrielle ; Aïdda, ma sœur, a bien souffert, elle aussi !

Les yeux d'Inez exprimèrent un soudain effroi.

— Votre sœur ! répéta-t-elle ; mais je vous comprends... Ne vous ai-je pas entendue ?... Vous avez compassion de sa haine comme vous avez pitié de mon malheur !... Où en étais je ? Il me semble parfois que ma mémoire me fuit. Je me suis défiée d'elle... Je voyais son aversion dans son regard... A ses côtés, dans la litière, j'avais mon pauvre corps tout glacé, et cependant son contact me brûlait comme un fer chaud...

Quand nous sommes arrivées ici, j'avais soif, une soif si ardente que j'ai demandé à boire... Nous n'avions pas encore échangé une parole... elle a levé ses yeux sur moi, un frisson a parcouru tous ses membres, puis sa paupière s'est baissée, cachant la lueur sournoise qui venait de s'allumer dans sa prunelle.

— Je vais vous chercher à boire, me dit-elle.

Sa voix était sourde et rauque... Seigneur Dieu! don Vincent de Moncade a-t-il donc aimé cette femme? Et ose-t-elle s'agenouiller devant un crucifix?...

Pardon! pardon! j'ai tort, mais moi, je vous le dis, j'ai plus de frayeur que de haine. Si les rôles étaient changés, si j'étais forte, si je la voyais faible, sur ma religion! je lui pardonnerais.

L'idée me vint tout de suite de ne pas toucher au breuvage qu'elle allait m'apporter.

J'étais seule, je cherchai. Une aiguière d'argent était sur la table. Je bus à longs traits, comme ces pauvres animaux altérés par la sécheresse des sables africains. Puis je m'assis et je l'attendis.

Elle vint, tenant à la main une coupe pleine. Elle me la présenta. Je la regardai fixement. Malgré son audace, elle détourna les yeux. Je trempai mes lèvres dans le breuvage et je fis semblant de boire avidement.

Aïdda, troublée, feignit d'avoir besoin dans la chambre voisine. Je profitai de son absence pour verser le contenu de la coupe dans l'aiguière. Quand elle rentra, elle me demanda :

— Avez-vous bu?

— Tout, répondis-je, jusqu'à la dernière goutte.

Elle fixa encore sur moi son regard froid et dur.

Puis, me montrant du doigt le lit :

— Reposez-vous, me dit-elle.

J'obéis. Je m'étendis tout habillée sur les couvertures et je fermai les yeux. Quand elle me crut endormie, elle s'approcha de ma couche à pas de loup. Au travers de mes paupières closes, je voyais la lumière de la lampe qu'elle promenait au-dessus de mon visage.

— Un mot revenait sans cesse à sa bouche ; il sonnait tantôt comme un injurieux reproche, tantôt comme un navrant gémissement. Elle disait :

— Elle est belle ! elle est belle ! elle est belle !...
Une fois seulement elle ajouta :

— Elle a deviné le sort qui l'attend, car elle ne m'a point interrogée !

Moi, je restai immobile, et je faisais en sorte de régler mon souffle, afin qu'elle me crût endormie. Cela dura jusqu'au moment où le bruit de vos pas lui annonça votre présence.

Elle prononça votre nom et quitta le chevet de mon lit pour vous aller chercher.

J'ai entendu votre récit. Je dirai comme vous : « Ne jugeons point nos pères ! » et comme vous aussi : « Dieu puisse-t-il sauver Isabel de Medina-Coli ! »

J'ai entendu le récit d'Aïdda... Touchez ma main : n'est-elle pas de marbre ?... J'ignorais tout ce qui s'était passé au palais de Moncade. J'ai frémi dans la moelle de mes os en écoutant ce terrible drame.

La Vierge m'est témoin que je m'agenouillerai volontiers devant la couche de cette noble fille qui est morte de son déshonneur. Veulent-ils mon sang ? je le donne, si mon sang peut expier le crime de mon père.

J'ai donc été morte aussi moi-même, en présence de cette fière victime !... Écoutez, jeune fille, pendant que cette Aïdda parlait, une blanche apparition était auprès de ma couche. C'était la Moncade qui venait me rendre sa visite. Elle souriait avec la douce pitié des saintes, et la sérénité de son visage me disait :

— Ma sœur, nous nous rencontrerons au pied de Dieu, et nous nous aimerons...

Inez s'arrêta. Ses grands yeux étaient levés vers le ciel.

— Ce vieillard aimait bien sa fille, reprit-elle d'un accent rêveur; mais qu'est-ce que l'honneur, s'il peut renaître d'un crime ?... Il veut ma mort... il veut plus que ma mort, il veut ma honte... L'âge affaiblit l'esprit... Que Dieu pardonne au premier marquis de Pescaire et ramène la paix dans son âme !

Mais cette femme, que lui ai-je fait ? quelle excuse pour sa démence barbaresque ?... J'étais heureuse, j'étais tranquille. Nous nous suffisions, ma tendre mère et moi... et bien souvent, le soir, assise à ses genoux, la tête appuyée sur sa main caressante, je lui promettais de vivre et de mourir près d'elle.

J'ignorais cet autre amour plus fort que la piété filiale elle-même. Si quelqu'un fût venu me dire : « Tu aimeras un homme au point d'abandonner ta mère », j'aurais répondu : « Gardez pour de plus crédules votre mensonge extravagant. Ce n'est pas. Il est impossible que cela soit!

Dans mon sentier si calme et si pur, Vincent marcha un jour. J'eus l'âme troublée : je le revis, je l'aimai. Etait-il venu par hasard ? Non ! C'était lui qui avait envoyé ce vengeur, lui, le père !

C'était elle qui avait dit : « Va ! je le veux ! »

Et voilà qu'elle m'accuse ! et voilà que sa haine enfiévrée jusqu'à la rage veut torturer à la fois mon corps et mon cœur !

— Je l'aime ! oui, je l'aime ! interrompit-elle en un cri passionné. Tout mon cœur est à lui... Que je meure, oh ! que je meure par lui si mon destin le veut, mais que je meure aimée !

En ce moment, le pas bref et viril de Moghrab se fit entendre à l'étage au-dessous.

Gabrielle ouvrait la bouche pour parler. Inez mit un doigt sur ses lèvres.

Son regard expressif et brillant disait que sa présence d'esprit était revenue.

Le pas de Moghrab traversa la pièce située immédiatement sous la chambre de Gabrielle, puis il rendit un bruit plus sourd.

— Il me cherche, murmura la fille du comte-duc.

— Redoutez-vous aussi Moghrab ? demanda Gabrielle.

— Certes, certes, répondit Inez ; celui-là n'est point ce que vous pensez, jeune fille ; celui-là dédaigne les sauvages excès de leurs rancunes. Il ne me veut point de mal.

— Eh bien ?

— J'ai peur de lui : ma route est tracée ; j'ai peur de tous ceux qui voudraient m'entraîner hors de ma route.

— Senora, dit Gabrielle, je ne vous comprends pas. Les yeux d'Inez se baissèrent.

— Celui-là, murmura-t-elle, sait la route par

où l'on peut parvenir à toute heure dans la retraite du comte-duc.

— De votre père! s'écria Gabrielle, dont l'étonnement redoublait.

— Chut!... fit la fille du favori.

La porte du logis de Moghrab venait de s'ouvrir bruyamment.

L'Africain resta un instant immobile sur le palier, comme s'il eût hésité à descendre ou à monter.

Inez retenait son souffle.

Enfin Moghrab prit un parti. Son pas résonna sur les marches. Il descendait.

La porte de la cour s'ouvrit et se referma sur lui.

La taille inclinée d'Inez se redressa, et sa poitrine rendit un long soupir.

— Enfin! dit elle.

Puis, se levant brusquement :

— Il est temps, reprit-elle ; vous avez bon cœur... voulez-vous me venir en aide?

— Je le veux de toute mon âme, répondit Gabrielle.

Inez se jeta à son cou.

— Pourtant, murmura-t-elle, cette femme vous a menacée.

— Je ne crains rien que ma conscience, Senora, repartit la fille de l'oidor avec tranquillité.

— Soyez donc bénie... Je veux sortir de cette maison à l'instant même.

— Je vous en ferai sortir, Senora... et partout où vous voudrez aller, je vous accompagnerai.

— Soyez deux fois bénie !... j'ai hâte.

Gabrielle jeta vivement sa mantille sur ses épaules et dit :

— Me voilà prête.

Elle tendit son bras à sa compagne.

Mais, au moment de franchir le seuil, elle s'arrêta, le regard fixé sur la légère et fraîche toilette d'Inez.

— Ce costume n'est pas bon, dit-elle, pour courir la nuit dans les rues de Séville.

— A cela ne tienne, répliqua Inez ; — n'avez-vous qu'une mante ?

Gabrielle passa dans le cabinet voisin.

Elle en ressortit avec un mantelet long en tissu basque, dont les rayures éclatantes tranchaient, rouge sur noir.

— Ceux qui vous verront passer, Senorita, dit-elle en riant, — vous prendront pour une pauvre fille, car ma capeline est connue dans tout le quartier de Saint-Ildefonse.

Inez avait déjà endossé le mantelet.

— Venez, dit-elle.

Gabrielle lui donna son bras pour descendre l'escalier. Les premiers pas de la fille du comte-duc furent pénibles ; mais l'effort même qu'elle faisait semblait lui donner courage. Avant d'arriver au bas de l'escalier sa marche était déjà raffermie.

A la dernière volée, Gabrielle l'arrêta et lui montra du doigt cette fenêtre de l'hôtellerie de Saint-Jean-Baptiste où la veille notre Bobazon avait collé son œil indiscret.

Une lueur sombre passait sous les jalousies rabattues.

— Ils sont là! dit Gabrielle.
— Qui? demanda Inez.
— En passant sous cette fenêtre, poursuivit Gabrielle au lieu de répondre, j'ai entendu bien souvent tomber le nom du comte-duc votre père !
— Et que disait-on du comte-duc?
— On conspirait sa chute et sa mort, senora.
Inez continua de descendre.
— Mon père est puissant, dit-elle, le roi l'aime et le défendra... Venez, j'ai hâte...
Les dernières marches de l'escalier furent franchies.
Nos deux jeunes filles se trouvèrent sous cette voûte où, la veille au matin, Mendoze fugitif était monté dans la litière noire du comte-duc.
Gabrielle avait dans sa poche la clef de la porte de la rue; elle fit jouer la lourde serrure; Inez franchit le seuil aussitôt.
— Maintenant, dit-elle d'un ton péremptoire, vous avez fait pour moi tout ce que je souhaitais. Laissez-moi à la garde de Dieu. Que toutes les bénédictions du ciel soient sur vous !
Elle fit un pas; Gabrielle la retint :
— Y songez-vous, Senora? s'écria-t-elle, vos pas chancellent encore, et les rues de Séville sont fertiles en mauvaises rencontres. Souffrez que je vous accompagne.
Toute la personne d'Inez avait subi une sorte de transformation. Elle répondit d'un ton bref et presque impérieux :
— Jeune fille, je n'ai plus besoin de vous.
— Moi, reprit Gabrielle qui avait aussi sa fermeté, je ne puis vous laisser partir ainsi, Senora...

C'est la Providence qui vous a mise à ma garde...
je ne vous quitterai qu'à la porte de l'Alcazar.

— Suis-je encore votre prisonnière?... murmura la fille du comte-duc qui fit un effort pour se dégager; je sais ma route.

Puis, d'un ton si bas que Gabrielle eut peine à l'entendre, elle ajouta :

— Je ne vais pas si loin que l'Alcazar.

Ces symptômes d'aberration d'esprit que Gabrielle avait déjà remarqués en elle apparaissaient plus évidents.

Le cerveau de la pauvre enfant restait manifestement ébranlé par ces horribles secousses.

Gabrielle, usant de sa jeune vigueur, la contint comme eût fait une mère et demanda :

— En quel autre lieu que l'Alcazar voulez-vous donc aller, Senora?

Inez frappa du pied avec colère, puis elle sanglota, énervée par la lutte; puis encore, par un brusque mouvement, elle colla sa bouche contre l'oreille de sa compagne :

— Ne vous l'ai-je donc pas dit, jeune fille? murmura t-elle avec mystère. J'ai tout entendu... tout... tout! Je sais ce que Dieu me commande en présence de ces menaces dénaturées... On reconnaît bien la voix de Dieu quand elle parle, n'est-ce pas?... Laissez-moi, je vous en prie... je vous l'ordonne!

Gabrielle, étonnée et inquiète, loin d'abandonner ses mains, essaya de la prendre à bras-le-corps pour la ramener sous la voûte.

A ce moment la voix de l'oïdor Pedro Gil se fit

entendre sur l'escalier. Il appelait d'un ton d'impatience :

— Gabrielle ! Gabrielle !

Celle-ci lâcha prise un instant. Ce fut assez. Avec une agilité qu'on n'aurait pu attendre de ce pauvre corps brisé par la souffrance, Inez avait bondi de l'autre côté de la rue. Elle se perdait déjà dans l'ombre des maisons hautes et formant demi-voûte sur le pavé.

— Inez !... Senora !... s'écria Gabrielle.

L'oidor, irrité, frappait à la porte de son logis, appelant sa fille à grands cris.

Gabrielle suivait des yeux cette forme blanche qui glissait dans les ténèbres. Une voix déjà lointaine arriva jusqu'à son oreille. Elle disait :

— Merci et adieu !

Gabrielle rentra. La lueur ne brillait plus derrière les jalousies de la fenêtre basse, au rez-de-chaussée de l'hôtellerie de Saint-Jean-Baptiste.

— D'où rentres-tu à cette heure ? demanda Pedro Gil avec menace.

Gabrielle balbutia le nom d'Aïdda.

L'oidor eut un cynique sourire.

— Il y a peu de saintes parmi nos duchesses, grommela-t-il ; attends un peu, cependant... Tu feras ce que tu voudras quand tu seras la femme d'un grand d'Espagne.

La pluie tombait fine et chaude. La nuit avait des profondeurs inaccoutumées sous ce ciel brillant de l'Espagne du sud. Par intervalles le vent sifflait tout à coup, arrachant aux vieilles toitures une plainte aigre et courte. Les rigoles chantaient, les girouettes grinçaient, les jalousies battaient les murailles. L'orage, trop éloigné, ne s'entendait plus; mais la ville tout entière s'enveloppait d'une atmosphère tiède, fade, lourde comme la vapeur du linge mouillé qui sèche au petit feu d'un pauvre ménage. La terre, humectée, rendait d'étouffantes émanations.

Nul bruit de pas ne sonnait sur le pavé glissant. Séville a peur de la pluie presque autant que du brûlant soleil de midi. Les rues étaient désertes et silencieuses.

Doña Inez n'avait jamais fait un pas hors du seuil paternel sans avoir autour de sa chaise dorée et blasonnée quatre valets armés et un écuyer à cheval. Quand elle descendait de sa chaise sur le gazon fin des promenades, sa duègne d'un côté, sa suivante de l'autre, guidaient sa marche souriante.

Elle n'avait pas besoin de savoir sa route. On pensait pour elle, pour elle on marchait, et si son caprice d'enfant convoitait une fleur, que de mains empressées suppléaient aux mignonnes paresses de ses mains !...

Cette nuit, elle allait seule et perdue comme une aveugle. Ses yeux avaient un bandeau de larmes. Ses pieds saignaient déjà aux dents tranchantes des pavés.

C'était la fille du comte-duc, l'héritière du plus puissant seigneur qui fût dans les Espagnes; c'était doña Inez, cette pauvre enfant, qui marchait là-bas, à tâtons, chancelant, tâtonnant, s'égarant à droite, à gauche, et obligée bien souvent de s'asseoir, oppressée, sur la borne humide plantée à la porte de l'artisan.

Elle n'avait eu d'abord qu'une idée : fuir la protection de Gabrielle, qui l'aurait empêchée d'accomplir son dessein.

Gabrielle voulait la conduire à l'Alcazar.

Inez avait couru tout d'un temps jusqu'au détour de la rue de l'Infante.

Mais l'effort était excessif pour sa chancelante faiblesse. Elle était tombée sur la marche d'un seuil, épuisée, haletante.

Elle écoutait. La fille de l'oidor allait-elle la poursuivre ?

Elle se disait :

— Je ne ferai pas de bruit, je retiendrai mon souffle. Dans ces ténèbres, Gabrielle passera sans me voir.

Gabrielle ne vint point.

Au bout d'une minute, Inez parvint à se relever.

— Allons, pensa-t-elle, du courage ! J'ai bien remarqué ces rues où nous avons passé ; je sais mon chemin, j'arriverai... Du courage !...

Où donc voulait-elle se rendre ainsi ?

Quelle idée fixe et dominatrice surnageait dans le chaos de son esprit ?

Elle n'était pas folle. Elle raisonnait. Son intelligence travaillait.

Or, savez-vous quelle distance prodigieuse peut mesurer l'écart qui existe entre les facultés humaines ? Avez-vous chiffré la différence qui sépare le génie calculateur de Newton du cerveau rabougri de ce nain qui ne peut compter jusqu'à six ?

Vous est-il arrivé d'établir une comparaison entre les sens exercés de l'Indien, trouvant, à l'aide de je ne sais quels signes mystiques, sa route au travers des plus incommensurables labyrinthes du désert, et par exemple, la femme élégante de nos civilisations qui va s'égarer, si elle quitte son équipage, au coude même de la rue où un brillant hôtel ouvre sa porte cochère?

Elles sont ainsi parce que jamais, au grand jamais, elles n'ont besoin de se guider elles-mêmes. L'usage de leurs sens serait pour elles un luxe. Autour d'elles, d'autres sens agissent : des sens qui font leur métier mercenaire.

Exagérons-nous?... Gageons que mademoiselle votre fille ne saurait pas, madame la marquise, aller de votre hôtel à l'Opéra italien, où tant de lorgnons admirent trois fois la semaine son délicieux sourire!

Gageons. Nous avons gagné. — Si nous avons perdu par hasard, c'est que l'adoré sourire serait, à votre insu, madame, pour quelqu'un dont le douzième aïeul était absent de la croisade.

Celles qui dérogent apprennent le nom des rues. Le besoin est un maître habile. L'Indien voyageur ne prendrait pas tant de peine s'il avait chevaux, voiture et carrosse.

Elle ne savait rien, cette pauvre belle Inez. Elle était comme l'enfant qui n'a jamais marché qu'avec les jambes de sa nourrice. Au bout de vingt pas elle se dit : « Toutes les rues se ressemblent; ce sont des maisons qui surplombent, des porches noirs, des jalousies tombantes. »

Les navigateurs ont des étoiles.

Quand Inez levait les yeux, c'était, au-dessus de sa tête, une étroite bande du ciel qui allait fuyant et s'aiguisant, — toujours de même.

La solitude pesait sur elle comme un écrasant fardeau.

Le découragement venait, qui doublait sa fatigue.

Avant d'arriver à la place de Jérusalem, elle s'était arrêtée déjà trois fois.

L'aspect de la place l'étonna d'abord. Elle se souvenait vaguement d'avoir traversé une place. Mais plusieurs rues s'ouvraient sur celle-ci ; laquelle prendre ? En face d'elle était un noir édifice dont la corniche coupait carrément le ciel. Inez ne connaissait point la maison de Pilate.

Elle fit un effort pour s'orienter. Elle tourna sur elle-même une fois, deux fois, en cherchant la direction à choisir.

La troisième fois, elle n'aurait plus dit par quelle rue elle venait de déboucher sur la place.

Elle se mit à marcher au hasard, épuisée et désespérée. Elle eût voulu, tant sa détresse était grande, retrouver Gabrielle, lui confier son secret et la prendre pour guide. Mais où était maintenant le logis de l'oidor ?

Elle ne savait ; tout était noir, tout était pareil. Le malheureux marin, ballotté sans boussole entre la mer immense et le ciel en deuil, n'est pas plus perdu que ne l'était la fille du favori de Philippe IV.

Elle se disait pourtant, la pauvre Inez, comme on répète à son insu un refrain : Courage ! courage !

Hélas ! courage ! la pluie pénétrait jusqu'à sa chair ; ses petits pieds endoloris ne pouvaient plus la porter ; les bourdonnements de la défaillance tintaient autour de ses oreilles.

Elle crût rêver. Tout à coup un bruit de fête s'éleva dans le silence de la nuit. Elle entendit des éclats de rire et comme un tumultueux concert d'applaudissements ; puis, au-dessus de ces turbulents murmures, les accords clairs de plusieurs mandolines accompagnées par l'agile roulement des castagnettes andalouses.

Tout soulage l'enfant égaré, tout ce qui est humain. Inez sourit du fond de sa détresse. Elle sentait battre enfin le pouls de cette solitude morne. Quelque chose lui criait : il y a de la vie.

C'était peut-être la première fois que la guitare de nos saltarines et les rires de nos jeunes courtisans, rassemblés dans la salle Mauresque du Sépulcre, servaient à quelque chose de bon.

Malgré ce soulagement passager, bien en eût pris à la pauvre Inez, si le décret de son père qui ordonnait la fermeture des *délicias* de Séville eût été mis à exécution cette nuit-là même.

Elle revint sur ses pas, car elle était déjà tout près de la ruelle qui conduisait à l'abreuvoir de Cid-Abdallah, en tournant les jardins de Pilate. Elle s'approcha de ce porche dentelé d'où les sons de la joyeuse musique semblaient partir. Le porche était déjà un abri. Elle s'assit sur les dalles et reprit haleine, rassurée qu'elle était par le voisinage de la fête.

Le sang se réchauffait dans ses veines. Elle avait rabattu l'épaisse dentelle de son voile de manière que les plis doublés pussent cacher entièrement son visage.

— Si ce sont des bourgeois, pensait-elle, sans doute, ils ne m'ont jamais vu ; si ce sont des gens de cour, comment me reconnaîtraient-ils, sous ce masque, avec la mante des filles du pays basque?... Je leur demanderai mon chemin.

Elle attendait désormais, calme et reposée, la sortie de quelqu'un des invités pour l'aborder et l'interroger.

Mais le temps passait. Personne ne sortait. La gaieté devenait de plus en plus bruyante derrière les vieilles murailles de la maison arabe. La mandoline pressait les mouvements de la danse, et les castagnettes vives pétillaient comme un feu de bois vert. Inez se lassait d'attendre.

Quatre heures de nuit sonnèrent à l'horloge de Saint-Ildefonse ; les trompes retentirent quatre fois, puis la voix rauque du gardien annonça l'heure accomplie du haut des tours.

Une inquiétude sourde serra le cœur d'Inez.

— On a creusé deux tombes dans les caveaux... murmura-t-elle, pendant que tout son corps frissonnait. Il n'y a qu'une morte... L'autre attend un vivant... ou une vivante ! — Et que de temps écoulé ! reprit-elle. — Le vieillard est impatient de se venger... je suis en retard...

Tout en parlant, elle essayait de se lever ; mais l'humidité et le repos avaient changé en engourdissement la fatigue de ses membres. Un bruit nouveau et plus proche la mit sur ses pieds comme par enchantement.

Elle n'avait point cherché où pouvait être la porte de la maison. — Le concert des voix qui éclata tout à coup non loin d'elle lui fit tourner les yeux vers l'endroit d'où partait le son.

Elle aperçut la porte basse qui se trouvait à dix pas du pilier qu'elle avait pris pour dossier.

On marchait derrière cette porte, et l'on s'en approchait.

— Il fait étouffant, cette nuit, disait une des voix.

Une autre :

— Le vin de ce Galfaros aigrit en vieillissant.

— Palomas et Moncade!... Ventre-saint-gris! mes compagnons, voilà deux bons vivants qui font honneur à notre confrérie!...

La main défaillante d'Inez essaya de contenir les battements de son cœur.

— Tais-toi, Narciso, tais-toi, répliqua-t-on. Je ne suis pas bien vieux, et pourtant j'ai vu des portes de forteresses s'ouvrir pour des bavards de ton espèce.

— Jarnibleu! cousin de Silva, quand l'émeute entre au palais, les forteresses chôment. On a besoin de nos épées!... Personne ne m'empêchera de dire que la litière de ce matin et les deux nègres appartenaient à la belle marquise d'Andujar; et tout le monde sait bien que la fille du comte-duc a été enlevée hier par notre ami don Vincent, second marquis de Pescaire.

Inez, appuyée contre son pilier pour ne point tomber à la renverse, entendit qu'on faisait tourner une clef dans la serrure.

Elle eût voulu fuir, mais ses jambes paralysées la clouaient au sol.

— Tais-toi, Narciso, tais-toi! reprenait le chœur.

La porte s'ouvrit. Inez était parvenue à tourner la colonne.

Elle vit, à la lueur d'une torche, une demi-douzaine de jeunes seigneurs aux visages fatigués et pâles, sauf un, celui que l'on appelait Narciso. Narciso avait une tête joufflue, portée par un cou gros et court qui disparaissait entre deux bonnes épaules dodues.

L'homme qui tenait les flambeaux était seul découvert. Il s'inclina sans franchir le seuil.

— Maître Galfaros, lui dit le gros petit Narciso, garde la porte ouverte toute la nuit. Nous reviendrons chez toi.

— Il suffit, noble seigneur, répondit l'honnête tavernier.

— Messeigneurs, interrompit un des jeunes gens, il fait une pluie battante. Dans toute la loyale cité de Séville, je parie qu'il n'y a pas une âme dehors cette nuit.

Inez, cependant, plus morte que vive, se traînait de pilier en pilier. Encore quelque pas, elle allait atteindre l'extrémité des arcades mauresques. Nos jeunes fous sortirent du porche en tumulte pour voir le temps qu'il faisait.

— Silva a raison, dit Soto-Mayor, voici un ciel défavorable. Le gibier fera défaut.

— Taïaut! taïaut! cria en ce moment Narciso de Cordoue. Voyez, seigneurs, à vingt-cinq pas de vous.

Son doigt tendu montrait Inez, qui, sur le point de tourner l'angle des arcades, recevait un reflet des rayons de la torche sur sa capeline aux éclatantes couleurs.

— Bravo, Narciso!
— En chasse! en chasse!

Ils s'élancèrent tous à la fois. Inez, dans un suprême effort, fit quelques pas en courant, puis elle tomba brisée en murmurant :

— Grâce! messeigneurs!

III

LE SERMENT DE MONCADE

Ce bon vivant de petit Narciso avait mis son poing sur sa bouche et jouait gaillardement une fanfare.

Luna et Soto-Mayor l'avaient devancé.

— N'ayez pas peur, ma belle enfant, nous sommes de galants cavaliers!

— Relevez-vous, de grâce, et cessez de trembler...

Jaime de Silva essayait de soutenir Inez, qui se laissait aller comme morte.

— Allons, Galfaros, la torche! Ce visage doit être céleste!

— Un fauteuil, Galfaros!

— Ventre-saint-gris! ajouta Cordoue, je prétends être un des porteurs!

Inez disait d'une voix défaillante :

— Messeigneurs, au nom de vos mères, laissez-moi, je vous en prie.

Galfaros, obéissant, s'approchait avec la torche.

— Un fauteuil ! un fauteuil !
— Elles font toutes semblant de ne pouvoir marcher !
— C'est une bourgeoise par la mante, dit Luna.
— C'est une duchesse par la robe.
— Une divinité par le profil, seigneurs ! s'écria Soto-Mayor qui venait de glisser un regard sous le voile.
— Oh ! faisait Inez suffoquée, laissez-moi... Vous n'avez donc point de sœurs ?
— Dieu vivant ! répondit Cordoue. Y a-t-il de quoi tant se plaindre ? Nous vous offrons un abri par un temps affreux... bon gîte, bonne table, musique exquise...
— Chut ! fit Luna ; le pas d'un cheval !...
— C'est le guet, répliqua Soto-Mayor. Il est loin...
Deux valets apportaient un fauteuil.
— Eh mais ! s'écria Galfaros, qui leva son flambeau, s'il plaît à Vos Seigneuries, je connais cette mante basque... elle passe sous mes fenêtres trois ou quatre fois par jour.
— Son nom ! dis son nom, Galfaros !
Un cri d'angoisse expira dans la gorge d'Inez.
Galfaros baissa la voix :
— Mon avis, messeigneurs, dit-il, c'est que vous jouez ici un jeu périlleux... L'oïdor Pedro Gil est un homme puissant et vindicatif...
— Est-ce la femme de l'oïdor Pedro Gil ?
— Sa fille, plutôt ; ce robin de Pedro Gil a une fille...
— Il est insolent !
— Il est rapace !

— Il est coquin de la plante des pieds à la pointe des cheveux !

Inez fut placée, bon gré, mal gré, sur le fauteuil. De ses deux mains crispées convulsivement elle parvint à maintenir son voile collé contre son visage.

Cordoue avait dit :

— Le guet approche... hâtons-nous d'emporter notre gibier.

Le pas du cheval retentissait, en effet, lent et sonore, dans la rue des Caballerizas.

Nos jeunes fous prirent à quatre les pieds du fauteuil et l'élevèrent sur leurs épaules afin de faire à la fille de Pedro Gil une entrée triomphante dans la maison du Sépulcro.

Ils venaient voir, applaudissant d'avance, par leurs cris et par leurs rires, au succès inespéré de la chasse.

Tout le monde était en belle humeur, car la nuit triste promettait de s'achever gaiement.

— Rangez-vous sur deux files ! ordonna le petit hidalgo tout bouffi d'allégresse ; bas les toques !... Sirènes, prenez vos mandolines et vos guitares...

Galfaros, effrayé, répétait tout bas :

— Prenez garde ! prenez garde !... Pedro Gil ! Moghrab ! le comte-duc ! c'est plus qu'il n'en faut pour mettre le feu à ma pauvre maison !

Mais sa voix n'était pas entendue. Nos jeunes fous, enchantés du succès de leur plaisanterie, se dirigèrent vers la porte en grande pompe. On n'eût pas fait plus d'étalage s'il se fût agi de la reine.

Les plaintes de la pauvre Inez s'étouffaient dans la clameur générale.

— Gloire! gloire! répétait-on, gloire à la fille de l'oidor!

Comme le cortège approchait du seuil, Galfaros dit avec tout l'effroi des coquins de sa sorte qui flairent l'intervention de la loi :

— Entrez, au nom de Dieu!... voici le guet!

Au lieu d'entrer, on s'arrêta. Toute la bande joyeuse était montée à ce diapason extrême de l'orgie.

— Est-ce bien le guet? demanda Cordoue.

— Est-ce l'alferez Crabon ou l'alferez Rodriguez?

— Invitons l'alferez Rodriguez, c'est un bon vivant.

— Invitons l'alferez Crabon, il boit comme un poisson.

— Holà! guetteurs de nuit! il y a du vin pour tout le monde!...

La foule s'éparpillait sous les arcades. On comptait bien rosser le guet, si le guet refusait de boire. Le guet assommé! quel assaisonnement à une débauche nocturne!

Tous les regards étaient fixés sur l'ouverture de la rue des Caballerizas. Quatre des jeunes seigneurs tenaient toujours les pieds du fauteuil où était Inez, demi-morte.

Il y avait des paris sur la question de savoir si c'était l'alferez Crabon où l'alferez Rodriguez.

On fit silence. Une lueur apparut au coin de la rue. Le pas du cheval sonnait distinctement.

Un immense éclat de rire s'éleva, parce que la lueur n'était que la lanterne balancée au bout de la hallebarde pacifique du sereno, qui se mit à psalmodier en dormant :

— Il est quatre heures... il fait beau temps !

Pouvoir de l'habitude ! le pauvre diable était trempé jusqu'aux os.

Mais l'éclat de rire dura peu. Tout à coup la haute silhouette d'un cavalier se dessina aux pâles rayons de la lanterne. Ce n'était ni l'alferez Crabon, ni l'alferez Rodriguez.

— Don Vincent de Moncade ! murmura Galfaros ; il ne manquait plus que celui-là.

Le fauteuil où était Inez tressaillit si violemment sur les épaules de nos quatre hidalgos, qu'ils furent sur le point de lâcher prise.

Un cri de délivrance fut poussé en même temps.

— Moncade !... A moi, don Vincent de Moncade !

Tous les regards se dirigèrent vers Inez. Galfaroz leva sa torche. Le vent faisait voltiger le voile de la prétendue fille de l'oïdor, qui tendait ses bras en avant au risque de se précipiter sur le pavé.

Le cavalier s'était arrêté. Il regardait avec étonnement cette foule et ses lumières.

Galfaros jeta sa torche et se précipita tête baissée dans sa maison, en gémissant :

— Que Dieu nous soit en aide !... j'ai à choisir, maintenant, entre le gibier et le bûcher !

Les saltarines disaient :

— Ce n'est pas la fille de Pedro Gil !

Et Inez, debout, chancelante, prête à tomber de cette hauteur :

— Moncade ! au secours ! au secours !

Le cheval sembla bondir de lui-même. Quatre gerbes d'étincelles jaillirent à ses pieds. Inez, folle, se pencha en avant, les bras tendus. Moncade la saisit à la volée, en passant au galop, et la maintint de sa main gauche, serrée contre son cœur. De la droite, il tira son épée et fit volter son cheval à l'aide de ses genoux crispés convulsivement.

Un cri de terreur s'était élevé de la foule, tandis que le sereno, réveillé et embouchant sa trompe, jetait à trois reprises différentes le signal d'alarme.

En voyant Moncade qui revenait, l'épée à la main, les femmes s'enfuirent épouvantées et les hommes dégaînèrent. Les yeux de Moncade étaient des éclairs sanglants.

Le poitrail de son cheval jeta Jaime de Luna renversé sous le porche, tandis qu'un revers de son épée faisait une profonde entaille au crâne de Soto-Mayor. Silva tomba d'un coup de pointe; Cordoue roula sur les dalles, la figure écrasée par un coup de pommeau.

Puis Moncade, piquant des deux, longea comme la foudre la galerie mauresque, frappant, taillant, assommant.

Il ne prononça pas une parole pour appuyer la terrible éloquence de son épée.

Le porche était comme un champ de foin où la faux a passé.

Moncade avait disparu, montant avec son précieux fardeau le parvis de Saint-Ildefonse.

Comme il s'éloignait, caché déjà par l'angle de l'église, le guet, le vrai guet cette fois, arrivait prudemment et au petit pas, à l'appel du sereno. L'alferez Rodriguez et l'alferez Crabon ramassaient une demi-douzaine d'hidalgos blessés et souillés de boue.

Maître Galfaros, paraissant à une croisée, se plaignait avec amertume du bruit que l'on faisait autour de sa maison tranquille. Il paya l'impôt honoraire au soreno, et la pluie patiente se chargea de laver les traces du sang sur le pavé.

Moncade galopait cependant au travers des rues noires et emmêlées qui sillonnent le quartier de Saint-Ildefonse.

Inez, suspendue à son cou, murmurait :

— Je t'aime ! je t'aime !...

Moncade ne répondait point, mais Inez sentait battre son cœur contre le sien.

Elle disait parfois d'une voix tremblante et si douce que les yeux du jeune cavalier se mouillaient :

— Et toi aussi tu m'aimes... je le sais, oh ! je sais tout, Vincent ! mon amour ! mon sauveur !

Moncade arrêta son cheval sur la place où se dressait la maison de son père.

Il essuya son front en sueur.

Puis, avec un douloureux effort :

— Senora, dit-il, avez-vous oublié ce qui s'est passé entre nous ?

— Tu m'aimes, répondit Inez ; le poignard dont tu me frappais traversait en même temps ton pauvre cœur... Je te dis que je sais tout, Vincent !...

Moncade détourna d'elle ses yeux humides et troublés.

— Vous, aimer...

— Écoute, dit-elle, tu m'as brisée, c'est vrai,

Vincent... quand je t'ai vu froid et sévère dans cette chambre que j'avais rêvée si riante et si fleurie, la chambre de nos noces, j'ai senti mon pauvre cœur défaillir... Tu m'as parlé de ta sœur morte, de vengeance, de déshonneur... que sais-je?... Vincent, je ne comprenais pas... Ta menace horrible et qui ne venait pas de toi s'arrêtait au seuil de mon cœur... Si la lumière est enfin entrée en moi, c'est qu'une autre bouche, une bouche ennemie, m'a traduit tes paroles... Non, je ne comprenais pas, Vincent... Tu me parlais une langue qui nous était à tous deux inconnue... et si je suis tombée morte à tes pieds, c'est qu'une pensée a surgi en moi, une seule : « Il ne m'aime plus!... »

— Senora, interrompit Moncade, j'ai été un instrument de haine et de vengeance... mais j'avais donné mes ordres pour que vous fussiez reconduite au logis de votre père.

— Ne le sais-je pas, Moncade? Vous êtes un noble cœur.

— Comment se fait-il que je vous retrouve à cette heure!...

— Seule, éperdue, livrée à la folle cruauté de ces jeunes gens? Don Vincent, je vous raconterai l'histoire de ces quelques heures qui ont duré pour moi autant que toute ma vie...

Moncade se raffermit en selle, disant :

— Ce n'est, en effet, ni le temps ni le lieu d'un tel récit, Senora ; je vais vous ramener au palais de l'Alcazar.

Il sentit un sanglot qui déchirait la poitrine de la jeune fille.

— J'y serais déjà si je l'avais voulu... balbutia-t-elle.

— Et pourquoi ne l'avez-vous pas voulu ?

— Parce que je vous aime, seigneur, parce que je sais tout... Cette femme ne croyait pas que je pusse l'entendre... elle a tout dit... tout... Je ne veux pas retourner chez mon père...

Par un brusque mouvement elle se détacha de Moncade et se laissa glisser à terre.

— Que faites-vous, senora ? s'écria le jeune marquis.

— Je suis arrivée au terme de ma course, répondit la jeune fille avec une soudaine fermeté. Cette maison est la mienne pour vivre et pour mourir !

Elle s'approcha de la grand'porte, et le marteau soulevé rendit un son retentissant.

Ils étaient tous les deux dans la chambre de don Vincent de Moncade, auprès du lit où, la veille, on avait couché Inez privée de sentiment.

Don Vincent était assis aux côtés d'Inez, sur l'ottomane. Son visage pâle et fatigué disait le trouble de ses pensées.

Inez aussi était pâle, mais elle était calme, et l'exquise beauté de ses traits faisait songer à ces saintes que Dieu rappelle à lui toutes jeunes, parce que le ciel jaloux les enviait à la terre.

Elle venait de raconter l'emploi de sa nuit. Moncade savait désormais pourquoi la fille du comte-duc n'était pas rentrée à l'Alcazar.

Tout son cœur s'élançait vers cette douce enfant, qui lui donnait à l'heure même la preuve d'un si profond amour ; mais il y avait entre eux une barrière que l'élan de son cœur ne pouvait pas franchir.

— Senora, lui dit-il, nous serons malheureux toute notre vie... Malgré les explications que vous avez surprises, malgré ce que vous avez vu, votre âme candide n'a point encore saisi le sens de ma première menace, de cette menace qui n'était pas encore achevée quand vous êtes tombée sans vie à la place où nous sommes. Nous entendons d'une façon étrange le mot honneur de ce côté des Pyrénées ; nous sommes les héritiers des conquérants cruels et impitoyables... Ma sœur, ma pauvre sœur était la joie de cette maison solitaire...

Le vieillard est resté pendant des années immobile et muet au chevet de sa fille morte... Dieu seul sait ce qui se passait dans son cœur... Senora, j'ai maudit mon père et ma volonté est désormais de lui désobéir... Comment vous serait-il possible de comprendre l'horreur de cette sauvage vengeance, puisque moi, un homme, j'ai reculé devant son accomplissement !

— Parce que vous êtes noble et grand, Vincent, prononça tout bas la jeune fille, et aussi parce que vous m'aimiez.

Le regard de Moncade exprimait un étonnement mélancolique.

Elle prononça ces dernières paroles avec une sorte d'emphase.

Ils avaient le dos tourné à la porte d'entrée.

Une tête austère de vieillard entourée de cheveux blancs s'encadra dans le noir du corridor.

Don Hernan de Moncade avait les yeux baissés.

Ses deux bras étaient croisés sur sa poitrine. Il s'arrêta debout sur le seuil; il écouta.

— Allez-vous me donner un conseil, Senora?... prononça don Vincent avec une sorte d'effroi.

Inez fut quelque temps avant de répondre.

Elle avait redressé sa taille haute et noble. Vous eussiez retrouvé en elle à cette heure la fière beauté des créations du génie antique.

— Je vais vous donner à choisir entre deux conseils, Seigneur... dit-elle enfin, — obéissez ou désobéissez.

Elle fit une pause.

— Seigneur, reprit-elle en contenant sa voix qui voulait éclater, — c'est à votre tour de ne point comprendre. Vous êtes homme pourtant, et je ne sais point de plus vaillant cœur que le vôtre.

Je m'explique : obéissez, vous dis-je; ce mot ne peut avoir qu'un sens, il est mortel; ou désobéissez dans la liberté virile de votre âge et de votre vouloir. Prenez-moi par la main, moi qui me suis confiée à vous sans réserve et sans arrière-pensée... conduisez-moi au pied de l'autel et dites à Dieu : « Celle-ci est ma femme. »

Le vieillard eut par tout le corps un rapide frémissement.

Il garda sa pose immobile.

Don Vincent avait courbé la tête.

— A deux pas d'ici, répondit-il d'une voix sourde, ma sœur assassinée attend la sépulture chrétienne. Un peu plus loin, sur sa couche brûlante, mon père, qu'il soit éveillé ou qu'il rêve, répète la formule de son terrible serment. Je suis le père de Blanche de Moncade, et vous êtes la fille du comte-duc.

Inez se leva. Elle se pencha sur la tête courbée de Vincent pour y déposer un long baiser.

Puis elle se mit à genoux.

— Obéissez donc, Seigneur, dit-elle ; car je sortirai d'ici votre femme, ou j'y resterai morte !

Un pas lent et lourd fit craquer le parquet de la chambre.

Ils se retournèrent tous les deux.

C'était don Hernan de Moncade qui venait à eux marchant comme une statue.

Il y avait un fauteuil devant l'ottomane.

Le vieillard s'y assit droit et muet.

— Mon père, balbutia don Vincent frappé de stupeur.

— Mon père ! répéta dona Inez, qui les regarda en face tour à tour.

Son accent était hautain et froid.

Les paupières du vieillard battirent, mais ne se relevèrent point.

Inez se releva et fit un pas vers lui.

— Mon père ! dit elle une seconde fois.

Puis elle ajouta :

— Vous m'avez entendue ici-bas, comme Blanche, ma sœur, vient de m'entendre au ciel.

— Pardonnez-lui, Seigneur, s'écria don Vincent ; elle m'aime ; c'est vous qui l'avez voulu, et tout mon cœur est à elle...

Le vieillard l'interrompit d'un geste en quelque sorte automatique.

Inez dit :

— Je ne veux point de pardon... je demande justice.

Pour la première fois, le vieillard jeta les yeux sur elle.

— Sa mère est une sainte... murmura-t-il ; elle ressemble à sa mère !

— Ne me parlez pas de ma mère, Seigneur, prononça Inez d'un ton de commandement ; c'était mon unique amour ici-bas. Je ne connaissais de chagrins que ses pleurs, de joie que ses sourires... Vous êtes venu, vous ou votre ambassadeur : j'ai abandonné ma mère... Seigneur, ma famille est ici, je n'en ai point d'autre... Qu'y a-t-il pour nous sur cette terre en dehors de ces deux alternatives : Vivre ou mourir ? C'est ici ma maison ou c'est ici ma tombe !

Don Hernan passa le revers de sa main tremblante sur son front.

Ses yeux, grands ouverts, s'égaraient dans le vide.

— La fille du comte-duc m'a appelé son père ! dit-il, cherchant à la fois ses idées et ses mots ; et le toit de ma demeure n'est pas tombé !... quel rêve extravagant et impie ! Vincent, marquis de Pescaire... tu m'as maudit !... Dieu t'a-t-il entendu ?

Moncade embrassa les genoux du vieillard.

— Ce fut un blasphème, mon père, prononça-t-il avec effort ; elle m'a donné sa vie... faut-il vous la donner à mon tour, cette pauvre existence que nous avons si cruellement brisée ?... j'y consens et j'y joins la mienne... et du fond du cœur, je vous bénis, mon père !

Il regarda Inez. Elle lui tendit la main.

— Merci, dit-elle, noble Vincent; toi, tu m'as comprise!

Les yeux de don Hernan semblaient grandir parmi la pâleur de son visage. Vous eussiez dit qu'un vent mystérieux agitait les longues mèches de sa chevelure.

Sa poitrine sifflait, ses mains crispées s'attachaient aux deux bras du fauteuil.

— J'ai juré... balbutia-t-il, — j'ai juré! que voulez-vous de moi? Ma fille... la fille de mon sang et de mon âme... Blanche de Moncade n'est pas vengée!... que voulez-vous de moi? Elle était belle comme vous, jeune fille; comme vous fière et vaillante... Savez-vous ce qui oppresse mon cœur et ce qui glace mon sang dans mes veines?... C'est que je ne vous hais pas... c'est que je suis traître à ma sainte et juste colère.

Vincent prosterné lui saisit les deux mains :

— Mon père bien-aimé, dit-il, — mon père respecté... Dieu n'entend pas les serments de la haine... Notre Blanche, qui est une bienheureuse aux pieds du Seigneur et qui chante nuit et jour l'hymne des célestes miséricordes, notre Blanche n'a pas pu franchir les portes du ciel sans pardonner... Écoutez-moi, c'est Blanche qui vous parle.

— Tu mens, interrompit une voix rauque dans l'ombre du corridor.

Le vieillard se redressa, l'œil brillant, les narines gonflées. Comme il suffit de la fanfare guerrière pour ranimer l'agonie du cheval de bataille, ce cri de haine ralluma son regard et fondit la glace de son sang.

— Aïdda! murmura-t-il; sois la bienvenue!

— Aïdda! répéta Vincent douloureusement ; Dieu nous abandonne!

Inez rabattit son voile et croisa ses mains sur son sein.

La Mauresque entra d'un pas saccadé. Sa joue était livide ; ses yeux rayonnaient d'un feu sombre.

— La morte était seule, dit-elle, comme pour excuser sa venue.

Puis, piquant don Vincent de son regard aigu comme la pointe d'un dard :

— Tu mens, marquis, répéta-t-elle; Blanche est aux pieds du Dieu juste et impitoyable qui n'a pas de pardon pour les traîtres. De quel Dieu nous parles-tu, toi qui étais gentilhomme hier et qui te fais aujourd'hui l'avocat hypocrite de ta honte et de ta faiblesse? Es-tu chrétien? Crois-tu à l'enfer? Blanche est aux pieds du Dieu dont la colère attise le feu éternel... Hier, tu maudissais ton père; c'était hardi, c'était le crime viril d'un Espagnol en fureur.

Je t'aimais hier, et ton père étonné s'enorgueillissait de ton audace... Aujourd'hui, tu viens, escorté de cette fille habile et rompue aux lâches comédies de la cour... Tu prêches comme un moine, don Vincent, tu joues des saynètes comme un histrion dans les foires... Aujourd'hui, ton père a dégoût de toi... Aujourd'hui, je te hais et je te méprise!

Elle saisit d'un geste violent le bras du vieillard.

— Venez, seigneur, dit-elle, la morte n'a plus

que vous, et vous n'avez plus que la morte... Laissez celui-ci à sa trahison, et si vous vous arrêtez sur le seuil de cette chambre, à votre tour que ce soit pour maudire!

Don Hernan lui donna son bras.

Inez mit sa main sur l'épaule de Vincent atterré.

— Nous ne sommes pas vaincus, Moncade, dit-elle d'une voix haute et claire; — nous ne sommes pas jugés... Hier, pendant que j'étais aveugle et sourde, on m'a portée dans la chambre funèbre, où mon corps inerte a fait amende honorable, j'y veux retourner aujourd'hui de mon plein gré; ma bouche baisera les pieds de la sainte...

— Sacrilège! commença la Mauresque.

— Silence, femme! interrompit Inez avec tant de force que le vieillard en tressaillit; — vous êtes ici pour représenter le dieu de l'enfer... Laissez agir et parler ceux qui élèvent leurs âmes vers le Dieu du ciel... Votre main, mon époux et mon meurtrier!... Suivez-nous, mon père, car c'est maintenant l'heure solennelle entre toutes, et votre serment va encore s'accomplir!

Elle entraîna don Vincent dans son élan irrésistible et passa le seuil la première.

— Qu'y a-t-il donc dans le cœur de cette enfant? murmura don Hernan. Aïdda, je n'ai jamais senti si lourd le poids de ma vieillesse... N'y aurait-il que le néant derrière ce grand mot : la vengeance?...

— Il y a l'honneur reconquis! répondit la Mauresque. Venez! il vous faut la vue de cette couche funéraire au-devant de laquelle vos genoux ont usé la dalle... Vous faiblissez, seigneur, parce que vous avez attendu trop longtemps! Blanche! Blanche! ce nom adoré est notre cri de guerre...

— On a creusé deux tombes, balbutia le vieillard; le serment meurt avec celui qui l'a prononcé...

— Blanche! répéta l'Africaine, venez!

Don Hernan se mit en marche, mais un autre nom vint à sa lèvre.

— Inez!...

Aïdda ne l'entendait pas, elle poursuivait :

— Ils ont compté sur la faiblesse de votre âge ; ils se sont dit : « La souffrance trop longue a usé ce grand cœur... » Mais je suis là, moi; je suis là pour siffler la mise en scène de cette effrontée comédie... Je ferai tomber leur masque avec ce seul nom : Blanche! Blanche!

Ils arrivaient dans la chambre mortuaire.

— Blanche! Blanche! répéta une voix douce comme le chant des anges : belle et noble victime! Blanche! ma sœur par l'infortune, par l'amour, par le crime!... Je baise tes pieds parce que tu es une sainte et une martyre... Je baise tes mains parce que nous partageons une même destinée et que nos âmes auront le même âge dans les jardins du ciel...

Tu m'aimeras, Blanche, comme je t'aimerai... Nous étions mortes ici-bas; tu vis déjà et tu m'appelles..... Je vais à toi, Blanche; je veux vivre !

La main ridée du vieux marquis, pesant sur l'épaule de la Mauresque, l'avait forcée à s'arrêter. Il était toujours droit et portait haut sa tête sévère, couronnée de cheveux plus blancs que la neige ; mais des frémissements soudain agitaient tous ses membres. Ses yeux élargis avaient un regard fixe ; la pâleur de ses joues se marquait de plaques terreuses, et le souffle avait peine à remonter à sa poitrine.

La chambre funèbre présentait l'aspect que nous avons décrit. La lumière des cierges éclairait vivement le lit entouré de blanches draperies, et sur lequel la morte reposait dans son frais costume de jeune fille.

L'embaumement, pratiqué avec art, lui laissait de loin toutes les apparences de la vie. A certains jeux de lumière, la suave beauté de ses traits semblait sourire. A cet instant surtout, l'illusion était complète.

Vincent se tenait debout et découvert à la tête du lit. Au pied, Inez était agenouillée.

C'était pour contempler ce tableau que don Hernan de Moncade venait de s'arrêter.

Aïdda le regardait aussi, mais d'un œil indigné, car, pour elle, c'était la dernière des profanations.

— Voici douze ans, jour pour jour, dit-elle, que le père de cette fille renvoya l'héritière de Moncade...

Le vieillard rendit un sourd gémissement.

— Ma haine ! ma haine ! murmura-t-il avec une angoisse étrange : un Espagnol doit se venger !...

— Enfin, s'écria l'Africaine ; voici le cri d'un cœur de gentilhomme !

Inez venait de se relever, après avoir baisé, comme elle l'avait dit, les pieds et les mains de la morte. Elle se retourna lentement vers l'intérieur de la chambre.

Son visage était en pleine lumière. Tout martyr a son auréole. Il y avait autour de son front charmant dans sa pâleur comme un cercle de rayons.

Elle aussi souriait ; son sourire serrait le cœur.

— Don Vincent de Moncade, dit-elle avec la mélancolique sérénité des belles mortes, je vous ai aimé par dessus tout en ce monde. Vous m'avez fait bien du mal, à moi, pauvre jeune fille innocente et heureuse... Pour tout le mal que vous m'avez fait, promettez-vous de m'accorder un don ?

— Je le promets, répondit le second marquis de Pescaire, les yeux baissés, mais la tête haute.

Un amer sarcasme allait tomber des lèvres d'Aïdda : ce fut don Hernan qui lui imposa silence.

— Don Vincent de Moncade, poursuivit Inez, je vous pardonne, et je prie Dieu qu'il vous octroie une compagne digne de vous... Le don que je réclame de votre honneur, le voici : vous ne me défendrez ni par votre main ni par votre épée, à cette heure de vengeance.

La poitrine du jeune cavalier rendit un long gémissement.

— Tu as promis, Moncade ! s'écria l'Africaine.

Et don Hernan, comme un écho inerte et sourd, répéta :

— Moncade ! tu as promis !

Don Vincent fit un pas vers Inez. Il chancelait comme un homme ivre.

— J'ai promis, râla-t-il ; mais je l'aime !... Mais

tout ceci est extravagant et impie... Ne voyez-vous pas que la tête de cette enfant est perdue?...

— Tais-toi, Moncade! ordonna Inez; j'ai ma raison.

— Dieu vivant! s'écria le vieillard dont le visage de marbre reprenait vie, elle a raison; tais-toi !

Tout le sang de l'Africaine était à ses tempes. Elle attendait comme le tigre attend sa proie.

Et dans sa gorge haletante ce mot grondait :
— Il l'aime !

Don Hernan et Inez se regardaient fixement.

Don Vincent, défaillant, s'appuyait à la colonne du lit.

Inez et don Hernan se prirent à marcher l'un vers l'autre d'un pas égal et lent.

Ainsi allaient ces champions du jugement de Dieu dans le champ clos, calmes et fiers tous deux, et la main sur leur épée.

C'était aussi un jugement de Dieu, mais l'arme était bien autrement terrible que l'épée !

Le vieillard s'arrêta le premier. Il était en proie à un trouble extraordinaire, à un trouble poignant et trop violent pour sa nature, que le chagrin encore plus que le temps avait usée et minée.

Vous avez rencontré, dans les futaies séculaires, de ces chênes droits et fiers qui portent haut le restant de leurs feuillées. Chaque printemps met encore à leur cime une couronne de verdure ; leur tête domine noblement les jeunes arbres voisins qui grandissent alentour.

Mais ils n'ont plus de moelle; le tronc est creux; c'est par l'écorce que la sève monte ; ils sont malades au cœur, ces géants de la forêt !

Ils sont robustes. Le tronc a résisté aux tempêtes ; les racines, promenant sous la terre leurs chevelures d'attaches solides, soutiendraient un temple. Mais il est un endroit à quelques pieds du sol où la gangrène gagne, gagne, attaquant l'écorce vive.

Au premier coup de vent le géant tombera.

Don Hernan de Moncade fit un geste qui ressemblait à une prière, pour empêcher Inez de s'approcher davantage. Comme Inez avançait toujours, il baissa les yeux et dit :

— J'ai fait un serment !... j'ai fait un serment !...

Sa voix altérée sonnait comme une plainte sourde.

— Un serment solennel est deux fois sacré ! ajouta la Mauresque en scandant chaque mot avec l'énergie de sa haine.

— Seigneur, dit Inez dont le calme semblait grandir au milieu des terrribles émotions de cette scène, je viens à vous pour que votre serment soit accompli.

Elle voulut mettre un genou en terre. Don Hernan recula d'un pas.

— Je vous défends de vous agenouiller devant moi ! s'écria-t-il. Que voulez-vous ? Pourquoi êtes-vous ici ?... Saisissez la, Vincent !... Qu'elle sorte de cette maison... et vous-même avec elle !... Allez loin ! bien loin ! et que Dieu vous oublie !

Son corps eut une large oscillation. Don Vincent et Aïdda s'élancèrent ensemble pour le soutenir.

Mais il se redressa, repoussant à la fois l'un et l'autre secours.

— Mon père !... mon vénéré père !... murmura Vincent ; écoutez la voix de votre cœur !

— Je suis la voix de la morte ! prononça durement Aïdda ; elle aussi vous appelait mon père... Dieu n'oublie rien... Le serment d'un hidalgo est une chaîne de fer !

Le vieillard était immobile entre ces deux forces contraires. Il avait repris son apparente insensibilité.

— Laissez parler la fille du comte-duc ! dit-il d'un ton impérieux ; nos pères accordaient merci à l'ennemi qui s'agenouillait en demandant la vie.

— A genoux, donc, race de traîtres ! s'écria l'Africaine ; voici deux parjures : le père et le fils... Mais le serment nous appartient à tous les trois... J'hérite des deux parts abandonnées, et je l'accomplirai tout entier.

Inez releva sur elle son regard éclatant de résignation et de sérénité.

— Je vous plains, femme, dit-elle.

Ce fut un rugissement de lion qui sortit de la poitrine de la Mauresque.

Inez poursuivit en s'adressant au vieillard :

— Vous vous êtes mépris, seigneur, je ne m'agenouillerai pas pour demander merci. Le condamné se prosterne sous la hache ; ainsi faisais-je, moi qui n'attends plus que la mort. Je venais à vous pour vous dire : Votre serment, une chaîne de fer, vous garrotte et vous lie ; votre serment réclame mon honneur et mon sang. Je ne puis vous apporter que ma vie, car mon honneur appartient aussi à don Vincent de Moncade, second marquis de Pescaire, votre fils.

Laissez-le, cet honneur, descendre avec moi dans la tombe. Si la loi des vengeances est implacable, qu'elle soit juste, Vincent, mon bien-aimé maître, me rend cet honneur qui est à lui. La fille de Guzman est-elle assez noble pour accoler son écusson à celui de Moncade, seigneur ?... Les fosses sont creusées l'une après l'autre... Tuez votre seconde fille, et lavez avec son sang l'affront fait à la première ; mais que ce sang soit pur, afin de laver mieux... et que votre fils, mon époux, puisse prier entre deux fosses remplies, après que votre poignard aura béni les noces vengeresses !

Elle arracha la dague qui pendait à la ceinture du vieillard, et lui en présenta la poignée de la main droite.

Elle abandonnait sa main gauche aux baisers de Vincent qui la baignait de ses larmes brûlantes.

Elle était belle, en vérité, belle comme le suprême sourire des saintes.

Aïdda, ramassée sur elle-même et souffrant tous les tourments de l'enfer, la couvait d'un regard de bête fauve.

Don Hernan de Moncade ne prit pas de suite le poignard.

Il hésitait.

L'œil de Vincent dardait jusqu'à lui sa muette et ardente prière.

Sa gorge rendit un cri de profonde angoisse. Le vieillard avait enfin avancé la main et pris la poignée de la dague.

— Celle-ci a le cœur espagnol, prononça-t-il d'une voix plus vibrante et plus forte, celle-ci eût glorifié ma maison... ma noble mère l'eût regardée d'un bon œil, assise au foyer de la famille.

Il semblait qu'un flux de vigueur fût revenu en lui. Sa pose était hautaine, son œil grand ouvert, sa tête fièrement relevée.

Inez lui souriait doucement.

Dans le silence qui suivit, on n'entendit que les sanglots de Vincent et le râle grondant dans la gorge de l'Africaine.

— Dona Inez, reprit le vieillard, j'ai compté les jours et les heures dans l'attente du moment que voici... Dieu a voulu que les désirs de l'homme fussent aveugles, dès qu'ils ne sont point inspirés par la miséricorde et l'amour...

Cette heure tant souhaitée est amère et cruelle entre toutes les heures de ma vie... Cet arme brûle ma main, je ne veux pas de ma vengeance.

Il laissa tomber le poignard à ses pieds.

D'un bond de panthère, Aïdda le saisit, et, se relevant ivre de fureur, elle s'élança sur sa rivale en disant :

— La vengeance qu'on jette, je la ramasse ; Blanche de Moncade, moi seule ici je me souviens de toi !

Elle frappa d'un premier coup de poignard don Vincent qui faisait à Inez un rempart de son corps. D'un second elle cherchait le cœur d'Inez, lorsqu'une main d'acier la saisit aux cheveux.

C'était le vieux Hernan, qui lui tordit les reins d'un bras puissant et la renversa terrassée. Il la poussa du pied comme une esclave. Comme une esclave, Aïdda rampa, sombre mais silencieuse, sous le pied qui l'écrasait.

Le couteau avait glissée sous le baudrier de don Vincent ; sa poitrine n'était qu'effleurée.

Don Hernan porta la main à son cœur. Un voile sembla passer sur son regard.

— Femme, dit-il, moi seul avais le droit de punir !... Je te défends d'ouvrir la bouche... mes paroles sont comptées... ne vois-tu pas que mon heure approche !

Vincent le regarda et poussa un cri de terreur !

Debout et droit qu'il était, quelque chose de funèbre planait autour de lui. Sa face était décomposée ; un rayon vitreux remplaçait son regard.

— Où es-tu Vincent ? reprit-il ; je ne te vois plus.

La main du jeune marquis tressaillit douloureusement en touchant sa main froide.

Don Hernan s'appuya sur lui.

Conduis-moi vers ma fille, ordonna-t-il.

Il alla jusqu'au lit ; mais Vincent fut obligé de relever la tête de la morte pour que don Hernan, dont tout le corps était rigide, pût déposer un baiser sur son front.

— Je te voyais, mon enfant chérie, dit-il tout bas. C'est toi qui murmurais à mon oreille : « Ne me venge pas ! ne me venge pas !... » Restez tous auprès de moi, s'interrompit-il à voix basse ; pas de médecin... un prêtre pour aider mon âme à se détacher de mon corps... J'ai vu mourir mon père, il souriait, c'était un chrétien... J'ai reçu le dernier soupir de ma mère ; elle priait pour nous, c'était une sainte... Moi, j'ai le cœur triste et je ne peux pas pardonner.

Sa voix allait faiblissant. Il appela :

— Vincent de Moncade !

— Me voici, mon père, répondit le jeune marquis ; votre main est dans les miennes.

— Don Vincent, répéta le vieillard, mon serment meurt avec moi ; je vous relève de votre promesse... Pour ce qui regarde l'avenir, faites selon votre foi... Dona Isabel est digne de vous, et notre Cid épousa Chimène...

Il sentit une lèvre sur sa main.

— Est-ce toi, Aidda ? demanda-t-il.

— Seigneur, répondit la Mauresque, la fille du comte-duc est entre moi et mon maître mourant... mon maître qui m'a frappée et foulée aux pieds pour la fille du comte-duc !

Don Hernan retira sa main et poussa un long soupir.

— La fille du comte-duc ! répéta-t-il. Blanche ! viens-tu me chercher ?... Oh ! tu descends du ciel pour prendre mon âme... Nous aurons deux tombes voisines... C'était pour moi qu'on fouillait hier la terre des caveaux.

— Mon père, pardonnez, au nom de Dieu ! supplia Vincent.

Et une autre voix douce comme celle des anges.

— Pardonnez, pardonnez, mon noble père !...

Don Hernan s'affaissa dans les bras de son fils.

— Blanche !... dit-il encore, c'est toi qui as prononcé ce mot *pardonnez !*...

Sa poitrine eut une courte convulsion.

Il y avait trois visages penchés avidement au-dessus du sien pour guetter sa dernière parole.

Ce fut comme un souffle exhalé.

— Mon Dieu ! soyez béni... Enfant... noble enfant... je pardonne...

Les lèvres d'Inez se collèrent à sa joue.

Il ne respirait plus. On vit poindre comme un reflet de quiétude sereine parmi l'austère beauté de ses traits.

Un grand silence emplit la chambre. Vincent et Inez étaient prosternés... Ces deux visages de morts restaient tournés l'un vers l'autre, et leurs sourires immobiles se répondaient.

La voix d'Aïdda troubla ces muets recueillements.

— Moi, je ne pardonne pas ! dit-elle, arrachant chaque mot de sa gorge sifflante ; moi, je maudis mon maître décédé comme tu as maudit ton père vivant, Vincent de Moncade !...

Elle était debout sur le seuil ; sa main brandissait le poignard de don Hernan.

— Moi, acheva-t-elle en étendant son bras armé, je vous hais maintenant d'une seule et même haine.

IV

SULTAN YUSUF

Il n'était pas plus d'une heure après minuit quand le bon duc de Medina-Celi, à la tête de ses trois serviteurs, passa la grande porte de la maison de Pilate. En quelques minutes la cavalcade eut atteint la porte Royale, fermée depuis le couvre feu sonné. Dans le corps de garde, les mercenaires dormaient ou causaient des événements de la soirée. Grande avait été l'émotion parmi la garnison de Séville. Les moindres soldats savaient que la consigne la plus sévère avait été donnée pour le lendemain.

S'il était permis d'employer une locution toute moderne, nous dirions que la ville était par le fait en état de siège.

Le même corps de garde réunissait les miquelets qui étaient la garnison proprement dite de Séville, les hallebardiers du quartier équipés par la bourgeoisie, et les deux cavaliers de l'hermandad qui renforçaient chaque poste dans les grandes occasions.

Les hallebardiers bourgeois avaient tout naturellement la plus mauvaise place sur la paille et la plus petite cuiller à la gamelle. L'hermandad tenait le haut bout, à la condition de souffrir patiemment certaines plaisanteries risquées par la troupe diabolique des miquelets.

Deux hallebardiers veillaient au-devant du poste.

Au bruit de cette cavalcade chargeant à fond de train, leur première pensée fut de prendre la clef des champs; ils préférèrent, après réflexion, se retirer en bon ordre sur le corps de garde. Tous deux jetèrent leurs piques afin de mieux courir.

— Alarme! alarme! crièrent-ils en poussant la porte vermoulue.

Les causeurs eurent la parole coupée, les dormeurs se mirent sur leurs pieds en sursaut.

— Qu'est-ce, Geronimo ? qu'est-ce, maitre Miguel ?

Geronimo répondit :

— Merci de nous tous ! les desservidores sont plus de mille, tous montés comme saint Georges (puisse-t-il nous venir en aide, et aussi saint Jacques !) tous armés comme des citadelles !

Mais Miguel disait :

— Les Français sont entrés dans la ville par la porte du Soleil... et les Anglais hérétiques par-dessus les murailles... Ils mettent le feu partout sur leur passage...

On frappa rudement aux châssis de la croisée.

Les miquelets sautèrent sur leurs armes, tandis que les deux cavaliers de l'hermandad s'accotaient prudemment dans le coin le plus obscur du taudis.

— Holà ! qu'on ouvre la porte ! criait-on cependant au dehors.

— Qui vive ? demanda le sergent des miquelets.

— Medina-Coli, par le roi !

Les miquelets sortirent bravement avec la lanterne du poste.

L'alferez fit porter les armes et mit chapeau bas pour examiner le sauf-conduit.

— Monseigneur, dit-il, j'ai connu de braves soldats qui vous avaient vu l'épée à la main... Là-bas, en Flandre, nous racontions de vos histoires, autour du feu de nuit... Votre Grâce daignera-t-elle nous dire le fin mot de tout ce qui se passe ?

— Ma Grâce n'a pas le temps, mon camarade, répondit le bon duc en riant ; ce serait long, et j'ai de la besogne... Ouvre la porte.

— A la herse, Miguel et Geronimo! commanda l'alferez.

Les deux pauvres diables sortirent tout défaits. Les ferrailles de la porte crièrent, et les battants tournèrent sur leurs gonds rouillés.

Les sergents, les miquelets et même les cavaliers de l'hermandad vinrent se ranger en haie des deux côtés de la herse.

Le bon duc jeta sa bourse au sergent.

— Vive Dieu! cria celui-ci, ce n'est pas le comte-duc qui agit comme cela! Que Dieu vous protège, Medina-Celi, car vous voyagez cette nuit, j'en suis certain, pour le bien de l'Espagne.

— Part à tous, n'est-ce pas, bon duc? demandèrent les cavaliers de l'hermandad.

Les trois Nunez passèrent les premiers.

Medina-Celi s'approcha du sergent et lui dit tout bas :

— D'autres sont passés depuis la douzième heure?

— Oui, Seigneur.

— A cheval?

— A cheval.

— Combien de cavaliers?

— Une douzaine pour le moins.

— Avec un sauf-conduit?

— Donné au nom du seigneur comte de Palomas.

— Et... ces cavaliers escortaient une dame?

— Une dame, Excellence... malade, s'il m'est permis de dire mon avis, car deux cavaliers la soutenaient sur sa selle.

Le bon duc piqua des deux et partit comme un

éclair; ses trois compagnons prirent le galop derrière lui. Les bénédictions du sergent des miquelets et des archers de l'hermandad l'accompagnèrent.

On partagea la bourse. Miguel et Geronimo eurent pour leur part quelques bons coups de hampe de hallebarde.

A quelques centaines de pas de la ville, le Medina-Celi attendit son escorte.

— Enfants, dit-il, je suis mieux monté que vous, et le temps presse... Voici mes instructions, car nour allons nous quitter... Quoi qu'il vous arrive en chemin, suivez votre route... Dans le cas où vous rejoindriez cette cavalcade qui nous précède, ne la dépassez point, mais restez à distance d'entendre et de voir... Vous cotoierez la rive droite du fleuve jusqu'à la pointe de l'île Majeure... Vous traverserez l'eau au gué de Sainte-Luce, à moins que le drapeau ne flotte à la perche, en face du bac... Il faudrait prendre alors le bac... Dans les deux cas, le rendez-vous est à l'hôtellerie de l'Étoile, dans l'Isla-Mayor... Vous demanderez le seigneur Esteban, et vous attendrez à l'écurie avec vos chevaux tout sellés.

— Il suffit, maître, répondirent les trois Nunez d'une voix.

Le bon duc reprit sa course, longeant cette haie fleurie qui croit au bord du Guadalquivir. Les Nunez le perdirent de vue dans l'ombre au bout de quelques minutes. Sultan Yusuf méritait son titre : c'était bien le roi des coureurs. Il perçait la nuit comme une flèche, et cependant son souffle, en traversant ses naseaux, rendait un son égal et doux.

Les trois Nunez galopaient le long du bord et suivaient ce capricieux méandre du fleuve, caché derrière les lauriers-roses. Medina-Celi, au contraire, coupait droit au travers des prairies et des moissons. Il savait son chemin et nul obstacle n'arrêtait la course de Yusuf.

La pluie n'avait pas encore commencé de tomber; les nuages rapides voyageaient au ciel, séparés entre eux par de larges flaques d'azur. L'orage grondait vers l'est, où la cime des sierras se détachait parfois dans un éclair.

Il nous souvient d'avoir déjà dans ces pages décrit le vol hardi d'un cavalier dévorant l'espace dans ces prairies enchantées. C'était aussi à une heure silencieuse. Le tourbillon poudreux de cette course éveillait à peine sur son passage la nature endormie. Le lourd soleil pesait sur les plantes inclinées; tout s'engourdissait au feu des implacables ardeurs du Midi.

Et le cavalier allait ivre de sa propre vitesse, l'œil ébloui, le cerveau transporté, donnant au vent de sa course les masses éparses de ses longs cheveux.

Là tout était mouvement désordonné, jeunesse folle.

Ici, cheval et cavalier glissaient comme ce trait qu'on aperçoit à peine, qui ne prend pas de place dans l'air, traversé en ligne droite, et qui, de l'arme au but, n'a piqué qu'un point dans l'espace, dard silencieux mais terrible, qu'on n'a point vu venir et qu'on n'entend pas frapper.

Le cavalier et le cheval ne faisaient qu'un, immobiles tous deux dans leur prestigieux élan, tous deux sombres et muets.

Point de hennissements du cheval, point de cris de l'écuyer. Ils allaient, muets et sombres, plus rapides que le vent.

C'est déjà l'âge moderne. La tradition n'a pas donné de nom à l'épée du bon duc, ce dernier personnage légendaire de la romantique Espagne ; mais Sultan Yusuf, son coursier, est inscrit au panthéon des chevaux.

Et tous deux, le maître et le cheval, ont un caractère propre qui les sépare des temps héroïques.

Yusuf, c'est le cheval arabe dans tout son réalisme ; il ne ressemble pas plus aux destriers de la Table ronde que le bon duc ne ressemble aux paladins de la cour fabuleuse de Charlemagne. Le bon duc, malgré l'exemplaire pureté de sa vie, appartient très étroitement à son siècle. Il n'a de droit que l'intention. La mine creusée en zigzag est volontiers sa route, et ce bras qui manie si rudement l'épée n'a recours à l'épée qu'à la dernière extrémité.

Au milieu de ces brumes politiques et parmi les imbroglios innombrables qui composèrent la comédie de ce règne, c'était sans doute une mauvaise arme que l'épée. L'épée, qui brise le fer et qui tranche parfois le nœud gordien, ne peut rien contre les nuages.

Les contemporains du bon duc lui ont donné souvent ce sobriquet étrange pour le dernier des chevaliers, mais significatif au plus haut point : *el Astuto*, le rusé. Les contemporains eurent pour cela leurs raisons, car il ne faut point oublier qu'il s'agit ici de l'homme qui défia notre grand

Condé en combat singulier, et qui jeta son gant sur les genoux de Jean de Bragance au milieu de toute sa cour.

Le mot *rusé*, appliqué à Medina-Celi, modèle de loyauté et de vaillance, ne peut être pris qu'en bonne part. Il veut dire : adresse, science diplomatique, ressources de l'esprit.

Ça n'est donc pas seulement le principal trait de sa vie qui rappelle le grand drame de famille dont Ulysse fut le héros dans les jours antiques. Medina-Celi est véritablement l'Ulysse de ce peuple dont Rodrigue de Bivar fut l'Ajax et l'Achille.

Nous ne pouvons omettre ici un trait qui complète la singularité de cette physionomie : c'était un bon vivant. Cet homme, qui pratiquait dans toute sa rigueur l'ascétisme politique de sa devise, c'était un gai compagnon, il savait tenir tous les rôles.

Il y avait une heure que Sultan Yusuf soutenait la même allure. En cet espace de temps, le bon duc avait franchi près de six lieues françaises. Le ciel se couvrait de plus en plus, et quelques gouttes de pluie venaient fouetter son visage. Il se trouvait au milieu des champs dans un terrain plat. Une ligne ronde d'une parfaite uniformité bornait l'horizon. La lune était couchée et nul signe ne pouvait indiquer la route.

Le bon duc caressa doucement le garrot humide de Yusuf, et lui fit sentir la bride. Yusuf s'arrêta roide sur ses quatre pieds frémissants. Un souffle court rejeta hors de ses naseaux deux colonnes de fumée.

— Tu vaux ton père, Sultan! lui dit le bon duc à voix basse et d'un ton caressant.

Le noble animal, comme s'il eût compris cet éloge laconique, releva sa tête élégante et gracieuse.

A quelques pas il y avait un tertre, et sur le tertre la tour ruinée d'un moulin à vent. Medina-Celi, jetant la bride sur le cou de Yusuf, mit pied à terre et gravit le mamelon. Il parvint à atteindre le sommet de la tour et consulta l'horizon. Il espérait sans doute reconnaître au lointain quelques aspects, découvrir quelque lumière ou saisir certains bruits qui pussent le remettre dans sa route perdue. Mais la pluie, fine comme un brouillard, voilait la campagne; les objets disparaissaient derrière cette vapeur, et aucun bruit ne rompait le silence de la nuit.

— Le fleuve est loin, murmura le bon duc; je devrais entendre les cascades d'Oran... Si j'allais dépasser l'escorte sans la voir!...

Il redescendit le tertre et se mit à genoux pour coller son oreille contre terre.

La terre vibrante lui apporta comme une lointaine trépidation.

— L'escorte! dit-il en lui-même.

Il regagna en courant l'endroit où son cheval était arrêté. D'un bond il sauta en selle, puis, s'orientant avec un soin minutieux, il tourna la tête du vaillant animal un peu à gauche de la direction précédemment suivie.

— Hop! fit-il.

Sultan Yusuf s'enleva et partit comme un trait.

Au bout de trois ou quatre minutes, la végétation plus riche annonça l'approche du Guadalquivir. Le bon duc entra dans un immense champ de maïs, dont les larges pailles desséchées sonnaient sous la pluie.

Pour la seconde fois il s'arrêta et il écouta.

Le galop d'une cavalcade s'entendait distinctement, bien que le pas des chevaux s'assourdît sur la terre détrempée. Ce n'était pas les trois Nunez, car ils avaient ordre de garder le silence, et les cavaliers de cette escorte invisible causaient en riant bruyamment.

D'ailleurs, il n'y avait point à s'y tromper : trois chevaux n'auraient pu faire ainsi trembler le sol. C'était une troupe nombreuse.

— Hop! dit encore le bon duc qui inclina sur la droite la tête de son cheval.

Yusuf, léger, infatigable, franchit les épis de maïs et atteignit l'extrémité du champ en quelques bonds. Medina-Celi ne l'excitait ni de l'éperon ni de la voix. Yusuf piquait droit à travers la campagne, comme un navire fin voilier trace son sillage intelligent au milieu de l'immensité des mers.

Un quart d'heure s'était à peine écoulé qu'une éclaircie montrait au bon duc la ligne de lauriers-roses qui bordait le fleuve. Yusuf avait gagné une lieue en suivant la corde géométrique qui soutendait l'arc de cercle décrit par le cours sinueux du Guadalquivir. Le chemin était à cet endroit largement tracé et conduisait à une sorte de débarcadère qui coupait la route en pente douce.

Une perche était plantée non loin de là, et portait un drapeau que l'humidité collait à la hampe.

— Holà ! Ambrosio ! cria le duc.

Sa voix mâle et retentissante alla chercher l'écho sur l'autre rive, où l'on distinguait dans la brume une toute petite cabane.

A la fenêtre de cette pauvre habitation, une lueur se montra, puis on put entendre un bruit de chaînes.

— J'ai bien fait de prendre de l'avance, pensa Medina-Celi ; Ambrosio n'est pas plus vif qu'au temps jadis.

Ambrosio n'était pas plus alerte, en effet. On aurait pu compter chacun de ses pas. Il rejeta la chaîne dans son bac et y descendit en grondant. Il fallut le temps de border les avirons ; ce fut long. Les avirons bordés, il rama en homme qui fait un métier absolument contraire à sa vocation.

Le bac toucha terre cependant, et le bon duc y fit entrer son cheval.

— Payez d'avance, l'homme, dit Ambrosio, c'est la règle... un maravédis pour vous et deux pour votre bête.

Medina-Celi lui mit dans la main les trois petites pièces de cuivre, et Ambrosio donna son premier coup de rame.

En nageant, il chantonnait une mélodie arabe, douce, lente, monotone.

— Voilà trente ans que tu chantes la même chanson, Ambrosio, dit le bon duc.

Le batelier cessa de fredonner et leva son œil paresseux sur son passager.

— Me connaissez-vous depuis si longtemps, l'homme ? demanda-t-il.

C'était un fils de cette rude colonie de phoques établie entre Tarifa et Marbella. Leurs pères venaient, dit on, de la Gaule celtique. Ils sont laconiques et durs dans leur langage, au milieu de ce pays andalous où personne ne ménage les verbeuses caresses de la courtoisie espagnole.

— Il y a vingt ans, répondit le duc, je passais ton bac deux fois par jour.

— Vingt ans! grommela Ambrosio; notre seigneur don Louis faisait de belles chasses dans l'île Majeure, et il y avait au château de nobles compagnies.

— Est-ce que tu regrettes ton seigneur don Louis, Ambrosio? demanda Medina-Celi.

Le batelier haussa les épaules.

— Pourvu qu'il y ait toujours du monde à passer! murmura-t-il.

Il donna un coup de rame et ajouta :

— Ceux-là autrefois; ceux-ci aujourd'hui. Le fleuve en a vu bien d'autres!

Medina-Celi mit sa main sur son bras.

— Ambrosio, demanda-t-il, te souviens-tu du jeune duc Hernan?

Le batelier se retourna à demi.

— J'avais ma femme et trois enfants, dit-il, deux beaux garçons et une douce fille... Ma maison est vide, mon cœur aussi... Le jeune duc Hernan est en prison, l'homme, et sa barbe doit être grise.

Il reprit sa chanson où il l'avait laissée. Le bon duc était pensif.

Un bruit sourd et lointain venait du nord.

— Hâte-toi, Ambrosio, dit Medina-Celi, voici de la besogne qui t'arrive.

— Que je me hâte ou que je ne me hâte pas, l'homme, il y aura toujours assez d'argent chez moi... Tu m'as fait songer aux enfants... Puisque tu parles des jours passés, voilà vingt ans, les deux garçons et la petite fille jouaient là-bas, dans les lauriers... On a le cœur au travail quand le travail amène la gaieté dans la maison.

Le bruit grandissait. Ambrosio poussa un gros soupir.

— En ce temps-là, reprit-il, quand je guindais le drapeau en tête du mât, c'était fête... Les enfants disaient :

« Le gué de Sainte-Luce ne nous volera plus ni un cheval ni un cavalier; le fleuve est à nous!... »

— Holà! Ambrosio! holà! crièrent plusieurs voix sur l'autre rive.

— Va bien! répondit tranquillement le passeur.

L'eau porte le son. Le bon duc put entendre que les gens de l'autre rive disaient :

— Il n'est pas à mi-chemin.

Une voix plus impérieuse commanda :

— Vire, Ambrosio, vieux loup, nous sommes pressés!

— Par le Dieu vivant! fit le batelier, qui cessa de nager, c'est le comte de Palomas, notre seigneur!... On ne désobéit pas à celui-là sans risquer de perdre la vie.

— Tu lui désobéiras, pourtant, Ambrosio, dit le bon duc qui tira son épée, nage!

Le batelier croisa ses bras sur sa poitrine, laissant le bac courir à la dérive.

— L'homme, murmura-t-il, si les enfants vivaient, mon aviron ne craindrait point ta rapière... mais à quoi bon défendre quelques jours maudits ?

— Vire, Ambrosio ! vire, misérable vieillard ! ordonnait la voix de l'autre rive.

Malgré sa philosophie, le passeur se mit sur ses pieds et brandit une de ses longues rames en disant :

— L'homme, dépose ton épée.

Il n'eut pas le temps de frapper, Medina-Celi avait jeté son épée, en effet ; mais ses deux mains se nouaient derrière les reins du batelier, qui tomba étouffé au fond du bac. Le bon duc saisit les rames, et le chaland, poussé par son bras vigoureux, coupa droit le fil de l'eau.

Palomas et ses compagnons eurent beau s'enrouer sur l'autre bord, on ne leur répondait plus.

En quelques minutes, le bac atteignit la rive de l'Isle-Mayor. Ambrosio, couché sous le pied du bon duc, n'avait pas bougé. Quand celui-ci se leva pour prendre la bride de son cheval, le batelier dit :

— Il y avait Louis de Haro, monseigneur, qui était plus robuste que moi... et don Hernan Perez de Guzman, qui était plus robuste que Louis de Haro.

Il tenait son bonnet à la main. Le bon duc y jeta une pièce d'or.

— Si le bâtard que tu appelles maintenant ton maître, répliqua-t-il en sautant sur Yusuf sans toucher l'étrier, veut te frapper comme un lâche qu'il est, dis-lui ceci : « Je viens de passer un gentilhomme qui porte avec lui ce que Votre

Seigneurie a oublié dans la maison de Pilate. »

— Holà ! Ambrosio ! traître ! pendard ! veux-tu coucher au fond du Guadalquivir, cette nuit?

Le Medina partit au trot de son cheval, et le batelier reprit ses avirons.

Palomas, furieux et trempé jusqu'aux os, l'attendait le fouet à la main.

— Maître, lui dit Ambrosio, je suis de Tarifa, où chaque coup de fouet vaut un coup de couteau.

— Le drôle serait capable de nous jouer quelque méchant tour en passant le fleuve, fit observer Manuel Concha, écuyer de Sa Seigneurie.

— Qui avais-tu dans ta barque? vieux loup, demanda le comte.

— Un homme par le visage, Monseigneur, un diable pour la force.

— C'est lui qui t'a empêché d'obéir?

— Je suis vieux, Excellence... il m'a terrassé.

— T'a-t-il dit son nom?

— Il m'a dit qu'il apportait de Séville ce que Votre Seigneurie a oublié dans la maison de Pilate.

Don Juan devint rêveur.

Manuel et Andrès, chambriers de Sa Seigneurie, firent entrer dans le bac un cheval qui portait une dame voilée. Cinq autres prirent place avec leurs cavaliers. Le bac avait sa charge.

Ceux qui restaient sur le bord murmuraient.

— Patience, mes vaillants, leur dit le comte; nous n'irons pas ce soir plus loin que l'hôtellerie de maître Colombo, et nous trouverons là de quoi nous refaire.

Le bon duc avait repris sa route, mais il ne se

pressait plus, et Sultan Yusuf avait vacances. L'Isle-Mayor, terroir opulent et d'une fertilité admirable, était alors couverte de bosquets enchantés qui lui donnaient l'aspect d'une forêt des temps féeriques.

Les sentiers tapissés de gazon dont la fraicheur était sans cesse entretenue par les infiltrations de l'eau du fleuve, couraient entre deux bordures de citronniers, d'orangers ou de grenadiers qui atteignaient une hauteur extraordinaire. Tout était fruits ou fleurs. Les poètes du siècle précédent, qui l'avaient surnommée « l'île des parfums », ne faisaient que lui rendre justice.

Le champ de roses de la reine occupait une étendue de plus d'une lieue carrée, et fournissait ces essences renommées que toute l'Europe vantait à bon droit.

Dans l'intérieur, on trouvait des massifs de myrtes tellement impénétrables que les piqueurs y marchaient la hache à la main, les jours de grande chasse royale.

L'ancien domaine du Haro était situé dans l'île majeure, dont il occupait à peu près les deux tiers. L'autre tiers était possession de la couronne.

Le roi Philippe IV, dans ces dernières années, avait donné le vieux château et le domaine à don Juan de Haro, en le créant comte de Palomas.

Le bon duc savait, à ce qu'il paraît, son chemin ici comme aux environs de Séville, car il allait sans hésiter au milieu de ces sentiers tournoyants et emmêlés comme les allées d'un labyrinthe tracé à plaisir. La campagne tranquille rendait sous la pluie un large murmure.

Tout se taisait, hormis ce bruit monotone et continu.

Tout à coup, au détour d'une allée, l'horizon s'élargit et la nuit sembla s'éclairer. Un sol rocheux sonna sous le sabot de Yusuf. Au lieu des terrains plats et humides que nous venons de traverser, le plan de la route s'éleva soudain, et l'horizon agrandi mouvementa ses lignes.

On entrait dans une vaste percée qui devait être le point culminant de l'île et révélait en quelque sorte sa carcasse osseuse. Il n'y avait plus de taillis. De hauts arbres s'élançaient çà et là par bouquets.

Juste en face du sentier, une sombre masse se dressait, qu'on aurait prise dans ces ténèbres pour un amas de ruines entassées et déchiquetées, si plusieurs lumières n'eussent brillé çà et là au milieu de ces noires murailles, dessinant des fenêtres cintrées et de longues ouvertures ogivales.

A mesure qu'on s'approchait, la tournure de ce bâtiment devenait plus grandiose et aussi plus étrange. Les lignes s'en découpaient hardiment sur le gris uniforme du ciel. Il y avait, d'un côté, un lourd manoir, solide dans sa carrure, aux angles duquel on devinait des tours trapues. Il y avait au centre un faisceau de tourelles aiguës dont quelques-unes, ruinées à diverses hauteurs, dentelaient leurs sommets où des forêts de plantes pariétaires pendaient comme des chevelures ; au-dessus de ce groupe, la frêle pointe d'un beffroi piquait les nuages ; il y avait enfin, du côté de l'orient, une longue muraille, percée symétriquement de fenêtres ogives, et qui, dessinant au loin sa riche perspective, figurait le fantôme d'une cathédrale gothique.

L'effet produit par ces aspects inattendus tenait de la féerie. C'était un rêve que toutes ces grandeurs architecturales au sein de cette solitude muette !

Encore, la plupart des détails disparaissaient-ils sous le voile gris de la brume. Un rayon de lune eût fait jouer toutes ces lignes cachées, et vivifié les mille caprices de ce paysage, digne des contes de l'Orient.

Le bon duc pressa le pas de son cheval.

Son œil était fixé sur les ruines. A deux ou trois reprises, un grave soupir se dégagea de sa poitrine oppressé (1).

— C'était hier notre jeunesse !... murmura-t-il ; rien n'a changé ici... Le vieux Colombo ne dort pas plus qu'autrefois ; va-t-il me reconnaître ?

La route contournait un monticule pierreux ; elle s'enfonçait un instant sous un massif de grands chênes, et débouchait enfin devant les douves de l'ancien monastère de Sainte-Luce, comblées en cet endroit dans une largeur

---

(1) L'antique abbaye de Sainte-Luce florissait sous les derniers rois espagnols, avant la conquête. Elle fut possédée par les sœurs affiliées à l'ordre de Saint-Jean. L'invasion des Maures la ruina en majeure partie, sauf la chapelle, qui fut transformée en mosquée. Sous Philippe II, on avait restauré les cloîtres ; quelques religieux s'y établirent. Abandonnée de nouveau, elle devint auberge ou plutôt rustique *delicias*. Philippe V la réunit au domaine et en fit un rendez-vous de chasse. Ses restes magnifiques existaient encore à la fin du siècle dernier, ainsi que l'ermitage de Sainte-Luce, situé à trois lieues de là, dans l'île Majeure.

suffisante pour continuer la voie charretière.

De près, l'antique monastère changeait de physionomie. La masse centrale et toute la partie qui regardait l'orient étaient irrémissiblement ruinées.

Le squelette de la chapelle surtout était lézardé à jour. Au contraire, la portion occidentale, récrépie et restaurée, avait presque l'air d'un bâtiment moderne.

Une enseigne couronnait la porte principale.

Le bon duc descendit de cheval et souleva le lourd marteau de fer qui éveilla, en retombant, tous les échos des cloîtres abandonnés de la vieille basilique.

Un silence profond répondit à cet appel.

L'hôtellerie ne dormait pas cependant, puisque des lumières continuaient de briller à plusieurs croisées.

— Holà ! maître Colombo ! cria le bon duc d'une voix retentissante.

Point de réponse encore.

Il y avait de grandes pierres éparses à droite et à gauche du sentier. Le bon duc en saisit une à deux mains.

— Eh bien ! eh bien ! dit une voix aigrelette au-dessus de la porte ; ne pouvez-vous dire honnêtement le mot d'ordre, Seigneur cavalier, sans déranger les roches qui servent de balustrade ?

Medina-Celi leva la tête. Une figure grimaçante s'encadrait dans l'œil-de-bœuf qui surmontait l'entrée.

— Je ne connais pas ton mot d'ordre, répondit-il ; voici le mien : Je veux un gîte pour moi et mon cheval.

— Les règlements du comte-duc défendent d'ouvrir après onze heures de nuit, objecta la voix.

— Va dire à Colombo que les règlements du comte-duc défendent les lumières allumées après minuit sonné... Si dans une minute la clef n'a pas tourné dans la serrure, j'enfonce la porte...

La petite figure grimaçante disparut de l'œil-de-bœuf et fut remplacée par une longue tête pâle et maigre.

— Sommes-nous de la suite du seigneur comte pour parler si haut, mon gentilhomme? demanda une voix de basse-taille.

Le bon duc s'impatientait pour tout de bon.

— Ouvre, maraud, ou gare à tes épaules ! s'écria-t-il.

— Voilà qui est bien dit, pourtant ! grommela la grosse voix; Seigneur, si vous saviez seulement ce qu'il y a autour de l'écusson d'azur aux trois éperons d'or?

— Il y a une devise, parbleu !

— Parfait! Quelle devise, très honoré hidalgo?

— *Para aguijar a haron...* et pour aiguillonner ta paresse, Colombo, le plat de mon épée vaudra bien une paire d'éperons, tu vas voir !

— Par saint Antoine ! grommela l'hôtelier, je connais cette voix-là... C'est un de nos gentilshommes... Quelle diable de manie de se faire prier ainsi pour dire le mot d'ordre !

Medina-Celi l'entendait descendre l'escalier.

Malgré son impatiente colère, ces mots : « Je

connais cette voix-là » avaient amené un sourire à sa lèvre.

Au bout de quelques secondes, la porte roula sur ses gonds.

V

L'HÔTELLERIE DE MAÎTRE COLOMBO

Colombo, petit vieillard à longue figure juive, se montra sur le seuil avec une lanterne sourde.

— Votre Seigneurie arrive trop tard, dit-il; tous nos gentilshommes sont partis. Et voyez mon embarras, le seigneur comte m'a dépêché un exprès avec ordre de lui préparer la médianoche pour cette nuit.

L'âme de la lanterne allait et venait, cherchant à mettre en lumière le visage du bon duc, mais celui-ci avait rabattu les bords de son large sombrero. On ne pouvait voir que la pointe de sa barbe.

— Une petite place à l'écurie pour mon cheval, ami Colombo, dit-il; pour moi un matelas et un morceau à manger... Nous ne tiendrons pas beaucoup de place.

— Où diable ai-je donc entendu cette voix? grommela l'aubergiste... Entrez, Seigneur, reprit-il, mais c'est à vos risques et périls... Don Juan de Haro aime à être seul dans mon hôtellerie.

Les hommes de son escorte ont des façons brutales... Entrez! il ne sera pas dit que j'aurai laissé l'un des nôtres à la porte par un temps pareil.

Il s'effaça. Le bon duc passa le seuil en tenant son cheval par la bride. Colombo se prit à tourner curieusement autour de lui.

— Une noble bête, dit-il; depuis trente ans que je tiens l'hôtellerie de l'Étoile-Sainte-Luce, j'en ai vu passer ici venant de Tanger ou de Ceuta... Votre Seigneurie doit tenir à ce cheval, qui me rappelle le meilleur coursier des écuries du Medina-Celi... Je vous parle de longtemps... Sultan Bajazet... La renommée de ce vaillant cheval est peut-être venue jusqu'à vous?

— Oui, répondit le bon duc.

Colombo se baissa pour glisser un regard sous les bords du chapeau.

Il reçut en plein visage la bride que le Medina lui jetait.

— Pour vous servir, Seigneur... balbutia-t-il tout étourdi, et je dis que Leurs Seigneuries ont dû regretter votre absence... Voilà une heure que le conseil s'est séparé... Il était nombreux... Le mécontentement augmente dans Séville comme ailleurs, et je puis affirmer que je n'ai jamais vu tant de desservidores réunis... Puis-je sans indiscrétion demander le nom de Votre Excellence?

— Esteban! répondit le Medina.

Colomba eut un haut-le-corps.

— Esteban! répéta-t-il; caramba!... Esteban! cela n'est pas possible. Et pourtant cette voix...

Le bon duc montait le perron du vestibule; il ôta son chapeau.

Colombo, lâchant aussitôt la bride du cheval, se précipita sur lui et le saisit au collet en poussant des cris de paon.

— Un étalon arabe à toi, misérable gueux! gronda-t-il, la gorge étouffée par une colère folle ; et je crois, Dieu me pardonne! que je t'ai donné de l'Excellence!... Tu as volé le cheval, bandit! Je savais bien que je connaissais cette voix. Ah! félon hypocrite, oses-tu revenir dans cette maison où tu as été logé et hébergé trois jours durant pour l'amour de Dieu, et dont tu as indignement volé le maître!

— Vous ai-je volé, maître Colombo? demanda le bon duc, qui le regardait en face d'un air riant.

— Feliz! Gaspar! Ruiz! Juan! Pedrillo! appela l'aubergiste ; venez tous, et qu'on m'étrille ce drôle pour les trois pièces de mon argenterie qu'il a emportées sous son manteau!... Voilà comme il paye l'hospitalité!... Par les douze apôtres, infâme scélérat, tu vas mourir sous le bâton!

— Laissez dormir votre valetaille, maître Colombo, dit le Medina paisiblement ; si je vous ai dérobé trois pièces d'argenterie, je vous en rembourserai la valeur.

— Et tu crois t'en tirer ainsi?...

— La paix, bonhomme!... fit le prétendu Esteban, qui tira de sa poche une pleine poignée d'or et la répandit sur la table ; vous ne savez pas quel personnage est devenu Esteban d'Antequerre depuis le temps où vous l'hébergiez gratis.

— Mais c'était avant-hier, balbutia Colombo.

— La paix, vous dis-je!

Le bon duc s'était redressé.

Colombo soutint un instant son regard, puis ses yeux se baissèrent.

— Vous êtes bien Esteban ! murmura-t-il ; et pourtant... autrefois... il me souvient d'un autre visage... Caramba ! caramba ! voici que je perds la tête... le cheval ressemble à Sultan Bajazet. Homme ou diable, que venez-vous faire chez moi ?

Le bon duc lui tendit la main brusquement.

— Ne te souviens-tu que de la devise de don Louis ? demanda-t-il.

— Que voulez-vous dire, Seigneur ?

— *Mas el rey que la sangre!* prononça lentement le prétendu Esteban.

— C'est la devise du duc Hernan, cela !

Il sentit sa main serrée fortement.

— Palomas va venir, Colombo, reprit l'étranger ; le duc Hernan, dont tu parles, avait une fille...

— Par les cinq plaies ! s'écria Colombo, la fille du duc chez moi !

— Écoute bien, et ne te mêle point des affaires de ceux qui sont au-dessus de toi... Isabel de Medina-Celi n'a pas besoin de ton aide...

— Êtes-vous donc contre elle aussi ?

— Écoute, te dis-je ! Trois hommes viendront tout à l'heure, qui demanderont le seigneur Esteban ; qu'ils aient, eux et leurs montures, un abri séparé des gens de la suite de Palomas.

— Cela sera, je le promets.

— Que mon cheval soit pansé comme il faut.

— Je m'en charge.

— Pas un mot de notre entretien au comte de Palomas ni à ses valets !...

— Pas un mot.
— Une chambre fermée pour la jeune dame qu'ils ont enlevée cette nuit...
— Ma chambre, s'il le faut !
— Non... ta chambre pour moi, Colombo... Et, dès que tu auras installé tes hôtes, tu reviendras chercher mes ordres !

Le marteau de la porte battait à toute volée, les chevaux hennissaient, les cris et les jurons se croisaient. C'était l'escorte de don Juan de Haro qui arrivait sur les glacis du vieux monastère. Ils étaient là une douzaine de sacripants dignes de leur maître et capables de tout, hormis de bien faire. La pluie traversait leurs manteaux ; ils avaient faim et soif ; ils étaient d'humeur détestable.

Le vocabulaire espagnol ne laisse pas d'être riche en injures ; la collection complète des invectives qu'il renferme, et d'autres inédites, furent lancées en gerbes à la tête du valet qui vint ouvrir la porte.

— Colombo ! qu'on m'amène le traître, s'écria le jeune comte... Et vous, mes drôles, s'interrompit-il, ménagez vos paroles...

Je pardonne beaucoup à vos estomacs creux et à vos capes transpercées par la pluie.

Deux ou trois éclats de rire moqueur grincèrent dans les ténèbres.

— Par la mort ! s'écria Palomas, s'il n'est besoin que de couper une paire d'oreilles pour vous rendre raisonnables, je suis d'humeur à faire cette besogne-là... Un tapis, Colombo, malheureux ! un tapis sous les pieds de ma noble fiancée !

On n'aurait point su dire si l'ironie dominait dans cet empressement. Les valets de l'hôtellerie accouraient avec des flambeaux. La lumière, traversant déjà la dentelle qui voilait le visage de la Medina-Celi, éclairait vaguement sa fière et suave beauté.

Le jeune comte la regardait, et ses yeux brillaient sous les bords amollis de son feutre. Il y avait dans ce regard de l'admiration.

Isabel était encore à cheval. Ses yeux se baissaient, mais son front restait haut Si les terreurs de cette lutte sanglante qui l'avait un instant entourée, près de l'abreuvoir de Cid-Abdallah, l'avaient écrasée d'un trop violent coup de massue, si la vue de Mendoze sanglant et renversé l'avait brisée, si cette course dans les ténèbres, cet enlèvement, la menace terrible suspendue sur sa tête, et tout enfin, tout ce que cette nuit contenait de malheurs et d'épouvantes l'avait d'abord atterrée, sa vaillance native avait repris le dessus. Elle était pâle comme une morte, il est vrai ; mais sa pose et le rayon sombre qui glissait entre ses paupières demi-closes disaient ce qu'il y avait en elle de résolution héroïque.

S'il n'avait eu honte, Palomas se serait mis à genoux devant celle qu'il insultait naguère; il l'aurait adorée comme les dévots se prosternent aux pieds de la madone.

Il n'avait parlé qu'une seule fois à Isabel depuis le départ de Séville : c'était au passage du bac d'Ambrosio. Ce qu'il lui avait dit importe peu. Isabel avait répondu :

— Quand vos pareils vinrent une nuit près

d'Eleonor de Tolède, ma mère, de la part du roi, elle leur montra son poignard béni, dont le manche renferme un fragment de la vraie croix... Avec ce talisman, on est toujours maîtresse de soi même... Ma mère m'a donné son poignard... Quoi que vous fassiez, seigneur, vous n'aurez que ma vie !

Colombo cependant accourait lui-même derrière ses valets. Sans prendre le temps de saluer Palomas, son seigneur, il étendit un tapis aux pieds du cheval d'Isabel.

— Allons, lourdaud ! une chaise ! et qu'il n'y ait pas une seule tête couverte sous le vestibule ! celle-ci sera demain comtesse de Palomas.

Don Juan vint mettre un genou en terre sur le tapis. Le pied d'Isabel effleura son autre genou. Elle descendit d'elle-même et marcha d'un pas ferme vers le vestibule.

Don Juan, qui semblait vouloir jouer jusqu'au bout la comédie des empressements chevaleresques, la suivait tête nue et offrant vainement l'appui de son bras. Vous eussiez dit, tant il était courtisan soumis, un Walter Raleigh derrière une Elisabeth reine.

Les écuyers, valets et chambriers de Sa Seigneurie raillaient bien un peu, mais c'était tout bas. Sa Seigneurie avait parlé d'oreilles coupées.

D'ailleurs, la comédie devait durer peu. Il n'était pas dans la nature du neveu du comte-duc de s'attarder longtemps à ces fades prémisses.

Colombo arrivait tout essoufflé, précédant la chaise dont on n'avait plus que faire.

— As-tu préparé un appartement? lui demanda don Juan.

— Oui, seigneur, d'après vos ordres respectés.

— Un appartement digne de la comtesse?...

— Le propre appartement de la senora marquise, Excellence.

— La paix, misérable! Je ne veux pas que les servantes grossières de ton taudis approchent de ma noble Isabel, entends-tu?

— Il sera fait selon le bon plaisir de Votre Seigneurie; j'attends ses instructions.

— Mes instructions, les voici : ta femme, Colombo, sera la duègne de ma belle comtesse... ta fille lui servira de chambrière... Et toi, toi-même, entends-tu? jusqu'à demain, tu veilleras sur son sommeil.

— Il suffit, monseigneur.

Don Juan s'inclina profondément devant Isabel pour prendre congé. Il voulut lui baiser la main.

— Je ne veux ni duègne, ni chambrière, ni garde du corps, seigneur, dit elle; si votre plaisir est d'exaucer ma prière, vous m'ouvrirez une chambre où je puisse être seule et dont je garde par devers moi la clef.

Un sourire passa sur la fine moustache noire de Palomas.

— Puis-je rien refuser à ma souveraine?... murmura-t-il avec une hypocrite soumission.

Il fit un signe à l'hôtelier, qui se mit aussitôt en marche, accompagné de deux valets porteurs de flambeaux. Isabel le suivit, laissant Palomas courbé en deux. Tous les gens de sa compagnie, rangés sur deux haies, balayaient la dalle avec la plume de leurs feutres.

Isabel, seule femme parmi tous ces mécréants, ne tremblait plus. Elle passa le seuil du vestibule sans se retourner. On l'entendit qui disait à l'aubergiste dans le corridor :

— Je suis la Medina Celi... s'il y a trahison chez vous, que mon sang retombe sur la tête de vos enfants !

Tout de suite après son départ, la scène changea sous le vestibule :

— Allons, marauds ! s'écria Manoël Concha en s'adressant aux garçons de l'hôtellerie ; des brasiers pour nous sécher, du vin pour nous réchauffer le cœur !

— Et qu'on soigne nos chevaux comme s'ils appartenaient au comte duc, ajouta Andrès ; nous sommes de sa famille.

— N'y a-t-il plus de servantes ici ? demanda Carlos, le coureur de sa Seigneurie, pour débotter des gentilshommes ?

— Par saint Antoine et son compagnon de chambrée, si le puchero n'est pas prêt, je mets le feu à la cuisine !

Les manteaux entassés formèrent une montagne humide, et, soit dit sans offenser la délicatesse du lecteur, une montagne violemment odoriférante. L'Espagnol du temps de Philippe IV portait déjà avec lui son parfum. Les épées furent jetées le long du mur et les feutres ruisselants pendirent aux clous hospitaliers qui hérissaient le lambris.

En France, les voyageurs demandent l'aiguade pour baigner leurs visages et leurs mains.

Nos coureurs de nuit avaient horreur de l'eau et réclamaient du vin à grands cris.

Don Juan était resté tout rêveur. Son œil distrait se fixait sur la porte par où Isabel avait disparu. Quand Andrès s'approcha pour lui enlever son manteau, il poussa un long soupir.

Mais, tout de suite après, il éclata de rire et, promenant un regard sur ses affidés étonnés :

— Holà ! mes braves ! criez tant que vous voudrez ! buvez, mangez, sacrez ! je suis en belle humeur et j'ai fantaisie de me mêler cette nuit à vos bombances.

— Vive monseigneur ! s'il fait cela ! s'écria Manoël ; nous tâcherons de le réjouir jusqu'au petit jour, et à l'aube nous redeviendrons ses très humbles esclaves.

— Combien sommes-nous ? demanda le jeune comte ; douze croquants et un grand d'Espagne. Allons, Colombo, treize à table !... mets notre couvert dans la grande salle et sers-nous comme si nous étions douze comtes et un vilain !

— Mort de mon sang ! gronda Andrès, je suis de Biscaye et vaux bien un comte !

— Chez nous, en Aragon, ajouta Concha, le dernier valet de chiens est noble comme le roi !

— Oh ! oh ! fit Carlos ; parle-t-on de noblesse ? Trouvez-moi un roturier dans toutes les Asturies, où j'ai eu l'honneur de naître du fait de quelque haut seigneur, puisque je ne connais ni mon père ni ma mère.

Un Léonais réclama, un Galicien protesta, un Basque jura que le roi Pélage n'était pas son cousin, et un blême Castillan prit le ciel à témoin qu'il avait du sang de Gensério dans les veines.

C'est la folie du terroir ; l'oignon fait l'hidalgo.

Les deux battants de la grande salle furent ouverts avec bruit, et la nappe, qui n'avait guère servi plus de dix fois, s'étala pompeusement sur les planches soutenues par deux tréteaux. Quatre brasiers d'un rouge clair pétillèrent aux quatre coins, tandis que des flacons de vin blanc navarrais faisaient sauter leurs bouchons avec bruit.

Don Juan prit à part Colombo et lui parla tout bas.

— S'il plaît à Votre Seigneurie, répliqua l'hôtelier, doña Isabel a refusé jusqu'au bout les services de ma femme et de ma fille. Elle s'est barricadée dans sa chambre et, par le trou de la serrure, je l'ai vu agenouillée près de son lit, elle priait.

— Est-ce tout ?

— Non, seigneur... Après sa prière achevée, doña Isabel a fermé solidement sa croisée, puis elle a fait le tour de sa chambre pour en examiner les murs.

— Après ? demanda Palomas dont les sourcils se froncèrent.

— Elle a cherché avec soin, seigneur, mais la porte secrète est si bien dissimulée...

— Elle ne l'a pas trouvée ?

— Un alguazil tâterait les murailles sans la découvrir.

— A la bonne heure, Colombo !

Don Juan se frotta les mains en homme qui vient de remporter une victoire.

— A table, messieurs, à table ! s'écria-t-il.

Les gens de Palomas entourèrent la nappe en tumulte. Le potage à la moelle fumait déjà au centre de la nappe.

Colombo prit le couvercle qu'un valet emportait et le remit gravement sur la soupière.

Ce fut un cri général :

— Que fais-tu, Colombo ? Colombo, te moques-tu de nous ?

L'hôtelier se tourna, sérieux et tranquille, vers le comte de Palomas, et dit :

— Sa Seigneurie vous a invités à sa table, faute de mieux... je dois lui annoncer qu'elle a ici un autre convive.

Il y eut des poings mis sur les hanches et des crocs de moustaches redressés fièrement.

— Ici ? répéta le jeune comte, qui, en même temps, fit signe à sa compagnie de se tenir en repos.

— Dans ma maison, répondit Colombo.

— Et quel est ce convive ?

— Seigneur, c'est don Esteban.

— Don Esteban !... fit Palomas, qui cherchait dans sa mémoire ; don Esteban de quoi ?

— Don Esteban tout court.

— Est-il ici depuis longtemps ?

— Depuis une demi-heure.

— Et il vient ?...

— De Séville.

— Serait-ce le passager d'Ambrosio ? murmura don Juan, l'homme qui prétend m'apporter ce que j'ai oublié à la maison de Pilate !

Les officiers de la suite de don Juan murmuraient.

— La paix, mes braves! dit-il; cherchez plutôt si quelqu'un de vous ne connaîtrait pas ce don Esteban.

— C'est le nom d'un effronté compère, repartit Manoël, qui se fait appeler le roi des gueux...

Don Juan se frappa le front et tira précipitamment de son sein les lettres qu'il avait reçues pendant qu'il soupait en compagnie du bon duc, à la maison de Pilate.

Il parcourut rapidement la première qui lui tomba sous la main :

« — Le duc Hernan... murmura-t-il, échappé de sa prison... a sauvé le roi... à la tête des gueux de Séville... Depuis dimanche au soir je m'attendais à ce coup de théâtre... »

La lettre portait les initiales de don Balthazar d'Alcoy.

— Mais c'est impossible! s'interrompit don Juan; impossible matériellement, puisque je soupais avec le duc Hernan à l'heure où l'émeute était à l'Alcazar.

Il froissa la lettre entre ses doigts avec impatience.

— Mais, si c'est impossible, reprit-il, que veut dire ce billet du président de l'audience? Don Pascual me mande à peu près la même chose... Ils croient avoir besoin de moi... Moghrab leur a prédit que je succéderais à mon oncle le comte-duc... Ils n'oseraient me tromper!

— Excellence, demanda Colombo paisiblement, dois-je enlever ce couvert et conduire vos gens à l'office?

Palomas hésita un instant avant de répondre, puis, interrogeant à son tour :

— A-t-il une suite, ce don Esteban? dit-il avec une nuance d'inquiétude dans la voix.

— Il est seul.

— Et quelle raison allègue-t-il pour l'honneur d'être admis à ma table?

— Je vais rapporter à Votre Excellence ses propres paroles : « Va dire à don Juan de Haro, m'a-t-il ordonné, qu'il doit me rendre cette nuit la médianoche, parce que hier soir je lui ai offert le souper. »

Palomas frappa bruyamment ses mains l'une contre l'autre.

— Ah! ça! s'écria-t-il, est-ce que ce serait vraiment mon coquin de beau-père ?

Colombo ne broncha pas. Manoël, Andrès, Carlos et les autres s'impatientaient hautement.

— Hors d'ici, mes drôles! commanda don Juan; hôtelier! mets ces bêtes gourmandes à l'office, à la cuisine, à l'étable, où tu voudras... mais qu'ils ne manquent de rien, car il ne sera pas dit que Palomas fait jeûner sa suite une veille d'épousailles... Par mon patron! mes vaillants, ne froncez pas le sourcil! vous n'en boirez que mieux loin de l'œil du maître... et il va se tenir un véritable conseil où vos longues oreilles seraient de trop... Secrets d'État, mes enfants!... allez au diable!... Et cependant, se reprit-il, rebouclez vos ceinturons en passant dans le vestibule; les temps sont durs, et je veux mourir sur le bûcher si je connais bien le terrain où je marche... Au premier appel, mes braves, debout et l'épée à la main!

— A la bonne heure, dit Andrès, monseigneur se souvient enfin qu'il parle à des gentilshommes!

— Monseigneur n'a qu'à prendre tranquillement son repas ajouta Manoël; quand ce don Esteban aurait avec lui cent hommes, bien armés, nous sommes douze : les scélérats n'ont qu'à bien se tenir!

Carlos prononça aussi quelques paroles pleines de dignité. Les autres frisèrent leurs crocs, et tous sortirent fiers comme une douzaine d'Artabans.

On les entendit bientôt malmener les valets et pourchasser les servantes.

— Viens çà! dit Palomas à Colombo; tu avais autrefois dans ta cave un vin dont ils se servent à la cour de France pour griser vite et bien.

— Du bon vin bordelais, Excellence, clair, limpide, brillant comme le rubis... du vin épicé de la propre main d'Éléonor Galigaï, la savante Florentine... Chaque flacon me coûte quatre pistoles doubles.

— En as-tu encore, Colombo?

— Deux flacons, oui, Monseigneur.

— Tu nous les serviras tous deux.

— J'ai refusé à don Narciso de Cordoue de lui en livrer un pour cent douros, Excellence.

Don Juan jeta sa bourse sur la table.

— Qu'il y ait, dit-il, une faveur rose au collet de ces divins flacons... et vas prévenir le seigneur Esteban que don Juan de Haro, comte de Palomas, se fait un honneur et un plaisir de lui offrir la médianoche.

Colombo prit la bourse, s'inclina et sortit.

Le jeune comte mit ses bottes mouillées contre la galerie d'un brasero, et renversa sa tête bouclée sur le dossier de son fauteuil.

La réflexion creusait des rides à son front d'une étroitesse féminine. Ses yeux étaient fermés à demi, et ses lèvres, à son insu, laissaient aller çà et là de rares et confuses paroles.

— Ce Moghrab, pensait-il, m'a montré un soir mon étoile dans le ciel... Je crois à cela, moi!... mais c'est qu'il y a bien des étoiles!... La mienne est brillante... Et de par Dieu! tout ne m'a-t-il pas réussi comme si un bon diable ou un bon ange se mêlait vraiment de mes affaires ici-bas? Ils se sont mis quatre pour me faire comte : Alcoy, don Pascual, Olivarès et ma belle marquise... Tout seul, je vais me faire duc... Faut-il que ce rustre de Mendoze ait pu fixer un instant son regard! je le tuerai, si cela n'est fait déjà...

Il n'y a pas dans l'univers entier deux femmes comme Isabel!... je vois toujours cette perle qui se balançait à ses cils... une larme... Eh bien, soit! je suis amoureux comme un majo à sa première conquête... Tant mieux! j'avais peur d'être blasé!... Ah! ah! ventre-saint-gris! si je suis jamais le favori du roi, on verra de belles fêtes en Espagne... Et pourquoi non? Indépendamment des astres, qui peuvent se tromper, je fais venir du Brésil un perroquet miraculeux... Almanzor et le ministre feront en même temps la culbute...

Il sourit, en lissant d'un doigt délicat la soie luisante de sa moustache.

Puis un nuage descendit sur son front.

— Esteban... murmura-t-il, Medina-Celi!...

ceci est un point noir dans mon ciel resplendissant... Il y a là un mystère... mais, bah! si je m'en donne la peine, c'est en me jouant que je le percerai!

— Il suffit, hôtelier, dit la voix du bon duc en dehors; vous pouvez vous retirer, mon ami; je n'attendais pas moins de la courtoisie du seigneur comte de Palomas.

Don Juan tressaillit et se retourna vers la porte, qui s'ouvrit juste en ce moment. Medina-Cœli, portant haut sa belle et noble tête, se présentait sur le seuil.

— J'en étais sûr! s'écria Palomas en se levant; c'est le seigneur beau-père!

— Seigneur mon gendre, dit le bon duc qui s'inclina en souriant, je gage que vous ne vous attendiez pas à me rencontrer cette nuit sur vos terres.

— Franchement, seigneur beau-père, répliqua Palomas, à la façon dont nous nous étions quittés hier au soir... Mais prenez donc un siège et faisons, s'il vous plait, honneur à la cuisine de maître Colombo.

Pendant que Palomas rêvait et s'applaudissait d'avoir au ciel une étoile pour lui tout seul, les valets de l'hôtellerie avaient chargé la table de mets succulents et choisis. Les deux seuls couverts qui restaient se trouvaient placés l'un à côté de l'autre. Un honnête chapelet de flacons faisait un cercle autour des mets. Deux de ces flacons avaient au goulot une mince faveur rose.

Le beau-père et le gendre prirent place après les cérémonies voulues.

— Mon gendre, dit le bon duc, vous traitez magnifiquement.

— A la guerre comme à la guerre, seigneur, répondit Palomas ; nous sommes ici dans un pays perdu, et certes je n'ai point la prétention de vous rendre les délicatesses raffinées de votre palais ducal.

Medina-Celi porta la première cuillerée de potage à ses lèvres.

— Exquis ! s'écria-t-il.

— Je vous demande grâce, repartit le jeune comte, pour ce brouet villageois... Quand je vous traiterai au palais de l'Alcazar, à la bonne heure !

— Vous comptez donc toujours être premier ministre, mon gendre ?

— Plus que jamais, beau-père.

— Donc, à la santé de Votre Grâce !

Le bon duc vida son verre avec une courtoisie grave. Puis il le remit sur la table en disant :

— Par Medina-Sidonia !... ce merveilleux cru est cousin germain de nos rota.

Palomas fit raison et répondit :

— Mais nos rota sont les aînés, seigneur, comme nous autres, Medina-Celi, nous sommes les aînés et les maîtres de Medina-Sidonia !

Il eût fallu l'œil perçant d'un observateur pour découvrir le pli amer qui se forma sous la moustache du bon duc.

VI

MEDIANOCHE

— Et maintenant, beau-père, reprit don Juan qui repoussa son assiette, puis-je savoir quelle bonne aventure me procure l'honneur de vous revoir si tôt?

— Il y a, en effet, une aventure, mon gendre... Il y a, de plus, deux raisons majeures... en tout, trois motifs, dont chacun isolément pouvait motiver ma course nocturne.

— Vous aviez un sauf-conduit pour sortir de Séville?

— Signé du roi, comme le vôtre.

— Et vous étiez bien monté, beau père, car nous avons fait diligence.

— J'étais, à ce qu'il paraît, mieux monté que vous.

Le bon duc désigna du doigt une soupière d'étain d'où s'échappaient les parfums mélangés d'une olla-podrida copieuse et cuite à point. Palomas s'empressa d'y plonger la cuillère.

— Veuillez me pardonner, seigneur, j'aurais dû vous prévenir.

— A la condition que vous ne m'oublierez plus, seigneur, répondit le Medina-Celi; notre souper est loin, et il y avait longtemps que je n'avais fourni une course de sept lieues en cinq quarts d'heure.

— Vive Dieu! beau-père; je vends mes écuries; nous avons mis un tiers en plus.

— Une moitié, mon gendre, je me suis informé de vous à la Puerta Real.

— Et c'est vous, je n'en doute point, qui nous précédiez au bac du vieil Ambrosio?

— Moi-même.

— M'est-il permis de vous demander quel objet oublié vous me rapportez de la maison de Pilate?

— Mon gendre, tout vous est permis; mais buvons, je vous prie.

Le bon duc et le comte de Palomas avalèrent chacun une ample rasade. Don Juan comptait sur la solidité de sa tête, et non sans raison.

Les deux flacons roses n'avaient point encore été entamés.

Quand les verres furent vides, le bon duc reprit:

— Mon gendre, en répondant à votre question, je vous fais observer que c'est là mon premier motif... Vous aviez oublié à la maison de Pilate une chose nécessaire, indispensable même, car, malgré tout votre crédit, vous ne trouveriez pas dans l'Espagne entière un prêtre ou un moine qui voulût marier une fille noble sans le consentement verbal ou écrit du père...

— Ah bah! fit don Juan avec un sourire insolent.

— Ceci, poursuivit le bon duc, dont la gravité redoublait, depuis la malheureuse fin du fra Eusebio, le moine qui maria secrètement autrefois votre illustre parent don Luiz de Haro, marquis de Buniol, avec ma bien-aimée cousine dona Isabel d'Aguilar.

— Beau-père, prononça Palomas du bout des lèvres, il est naturel que vous soyez plus fort que moi sur l'histoire ancienne... Quant aux questions de droit, vous m'avez prouvé tantôt que vous étiez un puits de science.

— En conséquence, acheva le bon duc, ne sachant personne autour de moi d'assez dévoué pour que je pusse lui confier mon consentement écrit, je vous apporte mon consentement verbal... J'assisterai à la cérémonie.

— Beau-père, grand merci ! murmura don Juan, qui ne put retenir une grimace.

Le bon duc lui adressa un signe de tête amical, comme s'il eût été satisfait de la reconnaissance témoignée. Il avait la bouche pleine ; il mangeait comme un bienheureux.

— Passons maintenant au second motif, Seigneur, puisque vous en accusez trois.

— Buvons auparavant, mon gendre... Par les eaux du Jourdain, comme jurait, dit-on, mon grand aïeul, le marquis de Tarifa ; vous étiez un bien autre vivant hier au soir !

— Excusez-moi, beau-père... cette pluie m'a percé jusqu'aux os.

— Voilà bien la jeunesse d'aujourd'hui !... Je bois donc seul et à tous vos souhaits, Seigneur... Quant à mon second motif, c'est l'aventure... Et, sur ma foi ! l'aventure mérite d'être racontée. Le vin est un bienfait de Dieu, jeune homme ; il rend plus expansif, et j'aurais peut-être tort de me confier à un autre que vous... mais à présent que vous êtes de la famille... Avez-vous remarqué mon trouble, et, je puis le dire, mon chagrin lorsque cette jeune fille... comment la nommez-vous ?

— Encarnacion.

Le nom d'une fête solennelle et d'un grand mystère ! Lorsque cette jeune fille, disais-je, est venue nous parler d'un fantôme qui rôdait autour des appartements de la duchesse ma femme ?

Don Juan baissa les yeux pour ne point montrer l'éclair de curiosité qui s'allumait dans sa prunelle.

Jusqu'à ce moment il avait gardé certain doute vague et qu'il n'aurait point su formuler lui-même.

Maintenant il n'y avait plus l'ombre d'un prétexte pour ne pas croire : cet homme faisait allusion à un détail qui n'avait eu d'autres témoins que la caméristo, don Juan lui-même et le bon duc.

— Leurs lettres ont beau dire, pensa Palomas, il n'y a pas de ressemblance qui tienne ; c'est avec celui-là que j'ai soupé hier au soir.

— N'avez-vous point entendu ma question, Seigneur ? demanda le Medina-Celi.

— Si fait, si fait, mon beau-père ; j'ai très bien remarqué le trouble dont vous parlez, et j'en ai été fort étonné, car je crois peu aux fantômes.

— Moi, mon gendre, je n'y crois pas du tout, et c'est bien pour cela que j'ai martel en tête. Savez-vous que ce n'est pas une mince position que celle du roi des gueux !

Palomas regarda avec étonnement.

Le sang monta aux joues pâles du bon duc, et sa langue semblait s'épaissir déjà légèrement.

Don Juan pensait :

— Nous n'aurons même pas besoin du vin de Galigaï !

Et il se demandait en même temps :

— Pourquoi diable entame-t-il ce sujet du roi des gueux ?

Le bon duc cligna de l'œil.

— Vos oncles ont dû vous instruire, dit-il d'un ton confidentiel.

— M'instruire de quoi, s'il vous plaît, seigneur ?

— A supposer que don Pascual et le président aient gardé le silence, Pedro Gil... (ah ! quel coquin !...) a dû vous apprendre...

— M'apprendre quoi ?...

— Vous ne buvez pas assez... on n'a les idées bien saines qu'après le premier flacon vidé... souffrez que j'emplisse votre verre.

Il avait pris au hasard une des bouteilles à faveur rose.

Don Juan retira son verre.

— Je suis Espagnol, Seigneur, dit-il sèchement ; je n'aime pas le vin de France.

— Est-ce du vin de France ? s'écria joyeusement le bon duc ; sur ma foi ! je suis Espagnol aussi, mais tous les bons crus sont mes compatriotes... à votre aise, je me charge du vin bordelais... mais alors à vous ce porto rouge qui ressemble à de l'or liquide !

Au hasard encore, il choisit une bouteille à court goulot, contenant ce roi des vins portugais qui semble une dissolution d'ambre et de rubis.

— Soit, dit Juan de Haro, qui tendit son gobelet.

Le bon duc reprit en lui versant une rasade :

— Je ne suis pas beaucoup plus Medina-Celi que vous n'êtes Haro, mon gendre.

— Comment! insolent coquin!... pensa Palomas, blême et tremblant de colère.

— Là!... là!... interrompit le bon duc avec un rire épais où il y avait de l'ivresse, ne nous fâchons pas, Seigneur... Voulez-vous être un véritable Haro? je ne m'y oppose pas... qu'est-ce que cela me fait?... J'ai entendu, de ci de là, des gens qui vous appelaient bâtard, mais il y a de méchantes langues par tous pays... moi, d'abord, pour vous faire plaisir, je vous proclame Haro de tout mon cœur... c'est don Luiz, marquis de Buniol, qui est un bâtard... et de tout cela je me lave les mains dans la cuvette de Ponce-Pilate qui a baptisé mon palais...

Don Juan fixait sur lui son œil inquiet et courroucé.

Le bon duc avala une demi-douzaine de doubles bouchées, puis il reprit :

— Soyez de la maison d'Autriche si vous voulez, mon gendre. Il ne s'agit pas de vous. Moi, voyez-vous, je ne suis Medina-Celi que depuis vingt-quatre heures, voilà le fait. La position a du bon et du mauvais. Ce qu'il y a de sûr, c'est que ce scélérat de Pedro Gil m'a emmanché là-dedans un peu à l'improviste, et que, du coup, ma pauvre royauté est à vau-l'eau.

— Parlez-vous sérieusement, Seigneur? balbut à Palomas qui restait devant lui bouche béante.

— Buvez, mon gendre...

— Si vous n'êtes pas Medina-Celi, prononça durement don Juan, je vous défends toute espèce de familiarités avec un homme tel que moi.

Le bon duc eut ce rire pesant et silencieux qui indique et augmente l'ivresse.

— Buvez, buvez, répéta-t-il.

Machinalement Palomas porta son verre à ses lèvres. Il but d'un trait, puis il regarda les quelques gouttes de liquide restant au fond du verre.

— Ce vin a un bouquet singulier, dit-il.

— On vous traitera, Seigneur comte, reprenait gravement le bon duc, avec tout le respect que vous méritez... Je vous fais observer seulement que vos trois oncles, le vénérable Zuniga, le noble Alcoy et le vaillant Pascual de Haro, sont les complices de Pedro Gil, et que mon imposture a, de par leur puissante entremise, toute la solide apparence qu'il faut pour devenir sous peu une bonne et belle réalité...

Jamais, sur mon ancien sceptre et sur ma besace! je n'ai goûté de si miraculeux vin de Bordeaux.

Il revint à la bouteille, qui était presque vide.

Don Juan, dans sa distraction, fit de même et se versa une seconde rasade de ce vin portugais qui avait un si étrange bouquet.

Ils burent ensemble.

Après quoi le Medina-Celi, vrai ou faux, mit commodément ses coudes sur la table.

— Je crois bien, reprit-il, étant donnée la vive et fine intelligence que Dieu vous a départie, je crois que vous comprenez maintenant l'aventure... J'étais dans la maison de Pilate comme un rat dans un fromage. Quand la soubrette a parlé de ce diable de fantôme, la chair de poule m'est venue.

Vous avez bien dit, Seigneur : Il n'y a point de fantômes... et, s'il n'y en avait, je ne m'en soucierais guère ! » Ce que j'ai craint tout de suite, c'est un Medina-Celi de chair et d'os !...

— Qu'est-ce que c'est donc que cette histoire d'évasion ? demanda Palomas.

— Depuis que j'ai l'honneur de vous connaître, Seigneur, je comprends l'histoire de l'évasion... Ils savent votre fierté... On a craint vos scrupules...

— Et l'on a bien fait, par la sainte croix !...

— Bâtonnez Pedro Gil, ce sera l'œuvre d'un gentilhomme et d'un chrétien... Pour me faire abandonner mon sceptre et ma couronne, on m'avait dit : « Don Hernan Perez de Guzman est mort assassiné dans le préau de la forteresse d'Alcala. »

— Et n'est-ce point vrai, cela ?

— Puisque la jolie Encarnacion a rencontré le fantôme !...

A son tour le comte de Palomas avait les pommettes empourprées. On voyait briller à ses tempes des gouttelettes de sueur, et ses doigts étaient agités de petits tremblements fébriles.

Au dehors, la pluie fouettait patiemment les châssis de la croisée.

Quand nos deux convives faisaient silence, on entendait parfois un grand murmure, accompagné de joyeux cliquetis. C'étaient nos braves de l'escorte de Palomas qui se consolaient à l'office et faisaient danser en conscience les verres et les assiettes de maître Colombo.

— De par le ciel! gronda Palomas qui semblait faire effort pour coordonner ses idées, est-ce qu'on aurait osé se moquer de moi?

— Buvez, Seigneur, lui dit le duc avec bonhomie, et soyez juste... vous êtes un jeune hidalgo instruit et fort avisé; pourquoi ne raisonnerions-nous pas sérieusement une fois en notre vie?... De bon compte et de bonne foi, si j'étais le vrai Medina-Celi, vous aurais-je accordé la main de ma fille?

— Et pourquoi non, faquin? s'écria Palomas.

— Mauvaise route que celle où nous entrons là, Seigneur, prononça le duc d'un ton ferme et froid; ce vin me monte un peu à la tête; j'ai, moi aussi, ma provision de gros mots... si vous me dites maraud, je vous répondrai drôle!... et nous nous briserons quelques bouteilles sur la tête avant de mettre l'épée à la main!...

Don Juan éclata de rire.

— Il faut, en effet, que le vin te travaille la cervelle, maître Esteban, dit-il avec une gaieté soudaine; hier tu étais poltron comme un lièvre...

— Vous riez, interrompit le roi des gueux démissionnaire; voilà qui est bien : j'admets que vous m'avez fait des excuses et je les accepte... Pourquoi non? disiez-vous... parce que le vrai Medina-Celi est le plus grand seigneur de toutes les Espagnes et qu'il doit vous regarder, sauf le respect que je vous dois, comme un piètre parvenu...

— Vas-tu perdre encore le respect.

— Et admettons pour un moment, poursuivit Esteban, que le Medina-Celi vous eût accordé la main de sa fille, pensez-vous que sa rapière n'eût pas décousu d'elle-même votre pourpoint quand vous avez parlé d'enlever sa fille et d'ajouter le nom de dona Isabel, — j'emploie vos expressions dans toute leur impertinence, — à la liste de vos maitresses ?

Don Juan frappa du poing la nappe et murmura :

— Ceci est pourtant la vérité !

Il emplit son verre jusqu'au bord et ajouta :

— Je mettais tout cela sur le compte des quinze ans de captivité.

— Seigneur, dit gravement Esteban, les heures de la captivité sont funestes aux cœurs faibles, mais elles élèvent les grandes âmes...

Medina-Celi est entré brave cavalier dans sa prison. Puisque sa prison ne l'a pas tué par quinze années de tortures, Medina-Celi doit être sorti de la forteresse d'Alcala, solide comme une lame éprouvée, dur comme une cuirasse que nul fer n'a pu percer... L'acier n'a tout son prix que par la trempe ; Medina-Celi s'est trempé dans le malheur !

Don Juan venait de boire.

— Comment ai-je pu prendre ce fastidieux bavard pour un duc ! murmura-t-il.

Esteban s'inclina.

— Voilà toute l'histoire, s'écria-t-il allègrement ; on ne s'est pas moqué de vous... c'est vous qui vous êtes précipité tête baissée dans le panneau ouvert pour d'autres... et quand je vous ai cité en latin des textes de loi...

— C'est parbleu ! vrai... Mais tu as donc étudié, toi, maître Esteban ?

— J'ai l'honneur d'être un condisciple de Sa Grâce le comte-duc, Seigneur... Pensez-vous que le premier duc venu pourrait être roi des gueux ? Mais ne nous vantons pas et suivons le fil de notre argumentation.

— Le fil... balbutia le jeune comte qui passa sa main sur son front ; la tête me tourne comme si je buvais du vin portugais pour la première fois...

— Ce n'est rien, Seigneur... vous avez une tête à mettre dix Flamands sous la table... et tenez, le bordelais m'émoustille ici... j'y reviens !

Il décoiffa le second flacon marqué d'un ruban, et avala une rasade en disant :

— A toutes les prospérités de Votre Seigneurie !

— Ce misérable a un cerveau de fer ! gronda Palomas.

— Où en étions-nous ? reprit le soi-disant Esteban. A Encarnacion ! Les paroles de cette fille détruisirent en moi tout le bon effet de notre souper. Je devins sombre ; j'avais une vision particulièrement désagréable... je voyais ce grand diable de duc tout fait comme moi : ma taille avantageuse, ma figure qui sut fréquemment plaire aux dames, mon air, mon port, ma démarche qui n'est ni sans dignité ni sans grâce. Il avait à la main une scélérate de rapière d'une longueur exceptionnelle, et piquante comme la pointe d'une aiguille. Avez-vous ouï parler, Seigneur, de ces fanatiques Hollandais qui adorent le Dieu Tulipe?

J'en connus un dans la cité de Harlem qui paya trois mille rixdales à son voisin pour le frère jumeau de l'un de ses oignons. Pensez-vous que c'était pour posséder deux fleurs pareilles? Point. Il écrasa bel et bien la bulbe sous son talon batave : il lui fallait une tulipe unique en ce monde. Par les sept douleurs! ce diable de Medina-Celi, dans ma vision, me passait au travers du corps son extravagante rapière, afin de rester unique comme la tulipe du jardinier de Harlem!

— Tu es un drôle de corps, l'ami, dit Palomas dont le malaise faisait trêve; mais à tant parler et à tant boire, comment n'es-tu pas ivre déjà?

— Cela commence, Seigneurie...

— Nos gens ont déjà le diable au corps, reprit don Juan qui prêta l'oreille.

La maison s'emplissait, en effet, d'un tapage infernal. L'orgie allait bon train à l'office.

— Voulez-vous qu'on les fasse taire? demanda Esteban.

— Point, point, l'ami... ce sont de bonnes lames... ne les empêchons pas de se divertir.

— Alors, buvez, Excellence. Il y a un moment où le vin fait du mal... pour guérir cela, il faut le vin.

— Va pour le vin! Je finirai bien par avoir raison de toi!

— Certes, il n'est point de jeu où je puisse égaler un Seigneur tel que vous. Quand vous fûtes parti, je songeai à me barricader avec mes deux braves, deux de mes sujets, dont la tournure aurait dû vous ouvrir les yeux. Mais qui peut répondre des issues secrètes ?

J'avais ouï dire que dans la maison de Pilate il y avait un certain corridor mystérieux d'où l'on pouvait tout voir et tout entendre. Je me pris à penser ceci : Qui sait si le duc Hernan, invisible, n'a pas assisté à notre souper ?

Ces dernières paroles furent prononcées d'un accent si étrange, que don Juan de Haro, malgré le trouble croissant de sa cervelle, ne put s'empêcher de tressaillir.

— Quelle idée ! balbutia-t-il.

— On a d'étranges idées, Seigneur, quand la frayeur travaille l'imagination... Je me dis : « Le métier ducal a du bon. Si je puis seulement gagner du temps, nos puissants protecteurs et alliés sauront bien faire disparaître ce fameux revenant... Prenons la clef des champs, et allons porter à notre illustre gendre le consentement qui lui fait défaut... »

— Vas-tu recommencer ta raillerie, l'ami ? fit don Juan avec une fatigue lourde.

Esteban l'examina d'un œil perçant.

Il rapprocha de lui son siège.

— Seigneur, dit-il en brisant sur la dalle le flacon de vin portugais à demi vide, il est besoin que vous vous teniez éveillé : je n'ai pas fini... ce joli nectar de Porto ne réussit pas à tout le monde... Un verre d'eau fraîche, s'il vous plaît, et nous essayerons d'une autre ambroisie.

Don Juan se laissa faire. Il murmurait en regardant son compagnon de table :

— Quelle tête de granit ! On dirait que c'est moi qui ai bu la potion de la Florentine !

Cet étrange et insaisissable sourire reparut sous la moustache du roi des gueux.

— Excellence, reprit-il, dans cinq minutes il n'y paraîtra plus : c'est le temps orageux qui vous a tourné le cœur... le rota que voici, sorti d'un cru dont vous allez devenir propriétaire en épousant ma fille, va vous faire l'effet d'un cordial magique... Mais abrégeons : me voici parti de la maison de Pilate, où je laisse mon noble Sosie, et courant sur vos traces le long du Guadalquivir.

— Ah çà ! interrompit don Juan, gardes-tu le fol espoir d'éterniser cette comédie.

— Espoir n'est pas le mot, Seigneur, repartit froidement Esteban ; si vous le permettez, j'ai une bonne et belle certitude.

— Et tu comptes que je m'abaisserai à jouer un rôle dans cette farce ?

— S'il ne vous plait pas d'être mon gendre, Seigneur comte, la cour d'Espagne ne manque pas, Dieu merci, de jeunes et nobles cavaliers...

— Ce n'est plus de l'impudence, mon brave, prononça Palomas avec dédain, c'est purement et simplement de la folie.

— Bravo ! s'écria Esteban, vous avez dit cela d'une voix plus ferme... Voilà que vous vous remettez... Au cordial, Excellence !

Il déboucha le rota avec précaution et versa deux rasades.

La sienne fut aussitôt lampée rubis sur l'ongle.

Don Juan, qui était tourmenté d'une soif ardente, vida également son verre.

— A la bonne heure! dit-il, voilà une liqueur royale!

— Vous sentez-vous de force à parler raison? demanda Esteban avec une certaine brusquerie.

— Ce ton?... commença Palomas.

— C'est le ton qui convient, Seigneur. Dans cinq minutes, il faut que nous soyons de beau-père à gendre comme par le passé... ou bien il faut que notre marché soit rompu. La chose est à prendre ou à laisser, comprenez bien cela.

Don Juan prêta complaisamment l'oreille au tapage de ses familiers.

— Je comprends, pensa-t-il, que je suis chez moi... et que le pays d'Espagne ne se remuera point de fond en comble en apprenant que le gueux Esteban d'Antequerre s'est noyé par hasard dans le Guadalquivir... Je vous écoute, l'ami, reprit-il tout haut.

— C'est le parti le plus sage. Du moment que vous m'écoutez, nous sommes d'accord. Suivez bien mon argumentation, je vous prie; vous voulez être duc de Medina-Celi...

— Accordé ce premier point.

— Et, pour arriver là, il ne vous répugne pas d'épouser dona Isabel?

— Accordé.

— La seule chose donc qui vous arrête, c'est le beau-père?

— Précisément.

— Vous voudriez être le gendre du vrai Medina-Celi?

— Cela ne fait pas de doute.

— Eh bien! mon gendre, topez-là! je suis le véritable don Hernan.

Palomas rejeta sa tête en arrière et ouvrit de grands yeux effarés.

— Est-ce un cauchemar? balbutia-t-il, vous venez de dire vous-même, il n'y a qu'un instant...

— Buvons et raisonnons... Pour vous, quel est le vrai Medina-Celi? celui qui peut vous donner l'héritière avec l'héritage, n'est-ce pas! Quel est au contraire l'imposteur? celui qui ne possède ni l'autorité de père ni le titre ducal? Mon gendre, et si vous repoussez ce nom, cette fois ce sera la dernière... j'ai moi aussi ma fierté, de par le Dieu vivant! mon gendre, faisons ensemble la balance des positions : j'ai pour moi la possession, chose importante dans la loi de tous les pays; j'ai pour moi la reconnaissance formelle de tous mes officiers et de tous mes valets, la reconnaissance de ma fille, la reconnaissance de la duchesse Eleonor, ma femme; n'est-ce rien cela?

J'ai pour moi le témoignage de l'oïdor Pedro Gil... Vous souriez? passons. J'ai pour moi le témoignage de don Balthazar de Zuniga y Alcoy, président de l'audience de Séville; celui de don Pascual de Haro, commandant des gardes, et celui de don Bernard de Zuniga, premier secrétaire d'État, vos trois oncles, seigneur. Ils ont placé sur ma tête leur va-tout politique, sur ma tête et sur la vôtre; ils nous ont mariés... Si vous divorciez, ce ne serait pas moi qu'on abandonnerait.

— Ce serait moi, peut-être ?... interrompit Palomas en riant.

— Vous l'avez dit, seigneur : ce serait vous..... mais *peut-être* est de trop... ce serait vous certainement, vous nécessairement... Vous figurez-vous trois grands d'Espagne venant avouer qu'ils ont menti ?...

La tête de Palomas s'inclina sur sa poitrine. Ses sourcils étaient froncés. Il réfléchissait laborieusement.

— Mais l'autre ?... murmura-t-il en portant à ses lèvres son verre, qu'Esteban avait toujours soin de remplir.

— L'autre sera le faux duc, répondit Esteban sans hésiter. C'est moi qui ai le sauf-conduit du roi, c'est moi que Philippe attend demain matin en audience royale... Je ne veux pas prétendre que ce quiproquo audacieux pût indéfiniment se prolonger, mais l'autre n'aura pas le temps... l'autre arrive trop tard... l'autre a eu les coups, les blessures, la captivité, la proscription... l'autre est sous le poids d'une étrange et prodigieuse fatalité... Qu'il vienne, on lui dira : « Tu mens ! » qu'il élève la voix, on lui nouera le bâillon sur la bouche ; qu'il bouge, l'audience de Séville, sinon le Saint-Tribunal lui-même, lui infligera le châtiment réservé aux imposteurs...

— Et cependant, objecta Palomas, c'est lui qui était hier au soir dans la cour de l'Alcazar ?

— Non, c'était moi...

— As-tu le front d'affirmer ?

— C'était moi...

— Je ne t'ai pas quitté... tu étais mon convive !

Esteban ouvrit son pourpoint et présenta un pli de parchemin scellé du sceau royal.

Le secrétaire des commandements de Sa Majesté convoquait don Hernan Perez de Guzman, duc de Medina-Celi, au lever du roi. Le roi voulait le remercier de la loyale et vaillante conduite qu'il avait tenue dans la cour de l'Alcazar.

Don Juan parcourut cet ordre et le reposa sur la table.

Il garda le silence pendant une longue minute.

Esteban s'était renversé sur son siège, le front serein et le sourire aux lèvres. Il achevait de boire à petites gorgées le restant du vin de la Galigaï.

Tout à coup, don Juan agita la sonnette placée près de lui sur la nappe, Colombo montra son jaune et long visage à la porte entre-bâillée.

— Va dire à mes gens que c'est assez boire, ordonna le jeune comte; ils auront peut-être de la besogne cette nuit... va!

Colombo s'inclina en signe d'obéissance, et la porte se referma.

Don Juan tendit son verre et regarda son compagnon en souriant.

— Versez, beau-père, reprit-il, vous êtes un habile homme et vous m'avez convaincu... Notre pacte est signé : vous êtes le Medina-Celi... trinquons une dernière fois en famille, et allons nous reposer, car vous m'avez battu de plus d'une manière : je crois que je suis ivre.

Ce singulier personnage du roi des gueux resta froid devant sa victoire comme il l'avait été pendant la lutte. Il trinqua, il but, puis il dit :

— Mon gendre, nous n'avons accompli que les deux tiers de notre tâche. J'avais, vous le savez, trois motifs pour courir les champs cette nuit ; nous n'avons encore parlé que des deux premiers, permettez-moi de vous déduire le troisième.

VII

LA CHAMBRE DE LA MARQUISE

Don Juan avait raison : l'ivresse le prenait, mais ce n'était plus cette ivresse lourde et malade qui avait un instant paralysé sa langue et pressé ses tempes comme un étau ; c'était la bonne insouciance que procurent les fumées d'un vin généreux et sincère.

Les idées vacillent, il est vrai ; le rire un peu idiot fatigue la respiration ; la main engourdie perd sa force, et le corps balancé cherche en vain son équilibre. Mais il n'y a point de souffrance, et l'esprit, emmaillotté dans la demi-transparence d'un brouillard, a la prétention innocente d'être plus actif que jamais.

On a, dans cet état, la conscience menteuse d'une vigueur extraordinaire ; le broc tombe des mains et l'on se croit capable de soulever des montagnes. Tel qui ne saurait faire un pas sans broncher parie volontiers, en ces moments, de dépasser un cheval à la course.

Don Juan était ainsi depuis que le rota, topaze

liquide, avait remplacé dans son verre l'améthyste ambrée du vin de Portugal. Nous suspectons ce vin de Portugal. Colombo avait revu Esteban avant d'apporter sur la table les deux fameux flacons à faveurs roses.

De deux choses l'une : ou la Galigaï ne savait pas son métier, ou le vin de Bordeaux vendu au prix exorbitant de cent douros n'avait point passé par les mains de la Florentine.

C'était peut-être le vin de Portugal qui était fée.....

Don Juan lui avait trouvé dès l'abord un singulier bouquet.

C'était un intrépide joueur que ce prince de Palomas. Il venait de le prouver une fois de plus sans le savoir, car la dose d'essence qu'il avait absorbée aurait mis deux miquelets à la renverse.

Mais un héros, c'était le bon duc. En face de cet homme, il était impossible de ne pas boire. Son verre s'emplissait, son verre se vidait. Les bouteilles alignées passaient au rebut, son œil restait froid, sa joue demeurait pâle.

Don Juan le contemplait avec une sincère et profonde admiration.

— Beau-père, demanda-t-il en riant de bon cœur, combien pensez-vous qu'il faille de bouteilles pour me déduire votre troisième motif?

— J'ai vu le temps, répondit Esteban, où je tenais assez bien ma place à table, mais je me fais vieux... Que chacun de nous en prenne à sa soif et ne nous moquons point l'un de l'autre. Une rasade, s'il vous plaît, au traité de paix que nous venons de signer.

— Ventre-saint-gris! répondit Palomas, deux si vous voulez... et quatre... et soixante!... On peut me mettre entre deux vins, mais j'y reste... J'avalerais maintenant trois outres de vin des Iles sans inconvénient pour ma cervelle!

— Cela se voit, seigneur, cela se voit! Vous avez l'œil clair et la langue agile... Voici donc que nous causons maintenant de bonne amitié, comme des associés qui mènent à bien leurs affaires... Mon troisième motif serait resté sous le boisseau, si nous n'en étions venus à cette heureuse alliance.

J'aurais gardé mes petits moyens en vous laissant vos illustres avantages... Mais à présent que je suis bel et bien pour vous, comme pour tout le monde, le duc Hernan de Medina-Celi, votre beau-père, vous avez intérêt à ce que je fasse à la cour une figure à peu près convenable... Franchement, seigneur, trouvez-vous que j'aie l'air d'un duc?

— Heu! heu! fit don Juan que son rire béat ne quittait plus; trouvez-vous que j'aie l'air d'un archevêque, moi, beau-père?

— Vous avez l'esprit facétieux... Medina-Celi, dont je suis le vivant portrait, passait pourtant pour un cavalier de noble mine...

— Ce n'est pas moi qu'on prendrait à de pareille glu! se récria Palomas; ventre-saint-gris! tout de suite en vous voyant, je me suis dit : Quel hareng pour sentir la caque!

— Vous me donnerez des leçons de bonne tenue, seigneur comte.

— Seigneur duc, vous pourriez prendre de pires almanachs!

— Il y avait donc bien de quoi courir après vous, mon gendre, vous le voyez, puisque c'est demain, à la première heure, que je dois paraitre en présence du roi.

Don Juan fit cette fois un grave signe d'affirmation et vida son verrre à petites gorgées.

— Un duc de Medina-Celi, dit-il d'un ton professoral, entre chez le roi avec son manteau et son épée; il a droit au tabouret si le roi s'assied; si le roi se couvre, il peut déposer son feutre sur la table...

Au baisemain, il ne fléchit le genou qu'à demi... le roi l'appelle son cousin... Si le roi se lève, il a le droit de dire : « Sous votre plaisir, respecté seigneur », et de continuer son discours.

Esteban frappa ses mains l'une contre l'autre.

— Par la sambleu! mon gendre, s'écria-t-il, je vous demande si l'on peut deviner ces choses-là !... Me voici ferré sur le cérémonial, et du fond du cœur je vous rends grâces.

— Chez la reine... commença Palomas qui prenait goût à son métier de pédant.

— Nous allons venir à la reine, Seigneur, mais je veux vous ouvrir mon âme tout entière. Il est un point qui m'embarrasse bien autrement que l'étiquette... Saint patron! que n'ai-je appris à l'université de Salamanque un peu de politique au lieu de pâlir sur les Pères de l'Église et sur les auteurs grecs !

Palomas éclata de rire.

— Nous voulons donc devenir homme d'État? demanda-t-il d'un accent de pitié protectrice.

— Bonté du ciel! mon gendre, nous voulons

seulement faire de notre mieux et nous maintenir à la nage au milieu de cet océan si fertile en plongeons !

— On emploie aussi d'autres métaphores, dit don Juan qui se divertissait à son lourd persiflage ; on dit : « Le sol des cours est glissant... le terrain des cours est semé de pièges et de chausse-trappes. »

— J'emploierai, mon gendre, les figures de rhétorique qui vous agréeront le mieux, désirant ne point choir sur le verglas de ce sol et ne point me faire prendre, comme un misérable loup dans ces filets, ni dans ces pièges.

A boire, beau-père, riposta don Juan, — ce que j'aime en vous, c'est votre naïveté... Au moins, si vous n'en savez pas bien long, vous ne nous en faites pas accroire !... Allons ! tel que vous me voyez, je sais ma cour sur le bout du doigt : interrogez, je vous répondrai.

Esteban rapprocha son siège et s'accouda sur la table.

— Je pense bien, reprit-il, que je ne puis devenir en une seule séance un fin politique tel que vous... mes prétentions ne sont pas bien élevées... que je sache seulement où mettre pied et je serai content ?

En vérité, beau-père !... Rien que cela !... Mais, foi de gentilhomme ! lequel d'entre nous peut se vanter d'en savoir si long ?... Le comte-duc chancelle à son tour et va faire le saut périlleux, justement parce qu'il a risqué un pas de trop à droite, à gauche, en avant ou en arrière...

Connaissez-vous votre carte d'Espagne ? Il y a,

n'est-ce pas, de nombreuses provinces? Il y a beaucoup de districts ; dans chaque district il y a des cantons, dans chaque canton des régies, dans chaque régie des paroisses, dans chaque paroisse des enclos, dans chaque enclos des compartiments réservés à diverses cultures... Eh bien ! il serait plus facile de connaître par leur nom chacun des carrés de terre qui composent chaque enclos, formant lui-même la paroisse, etc., etc. ; — car je perds haleine, ou le diable m'emporte ! — que de savoir par le menu cette autre carte aux mille myriades de divisions baroques et fantasques qui est celle de la cour... A boire !

Il reprit son souffle et s'éventa avec son mouchoir.

Esteban, disciple attentif et avide de s'instruire, l'écoutait religieusement.

— Es-tu assez sain d'esprit pour entendre discourir un homme de ma force, l'ami? continua brusquement Palomas, dont les paupières s'injectaient de rouge ; il me semble que tes yeux sont sanglants... et n'ai-je pas remarqué que tu battais la campagne? C'est que, vois-tu, vieux pêcheur, je ne voudrais pas perdre ma peine... Jeter les perles aux animaux que tu sais, voilà une sotte besogne. Prouve-moi que tu n'es pas ivre si tu veux que je continue.

Il s'interrompit en un ample hoquet.

Puis, sans attendre la réplique :

— Bien ! bien ! comment veux-tu t'instruire si tu parles toujours? le défaut de tes pareils, c'est l'inutile bavardage... Ventre-saint-gris! tous les gens d'esprit ne sont pas en France...

J'ai démontré une fois à ce manant de Calderon, que si je voulais, je ferais cent fois mieux que lui les pièces de théâtre... Nommez-moi général d'armée et vous verrez ce que Medina-Sidonia pèsera auprès de moi!... Le comte-duc! il se croit ministre, cet homme!... Vous verrez, vous verrez, dès que j'aurai pris sa place! Pense-t-on qu'Almanzor, le perroquet, ne me dirait pas aussi : « Juan est grand », si j'étais roi?... Il s'arrêta pour saisir le bras d'Esteban.

— Approche, reprit-il en criant à tue-tête, approche encore, que je te dise un grand secret... Tu es le seul homme que j'estime en Espagne... Je fais semblant d'être un fou... je joue le rôle de Brutus innocent... Ils croient me tenir... ils comptent gouverner sous mon nom... je les mettrai dans un trou, tous tant qu'ils sont... j'en ferai une olla-podrida de connétables, de secrétaires d'État, de généraux, de grands inquisiteurs.

As-tu entendu parler de Machiavel?... Moi, je n'ai pas lu Machiavel, mais je suis plus rusé que Machiavel... je ne dis mes affaires à personne... et si je savais que mon verre eût pénétré mon secret, par la mort! j'en ferais un millier de tessons!

Il lança son verre à la volée contre les dalles.

Puis il croisa les bras sur sa poitrine d'un air fier, regardant Esteban et se laissant aller au rire énervant de l'ivresse :

— Approche encore, continua-t-il; n'aie pas peur... je ne te ferai pas de mal... Je t'aime bien mieux que le vrai duc, parce que, dès qu'on le voudra, il ne faudra qu'une chiquenaude pour te faire disparaître... Tu es un mannequin, on a raison d'un mannequin avec une allumette.

Voyons, tiens-toi ! on va te coucher, si tu es ivre... Voilà pourtant un olibrius qui a voulu me tenir tête ! Interroge-moi donc, puisque je t'en ai donné la permission !

— Mon gendre ! répliqua Esteban, il faut pardonner à mon trouble... je ne suis point habitué à fréquenter des hommes de votre sorte... A votre âge ! déjà tant de profondeur et de science politique !...

— Eh ! eh ! beau-père, est-ce à Salamanque que vous trouveriez un professeur comme moi ?

— Ni à Salamanque ni ailleurs, mon gendre... Ce que je voudrais surtout savoir...

— Versez !... Si je n'avais pas soif, je parlerais mieux qu'un livre !

— Ce qu'il me plairait d'apprendre, c'est la position de chacun à la cour. On dit que là, autant de visages, autant de masques.

— Vous n'y êtes pas, beau-père... trois ou quatre masques par visage : pour ma part, moi, j'en ai bien une demi-douzaine. Ah ! ah ! qui peut se vanter de me connaître ? Est-ce le sorcier Moghrab ? est-ce Pedro Gil ? est-ce ma belle marquise ? sont-ce mes oncles, ou mes très chers amis de la maison du Sépulcre ?

— Parlez-moi de tous ces gens-là, seigneur.

— Je parlerai de qui je voudrai, balourd !... Oublies-tu que tu t'adresses à un comte ?... Mort de ma vie ! n'y a-t-il plus de neige sur les sierras ? Ce vin est tiède ; il en faudrait un muids pour rafraîchir la gorge... Tu veux des nouvelles du connétable de Castille? Les petits enfants savent qu'il est l'homme du cardinal : la France le paye fort cher et il fait belle figure...

Don Pascual de Haro travaille pour l'Angleterre. Buckingham a payé trois fois ses dettes depuis deux ans... aussi don Pascual me prêche-t-il la modération dans mes dépenses... Alcoy, le beau-père du comte-duc, est cousin du roi de Portugal par sa femme : il intrigue en faveur de Bragance. Le vieux Zuniga va tantôt à l'un, tantôt à l'autre ; il reçoit, dit-on, quelques présents des révoltés de Catalogne... Ce sont tous, du reste, de bons sujets, partageant à l'égard de notre seigneur le roi, l'opinion du perroquet Almanzor...

— Et parmi tous ces illustres hidalgos, demanda Esteban, y en a-t-il qui travaillent pour l'Espagne?

Don Juan fronça le sourcil et répondit :

— Beau-père, vous êtes plus bouché que ce flacon d'Alicante... ou vous êtes un mauvais plaisant... L'Espagne ne paye pas... Qui diable va s'occuper de l'Espagne?

— Excusez mon ignorance, seigneur... Vous avez prononcé encore d'autres noms?

La reine?

— Une sainte de bois qui ne nuit à rien, mais qui ne sert à rien.

— Vos amis de la maison du Sépulcre?

— Des caricatures habillées à la française... cœurs d'étoupes... épées de plâtre...

— Mais où donc, demanda Esteban avec une involontaire énergie, où donc sont les fils des vieux Castillans?

Dans les romances moisies, beau-père, dans le fatras de Lope et dans les bouquins de Guilhem de Castro... Faut-il que je me verse moi-même ?

Pendant un instant, sa verve railleuse avait fouetté son ivresse. Il avait été presque brillant d'expression et de malice dans le bilan politique qu'il venait de faire en quelques mots, mais son œil s'éteignait de nouveau, et une couche s'ajoutait à l'épaisseur de sa langue.

— Tous ces gens, demanda Esteban, malgré leurs vues contraires, sont-ils capables de s'entendre ?

— Oui, répondit don Juan, s'ils se sentent vaincus... pour renverser le roi...

Il ne vit point le rapide et court frémissement qui parcourait les membres de son compagnon d'orgie.

— Mais, reprit celui-ci, le comte-duc ?

— Le comte-duc, mon oncle, interrompit don Juan dont la pesante somnolence s'éveilla en un véritable éclair de finesse, est un habile bachelier. Il connait l'histoire et sait bien comment une race remplace une autre race sur un trône.

Le nom de Guzman est royal à son sens. Et pour lui, Gaspar de Guzman vaut bien Hugues-Capet de France ou le père de l'empereur Charlemagne.

— Vous croiriez que le comte-duc veut s'asseoir sur le trône ?

— Je serais neveu du roi, répondit Palomas ; mais il n'y a pas dans ce pédagogue l'étoffe d'un usurpateur... Si le cœur m'en disait, beau-père, regardez-moi bien : n'ai-je pas le front qu'il faut pour porter une couronne ?

Esteban ne put s'empêcher de sourire. Il songeait à Cuchillo le toréador, qui eût fait aussi, selon sa propre opinion, un bien digne monarque !

Don Juan le regarda de travers.

— De quoi ris-tu, mendiant? s'écria-t-il dans une soudaine colère. Hier encore la belle marquise me disait : « C'est toi qui est le roi, et sais-tu ce que peuvent les femmes ?... Les gens que le comte-duc croit tenir, je les ai, Moghrab est à moi, Pedro Gil m'appartient. »

— Voilà deux fois que vous prononcez ces noms-là, Seigneur, interrompit Esteban.

Le jeune comte haussa les épaules avec fatigue et repoussa son verre.

— Deux coquins subalternes, dit-il en bâillant. Moghrab est un charlatan assez avisé qui jette de la poudre aux yeux des sots avec de prétendus calculs astrologiques. Pedro Gil, que tu connais aussi bien que moi, est un ancien intendant fripon, présentement magistrat, adroit comme un singe, rusé comme un renard ; sa patte de velours a des griffes de tigre. Ils ont tous deux de jolies filles. Ils trompent tout le monde, et moi je les joue sous jambe.

— Et quelle position, selon vous, Seigneur, un duc de Medina-Celi doit-il prendre vis-à-vis de tous ces gens là ?

Don Juan bâilla longuement.

— Tu ne m'amuses plus, l'ami, dit-il. Ne vois-tu pas qu'il y a dix grandes minutes que je ne bois plus ?

— Mais, murmura Esteban, qui baissa les yeux,

je ne me suis pas encore informé de ma fille.

— Je te rends cette justice que tu joues ton rôle de père pitoyablement. Je vais t'en donner des nouvelles de ta fille. La noble Isabel, délivrée de ce rustique Amadis qui voulait l'enlever, a été conduite avec respect dans cette hôtellerie.

On l'a laissée barricader sa porte tout à son aise et traîner des meubles au-devant de sa croisée. Elle est en sûreté, de par Dieu ! son honneur ne court aucun risque, puisque nul autre que moi ne peut pénétrer dans sa retraite.

— Ah ! ah ! fit Esteban, dont une légère rougeur colora la face pâle ; nul autre que vous, Seigneur ?

Palomas eut un sourire cynique.

— Sur mon salut ! s'écria-t-il, je crois que le drôle va faire semblant de s'effaroucher.

— Vous savez mes conventions, Seigneur, répliqua doucement Esteban ; dona Isabel doit être votre femme.

— Sans doute ; je l'ai promis... je ne m'en dédie pas.

— Veuillez réfléchir...

— Va-t-en au diable, coquin ! gronda Palomas, qui fit un effort pour se lever ; j'ai la clef dans ma poche... la clef de la porte masquée. Ta main !... Aide-moi, ou appelle Colombo.

— Pas n'est besoin de Colombo, Seigneur... Tout mendiant que je suis, s'il s'agissait vraiment de ma fille...

— C'est juste, c'est juste... Dona Isabel est une étrangère pour vous. Aussi, beau-père, ce n'est pas vous insulter que de vous demander un peu de complaisance.

Esteban lui tendit la main pour l'aider à se mettre sur ses pieds. Palomas, malgré, son ivresse, remarqua que cette main tremblait.

Il releva sur son compagnon son œil demi-clos et le baissa aussitôt sous le regard de feu dont Esteban le couvrait.

— Qu'avez-vous donc, beau-père? balbutia-t-il.

— Je n'ai rien, répondit le roi des gueux, dont la voix était calme et ferme.

— Ce diable de vin bordelais vous a allumé la prunelle, reprit don Juan qui chancelait, malgré l'appui qu'on lui prêtait; je ne vous ai jamais vu ainsi.

— Marchons-nous? demanda Esteban.

— C'est facile à dire... grommela Palomas; essayons... Il fit un pas. Ses jambes se dérobaient sous lui.

— Buvez, Seigneur, dit le roi des gueux, cela vous remettra.

— Crois-tu?... Ta tête est meilleure que la mienne... donne!

Esteban lui versa un dernier verre et le lui présenta. Le gobelet sonna contre les dents de Palomas, qui avala quelques gorgées et parvint à se redresser.

— A la bonne heure! fit-il; conduis-moi... le corridor à gauche en sortant d'ici... Ah! ah! la belle a un poignard... mais je me moque de son poignard.

— Seigneur, dit Esteban avec gravité, quand une fille comme la Medina se munit d'un poignard, ce n'est pas pour frapper, c'est pour mourir...

Palomas lui jeta un coup d'œil atone et répondit avec son sourire hébété :

— Est-ce que cela me regarde ?

Esteban ne le frappa point. Il le lâcha seulement et don Juan tomba comme une masse sur le carreau. Sa chute et le froid des dalles l'éveillèrent à demi.

— Traître ! s'écria-t-il, misérable traître !... A moi, Colombo !... à moi, Manoël ! Andres ! Carlos !... Personne ne viendra donc !

— Personne ne viendra, brute immonde ! répondit le prétendu Esteban, corps sans âme !... vil bâtard déguisé en gentilhomme !... Vois, je te méprise à ce point, que je ne daigne pas même te frapper du plat de mon épée !

Il avait croisé ses bras sur sa poitrine, et sa noble taille se développait dans toute sa fierté.

Palomas, écumant de rage, faisait des efforts insensés pour se relever. Il se roulait, inondé de sueur et de vin, dans d'indicibles souillures ; sa bouche vomissait des sons inarticulés qui vou-voulaient être des injures.

Le bon duc l'écoutait immobile et impassible désormais.

Au bout de quelques minutes, le jeune comte poussa un dernier rugissement, et s'affaissa ivre-mort, couché sur les dalles.

Le duc appela tout bas :

— Colombo !

La porte s'ouvrit aussitôt. La figure effrayée de l'aubergiste se montra sur le seuil.

— Dort-il bien ? demanda-t-il avant d'entrer.

— Comme un bœuf qu'on vient d'assommer, répondit le bon duc.

Colombo risqua un pas à l'intérieur de la chambre.

— Les trois jeunes gens sont à l'écurie depuis longtemps, dit-il.

— C'est bien. Que font les valets de celui-ci ?

— Ils ronflent.

— Que fait la Medina-Celi ?

— Elle prie.

— La chambre où tu l'as mise a vu bien des folles orgies, Colombo.

— A qui le dites-vous, maître ?... soupira l'hôtelier, qui leva les yeux au ciel d'un air moitié contrit, moitié goguenard.

— Elle est sanctifiée maintenant... Tu en feras murer les portes.

— Oui, Monseigneur.

Le bon duc se tourna vers la fenêtre. L'aube mettait déjà aux carreaux des reflets bleuâtres.

— Cet homme a sur lui la clef de la porte secrète, dit-il ; prends-la et donne-la moi.

— Que je touche le seigneur comte de Palomas !... s'écria Colombo épouvanté.

Le Medina-Celi poussa du pied le dormeur, qui resta insensible.

Colombo, rassuré par cette épreuve, se mit à genoux et fouilla les poches de son pourpoint. Il n'eut pas de peine à trouver la clef. Le bon duc la prit et dit :

— Que mes trois serviteurs se tiennent prêts, et que le cheval du comte de Palomas, tout sellé, tout bridé, m'attende à l'écurie !

Quand il eut passé le seuil, Colombo, dont le visage était allongé de moitié, resta en tête-à-tête avec son seigneur vautré sous la table.

— Il s'éveillera pourtant! murmura-t-il en laissant tomber ses bras le long de son maigre corps; je ne répondrais pas de garder mes oreilles jusqu'à ce soir!

Le bon duc, cependant, s'était engagé dans un sombre corridor qui s'étendait à gauche de la porte d'entrée, il allait d'un pas assuré, en homme qui connaît parfaitement son chemin.

Au bout du corridor, il y avait un escalier de quelques marches, éclairé par une meurtrière, dont le jour naissant marquait déjà la ligne étroite. L'escalier aboutissait à une porte.

Le bon duc chercha la serrure à tâtons et y introduisit la clef de don Juan.

Il ouvrit avec précaution, mais le pêne cria en glissant hors de la gâche et produisit un faible grincement.

Un bruit soudain répondit à ce bruit. C'était quelqu'un d'agenouillé qui se relevait en sursaut.

— Seigneur mon Dieu! dit une voix sourde et altérée par une profonde angoisse, pardonnez-moi si je préfère la mort à la honte de mon nom!

La chambre était obscure. Medina-Celi sentit l'odeur d'une lampe qu'on venait de souffler.

Il ne s'était pas attendu à ces ténèbres. Il restait debout auprès de la porte, immobile et contenant à deux mains les battements de son cœur.

Il n'osait ni parler ni bouger, parce qu'une crainte horrible naissait en lui et figeait son sang dans ses veines.

Sa fille était là, devant lui, à quelques pas. Il ne distinguait ni sa pose ni son visage ; mais ses yeux habitués à la nuit devinaient aux lueurs pâles que tamisaient les rideaux fermés une forme blanche et svelte.

Il savait que cette forme blanche était Isabel ; il savait qu'Isabel avait le poignard à la main. Peut-être la pointe du poignard touchait-elle déjà ce sein si jeune et si beau!...

Tous les dangers de la situation se ruaient à la fois sur sa pensée avec une netteté tardive et accablante. C'était la fin d'une nuit de fièvre.

Isabel l'avait passée tout entière, cette nuit, à lutter contre ses trop légitimes terreurs. Un instant la fatigue l'avait-elle domptée? Ses pauvres yeux s'étaient-ils fermés en un sommeil plein de rêves et de terreurs? Les sauvages fracas de l'orgie l'avaient sans doute éveillée.

Elle avait dû se pencher haletante hors de sa couche. Elle avait dû frémir à je ne sais quels bruits illusoires, fils poignant de la peur... des pas qui rôdent dans l'ombre... des voix qui parlent tout bas... des trappes qui s'ouvrent pour rendre vaines les barrières des portes et des croisées... que sais-je? Chacun de vous a tremblé la fièvre aiguë de la peur; fût-ce au lointain du premier âge, chacun de vous sait comment ce mal, cruellement ingénieux, transforme les objets, les sons, les yeux de la lumière ou de l'ombre...

Et la plupart d'entre vous n'ont eu que des peurs folles...

Qu'est-ce donc, quand le danger est là, le vrai danger, le danger mortel, menaçant comme l'épée de Damoclès dont le fil s'use et va se rompre?

Elle n'avait que son poignard pour refuge, cette noble fille, dans ce lieu inconnu, où nul ne pouvait la protéger ni la défendre. Derrière les illusions de ces épouvantes se dressait la réalité. C'était une question d'heures ou de minutes. Elle s'était trompée jusqu'alors, mais cet homme allait venir...

Don Hernan avait à la fois toutes ces pensées. Il voyait cela, pour ainsi dire, et il se reprochait amèrement de ne l'avoir pas vu plutôt.

Comment faire? Au moindre mot, au premier pas, l'œuvre du vertige allait s'achever.

Le bon duc n'avait sauvé qu'un cadavre!

Car il n'y avait point à espérer qu'elle reconnût sa voix. Toutes les voix, dans son délire, devaient ressembler à celle du nocturne et lâche ravisseur. C'était lui qu'elle attendait, lui seul! Et connaissait-elle seulement le son des paroles de son père? Elle croyait avoir vu son père un instant, ce qu'il fallait pour l'entendre renier et insulter Ramiro de Mendoze!...

Ramiro! c'était une inspiration du ciel! Quand ce nom vint à la pensée du bon duc, ses yeux s'emplirent de larmes reconnaissantes. Il sentit la bonté de Dieu pénétrer tout son être, et le mot miracle monta de son cœur à ses lèvres...

— Mendoze vous cherche, Senora, prononça-t-il avec effort; Mendoze est là... et votre mère...

Il écouta. Son cœur battait à briser sa poitrine. Un silence se fit qui lui sembla long comme un siècle.

Il entendit d'abord le poignard tomber, puis un

long soupir, puis la chute d'un corps qui s'affaissait sur le sol.

Mais une voix chère s'éleva en même temps, qui disait :

— Ramiro !... Soyez bénie, sainte Vierge !

Le bon duc s'élança dans le corridor. Sa joie triomphante débordait hors de sa poitrine.

Hôtelier ! cria-t-il, un flambeau ! ma fille ne s'est pas tuée ! ma fille est vivante ! la miséricorde divine a sauvé ma fille !

On devine juste à ces heures. Tout ce que le bon duc avait pensé était vrai.

Le flambeau apporté par l'aubergiste éclaira une chambre en désordre et qui semblait préparée pour un siège. La lampe éteinte était sur la table de nuit ; autour du lit, les sièges alignés formaient un naïf rempart. La commode avait été roulée devant la porte ; une lourde table collait les rideaux à la croisée.

A peine reconnaissait-on parmi ce chaos, qui était l'œuvre des terreurs d'Isabel, la destination de cette pièce, moitié chambre d'auberge et moitié boudoir ; cependant le lit à baldaquin montrait sa souriante couronne où s'enguirlandaient des Amours joufflus avec des roses ; il y avait un luxe étrange et plein de contrastes.

Les murailles nues attendaient encore leurs draperies de lampas bleu de ciel, pareilles aux courtines du lit. La toilette gracieuse et chargée d'un triple rang de flacons d'essences, n'avait qu'une aiguière de terre cuite.

Les fleurs demi-fanées étaient dans des vases de faïence rustique. Au milieu des chaises vermoulues et des fauteuils blessés qui rendaient le crin de leurs entrailles, la belle marquise avait voulu une adorable causeuse de soie brochée blanc et or.

A la guerre comme à la guerre. Si bas tombé qu'il fût, le roi d'Espagne avait ses galions. Quelque beau jour, cette ébauche de paradis devait s'achever.

Auprès du lit, sur le tapis turc aux éclatants ramages, la Medina-Coli était affaissée. Sa belle tête aux cheveux dénoués portait contre le matelas. Le poignard de la duchesse Éléonor gisait à terre, non loin d'elle.

Colombo restait debout à quelques pas. Le duc Hernan était agenouillé près de sa fille et lui faisait respirer des sels.

— Bel! murmura-t-il avec ces caresses d'accent qui font de l'homme une mère; Bel! ma chérie, mon dernier amour... si tu étais morte, je n'aurais pas pu te suivre, car j'ai ma tâche inflexible... C'est moi qui t'aurais tuée, Bel, si tu étais morte... c'est moi, par mon imprudence et ma folle précipitation... Mais j'avais si grand besoin de te revoir, enfant adorée!... Je crois maintenant que Dieu me pardonnera ton bonheur pour récompenser le martyre de ma vie... N'a-t-elle pas fait un mouvement, Colombo?

— Je vois la senora immobile, Excellence, répondit l'hôtelier.

— Elle est froide, mais son cœur bat doucement, et quand j'approche ma joue de ses lèvres, je sens un souffle tiède... Je n'ai plus peur.

Il déposa un baiser long et plein de recueillement sur le front de la jeune fille, qu'il avait ramenée dans ses bras.

— J'ai donné au roi quinze ans de ce bonheur!... pensa-t-il tout haut; est-ce assez?

La paupière d'Isabel eut un tressaillement léger avant de s'ouvrir. Son premier regard rencontra le sourire baigné de larmes du bon duc.

— Seigneur!... fit-elle.

Puis, par réflexion :

— Mon père!...

Medina-Celi l'attira contre son cœur avec passion.

— Elle se dégagea d'un brusque mouvement.

— Qui donc m'a parlé de Mendoze?... balbutia-t-elle en prenant son front dans ses mains.

— Moi, c'est moi, répondit le bon duc; moi, le meilleur ami de Mendoze...

— Vous!... prononça lentement Isabel; vous avez voulu le payer!... Mais je l'ai vu blessé... mourant! s'interrompit-elle avec une soudaine violence. Et je sais que vous vouliez me livrer à cet homme... à ce lâche...

Elle recula en marchant sur ses genoux, et ajouta :

— N'est-ce pas vous qui avez fait pleurer ma mère?

Le bon duc se releva. Son visage était tout brillant de sérénité.

— Tu m'aimeras mieux pour le mal que tu me fais, enfant... murmura-t-il.

Puis, d'un ton bref et presque impérieux :

— Dona Isabel, je vous ai donné les heures de cette nuit. Le reste de mon temps appartient au roi. Vous êtes désormais à l'abri de tout danger, et, avant que le soleil soit levé, l'autorité royale vous couvrira de son égide tutélaire... Mendoze n'est pas mort, je vous l'affirme sur mon honneur de gentilhomme... Avez-vous vu parfois votre sainte mère sourire à ce portrait qui regarde sa couche?... Votre naissance, ma fille, fut l'épanouissement et la joie d'un saint amour... Dieu nous frappa... La clémence du roi saura guérir la plaie qu'ouvrit un jour sa colère... vous êtes la Medina-Celi. Après Dieu et après le roi, c'est à votre père que vous devez obéissance.

La jeune fille se rapprocha et porta la main du bon duc à ses lèvres.

— Moi, dit-elle, je voulais vous aimer... Au nom du ciel, Seigneur, est-ce un crime d'obéir à sa mère? Ma mère m'a donné un fiancé...

— Le roi seul marie les filles des Medina-Celi, Señora. Nous sommes au roi comme le prêtre appartient à l'Église. Tout par le roi, telle est la religion de nos pères.

VIII

TRISTESSE DE BOBAZON

A travers les longs cils d'Isabel, un rayon sombre glissait; ses yeux se fixaient sur le poignard qui restait à terre.

— Vous n'avez pas besoin de cela, ma fille, prononça le bon duc avec douceur.

— Ma mère en eut besoin un jour, murmura la Medina-Celi.

Don Hernan leva la main comme pour lui imposer silence; mais Isabel acheva :

— Seigneur, ce fut contre le roi !...

Les sourcils du bon duc s'étaient froncés violemment; il courba la tête et resta un instant pensif.

Quand il se redressa, ses joues étaient pâles, ses yeux rougis disaient le terrible effort qu'il venait de faire sur lui-même.

— Tout par le roi ! répéta-t-il d'une voix lente et grave; Eleonor de Tolède avait le droit de mourir, parce qu'il y a une chose qui est au-dessus du roi : l'honneur...

Hôtelier, lève ton flambeau ! s'interrompit-il brusquement; précède-nous... Senora, veuillez vous appuyer sur moi.

Isabel jeta sa mante de voyage sur ses épaules et rabattit son voile. Pendant cela, maître Colombo débarrassait la porte principale, qui fut ouverte. Isabel frémissait de tous ses membres en descendant le grand escalier. La vue des trois Nunez l'étonna et ne la rassura point. Sa mère lui avait dit, en parlant de la maison de Pilate : « Ici, je ne puis compter sur personne. »

Et quand sa mère avait pris ce parti suprême de la remettre aux mains de Mendoze, à qui l'avait-elle confiée? A une étrangère, à la fille d'un ennemi.

Il y avait cinq chevaux sellés dans l'écurie, pas un des serviteurs de Palomas n'était là.

Le bon duc déchira une page de ses tablettes.

— Approche, dit-il au plus jeune des trois frères, et ne bouge pas.

La large épaule de Nuñez servant de pupitre, le bon duc traça rapidement quelques lignes au crayon.

C'était ainsi conçu :

« Frère,

« Je veux que ma fille ait pour asile l'enceinte même de l'Alcazar. Je ne puis défendre deux maisons à la fois. Le roi avant le sang. C'est la maison du roi que je défendrai.

« A la cour on ne connaît plus ceux de mon nom. Je te charge de conduire ma fille chez la reine, et je t'offre le baiser de paix.

« A ceux qui te remettront ce pli, les mots de ma devise.

Signé HERNAN. »

Il plia la feuille en quatre, et, perçant de la pointe de son poignard le coin où les quatre angles libres du papier se réunissent, il les noua à l'aide d'un poil de sa barbe.

Après quoi il mit cette adresse :

« Au Maragut Moghrab. »

— En selle ! ordonna-t-il.

Ce fut lui qui prit le soin de placer Isabel sur le cheval du comte de Palomas.

— Maintenant, dit-il en s'adressant à ses trois serviteurs, je mets à votre garde l'honneur de Medina-Celi... La limite que j'avais marquée a été franchie. J'ai mes griefs et mon droit... Défendrez-vous la fille de votre maître jusqu'à la mort?

— Jusqu'à la mort! répondirent les trois frères.

Ces voix jeunes et loyales vibrèrent jusqu'au fond du cœur d'Isabel.

— Seigneur, dit-elle, en se penchant sur la main du bon duc qui tenait encore son cheval par la bride, pardonnez-moi si j'ai douté de vous!

Les lèvres du bon duc effleurèrent son front.

— Enfant, murmura-t-il, notre tâche n'est pas achevée... Quand les heures de trouble et de tristesse auront fui, quand tu seras heureuse et glorieuse, ton père viendra demander pour sa récompense un sourire et un baiser.

Il se tourna vers les Nunez.

— Bride abattue jusqu'à Séville! ordonna-t-il; cette lettre à son adresse, et obéissance à l'homme qui vous dira : *Mas el rey que la sangre!*... Allez sous la garde de Dieu!

Les Nunez mirent dona Isabel au milieu d'eux et descendirent au galop le sentier qui conduisait sous le couvert.

Le bon duc, resté seul, promena son regard vers l'Orient, où les nuées blanchissant détachaient déjà la cime des arbres. Il rentra dans l'écurie et donna un coup d'œil au harnachement de Sultan-Yusuf. Après quoi, il attendit, immobile devant la porte qui allait de l'écurie à la salle, où dormaient les gens du comte de Palomas.

— Je croyais que Votre Grâce devait être à Séville avant la senora? dit Colombo, qui avait grande hâte de le voir partir.

— Tu croyais bien, répondit le Medina-Celi;

mais je veux qu'ils aient le temps de mettre le bac entre eux et ceux qui pourront les poursuivre... Je veille.

Il continua de marcher de long en large.

Au bout de quelques minutes, il dit :

— La barque d'Ambrosio doit avoir quitté la rive...

Il tira son épée et trancha l'une après l'autre toutes les sangles de selles pendues aux murailles de l'écurie.

— Merci de moi! s'écria Colombo; ils s'éveilleront, Seigneur; mon dernier jour est venu!

Le bon duc, au lieu de lui répondre, prit la longe d'un cheval de service et la passa dans un des anneaux de fer fixés sous les râteliers.

— Voici ton salut, pauvre Colombo! dit-il, avance!

L'hôtelier obéit machinalement. Le bon duc lui garrotta les deux mains et les deux pieds, après l'avoir attaché à l'anneau de fer.

— Tu as cédé à la force, reprit-il, maintenant, adieu, Colombo. Je suis content de toi... demain, il n'y a plus ni conspirateurs à courte vue, ni fils de coquin affublé du nom de Haro... Il y aura le roi en face du peuple, comme le soleil regarde et féconde la terre quand les nues jalouses n'interceptent plus ses rayons... Au lieu du châtiment que tu as mérité pour avoir donné asile aux traîtres, tu auras une récompense, parce que tu t'es souvenu de tes anciens seigneurs... Je pars : éveille-les si tu veux, et crie bien haut pour qu'il ne te soit point fait de mal!

Le Medina-Celi sauta en selle. Il descendit le

tertre au petit trot pour faire les jambes de Sultan-Yusuf, qui n'avait eu qu'un repos de trois heures.

Il n'était pas à mi-chemin du bois que le malheureux Colombo se mit à pousser des hurlements lamentables.

Le bon duc se retourna. L'ancien monastère sortait de l'ombre avec ses arcades brisées et ses longues perspectives de galeries en ruines. Il n'y avait encore personne dans l'écurie ; Colombo jouait son rôle en conscience.

Au moment où le bon duc atteignait le bois, des cris confus répondirent aux plaintes de l'hôtelier. L'alarme était enfin donnée. Les gens de Palomas s'éveillaient.

Le Medina-Celi piqua des deux, et Yusuf allongea aussitôt son galop léger et rapide.

Une demi-heure après, dans ces champs de maïs qui bordent le cours du Guadalquivir, les trois Nunez, entourant toujours dona Isabel, hâtaient la course de leurs montures.

Le soleil restait encore au-dessous de l'horizon, mais ses rayons mettaient déjà des bordures roses aux vapeurs nocturnes attardées dans le ciel bleu. La campagne était déserte. Le fleuve, caché derrière sa bordure de lauriers fleuris, chantait comme un ruisseau.

C'est à peine si le galop régulier des quatre chevaux, frappant la terre molle et détrempée, interrompait le silence de cette solitude.

Tout à coup, l'aîné des Nunez montra du doigt, dans la campagne, un point noir, tachant vers l'ouest la brume blanchâtre qui rasait le sol.

Nos cavaliers ne s'arrêtèrent point, mais tous

les yeux se fixèrent sur le point noir qui grandissait.

Il glissait, véloce comme un trait, au travers de la plaine.

Quand il fut juste en face de la cavalcade, on put distinguer pendant un instant un homme dont le sombre manteau flottait au vent de sa course effrénée. Il était allongé sur l'encolure de son cheval. Vous eussiez dit, dans le clair obscur du matin, le dernier fantôme fuyant devant le jour.

Il passa. Son feutre s'agita. Il disparut.

Les trois Nunez se découvrirent. Isabel envoya un baiser en disant : Mon père...

Du haut des vieilles tours romanes, auxquelles répondaient les minarets de toutes les mosquées redevenues chrétiennes, le cri de sept heures tombait, quand le Medina-Celi repassa la Puerta-Real. Le son des trompes vibrait encore qu'il arrêtait son cheval à la poterne des jardins de Pilate, donnant sur l'abreuvoir de Cid-Abdallah.

A son approche, une ombre avait glissé derrière la fontaine.

Le bon duc avait un de ces regards perçants et toujours présents auxquels rien n'échappe ; mais il ne voulut pas prendre garde. Il n'avait pas le temps, et d'ailleurs il ne craignait désormais ni les espions ni les embûches.

Aux espions son visage découvert, aux malvoulants sa bonne épée.

Il tira de son sein la clef de la poterne et l'ouvrit. Son pied toucha terre. Il fit entrer Sultan-Yusuf tout fumant de sueur et le couvrit de son propre manteau pour l'attacher à un arbre.

Puis il se dirigea d'un pas rapide vers la maison de Pilate, où il s'introduisit par l'entrée particulière qui donnait accès dans les appartements d'Eleonor de Tolède.

Dès que la poterne du jardin fut refermée, l'ombre sortit de sa cachette.

La grosse figure futée de notre Bobazon se montra, enfoncée entre ses deux épaules larges et trapues.

Il s'était levé aussi matin que le Medina-Coli. Nous donnons ce simple villageois de l'Estramadure pour l'un des hommes les plus laborieux de son siècle.

— Encore un mystère! grommela-t-il entre ses dents; ce gaillard ressemble comme deux gouttes d'eau au spectre qui rôdait dans le jardin hier au soir... je jurerais qu'il a fait du chemin depuis ce temps-là, car son cheval ruisselle..... Saint-Jacques et Saint-Philippe! si je peux seulement garder ma tête au bout de mon pauvre corps, je ferai des douros avec tout ce que je sais, c'est bien sûr.

En attendant, il aiguisait un large couteau qu'il avait sur le rebord de la fontaine.

Bobazon, garçon intelligent et un peu avide, n'avait pas, du moins, le cœur sanguinaire. Ce ne pouvait être dans des intentions violentes qu'il s'était procuré ce couteau. Cependant il en affilait le tranchant avec un soin qui avait quelque chose de tragique.

— Je ne les connaissais pas, pensait-il tout haut; je ne les avais jamais vus. Pourquoi ma main frémit-elle? Ce n'est pas un crime, non, que d'entamer un cuir pour mettre quelques maravédis de côté.

Il poussa un gros soupir.

— Comme l'amitié naît par les rapports fréquents! reprit-il, et comme elle grandit vite quand les caractères s'accordent!... Nous ne nous étions plus quittés depuis le jour où j'allais les prendre dans les prairies... Popino était plus porté sur sa bouche que Micaja, mais au demeurant c'était une bête sobre et d'humeur égale... Micaja était moins obéissant, mais quelle gaieté pour la moindre aubaine!... Avec l'écorce de mon melon, hier, je leur ai fait bien plaisir à tous deux. Je penserai longtemps à ces deux pauvres animaux, qui étaient de ma famille... Il y avait un sort entre nous; j'avais beau les vendre, ils me revenaient toujours... Et rien qu'à continuer ce petit commerce-là, j'aurais doucement gagné l'aisance de ma vieillesse.

Il regarda le fil de son couteau, qui était pur, brillant et tranchant.

— S'ils étaient vivants, poursuivit-il, je leur aurais donné l'avoine ce matin... oui, l'avoine, je ne mens pas!... Mon boursicot est rond, je peux bien répandre un peu de bien-être autour de moi.

— Allons! s'interrompit-il en essuyant son couteau contre sa cuisse; la vie est faite comme cela... on hérite de ses meilleurs amis... je ne peux pas les ressusciter; je vais les écorcher puisque j'ai fait les frais d'un couteau.

Il se leva et traversa tristement la place pour se rendre au lieu où la bataille s'était livrée, le

soir précédent, entre Mendoze et les ravisseurs
de la Medina-Coli.

Les cadavres de Pepino et de Micaja gisaient
encore à la même place, sur la terre, où la pluie
avait en partie lavé les traces du sang.

Bobazon s'arrêta entre eux deux. Deux grosses
larmes coulèrent sur sa veste.

— Ah! mes vrais amis, dit-il avec un attendrissement profond, vous allez encore me faire du
bien après votre mort!

C'était assez d'émotions. Il avait prouvé la
bonté de son cœur.

Ayant essuyé ses yeux d'un revers de main, il
se donna tout entier à sa besogne en commençant
par Micaja; c'était celui des deux chevaux qu'il
avait toujours le mieux aimé. Sa main était
ferme désormais, son œil alerte : il y a temps
pour tout.

Cet excellent Bobazon savait, à ce qu'il paraît,
plus d'un métier. Les incisions furent pratiquées
avec une netteté irréprochable, et la peau de
Micaja, vivement décollée, s'étendit sanglante
sur le sol. Pepino n'attendit pas longtemps son
tour.

Le front de Bobazon dégouttait de sueur, mais
on sait que le travail est un calmant pour les
grands chagrins. Notre ami se disait avec une
douce mélancolie :

— Deux bons cuirs bien souples et bien sains...
Pourquoi ne mange-t-on pas la chair du cheval?
Voici quatre cents livres de viande salubre et
nourrissante qui vont être perdues... Mais la
mode n'y est pas; on ne peut rien contre la rou-

tine... Je vais toujours porter les peaux au corroyeur de la rue de la Sterpe.

Il arrangea de son mieux les deux cuirs en un seul faix, qu'il chargea gaillardement sur son épaule.

— Quinze douros sont toujours bons à gagner, pensait-il pour adoucir l'amertume du dernier adieu.

Halte-là! garçon! dit une voix claire, à sa droite, au moment où il allait prendre sa course.

Il faillit tomber à la renverse.

Un gros éclat de rire se fit entendre à sa gauche.

Il laissa choir son fardeau.

Il y avait une manière de géant qui lui barrait le passage du côté de la ruelle, de l'autre côté se tenait debout et le poing sur la hanche un personnage au brillant costume de majo, qui le regardait en riant de tout son cœur. Un groupe, composé de quatre ou cinq drôles à mines patibulaires, stationnait en outre à quelques pas de la fontaine.

C'était, pour notre Bobazon, la place aux aventures.

Il avait mis tant de cœur à la besogne, que tous ces gens avaient pu s'approcher sans être vus ni entendus. Pour lui, tous ces gens sortaient de terre.

— Que voulez-vous de moi?... balbutia-t-il dans le premier trouble de sa surprise; je ne suis qu'un pauvre homme...

— L'ami, interrompit le géant qui semblait ivre à demi, tu écorches comme un ange... si tu veux venir à mon étal, tu gagneras trois douros par semaine et le pain.

Bobazon remarqua seulement alors que la porte des abattoirs du boucher Trasdoblo était ouverte. Quant au personnage qui était à sa droite, du premier coup d'œil il l'avait reconnu pour Cuchillo le toréador.

— Mes maîtres, dit-il, vous avez voulu effrayer un homme de la campagne. Je suis d'un joyeux naturel et ne vous en garde point rancune.... Ces deux chevaux m'appartenaient, j'ai le droit de profiter de leurs cuirs.

Il se baissa en même temps pour relever son faix.

Trasdoblo et le toréador s'étaient rapprochés l'un de l'autre.

— Des épaules de taureau ! dit le boucher.

— Et un poignet ! ajouta Cuchillo ; c'est une trouvaille !

— L'ami, reprit-il tout haut, nous te cherchions dans Séville ; nous voulions lier connaissance avec toi.

— Savez-vous donc mon nom ? demanda Bobazon qui les regarda de travers.

— Tu viens de nous le dire : ces deux animaux appartenaient au jeune rustre qui a tiré l'épée contre le noble comte de Palomas, capitaine des gardes du roi... tu as l'accent de l'Estramadure : tu dois être son valet.

— Allez à d'autres, se récria aigrement Bobazon, s'il vous faut des valets !... Je suis un homme libre et vivant de sa peine. Mon père ne se serait pas troqué contre un hidalgo. Ma mère...

— Au diable le bavard! fit Trasdoblo; avancez, vous autres, et qu'on l'emmène à la maison!

Le groupe qui était auprès de la fontaine s'ébranla.

Bobazon crut reconnaître quelques-unes de ces figures de sacripans.

— Prenez garde, dit-il d'un ton fier, voulant user de ce mystérieux verbiage qui lui avait tant de fois réussi depuis son arrivée à Séville; il ne fait pas bon à s'attaquer à certaines gens. Savez-vous seulement de quoi il retourne et quel est le vrai nom de ce Mendoze dont vous parlez à tort et à travers?

— Non, répondirent à la fois tous les assistants, qui l'entourèrent de plus près.

— Et sidi Moghrab... poursuivit Bobazon au hasard, vous a-t-il dit son secret? les deux gitanos qui sont morts hier à cette place, est-ce vous qui les avez enlevés?

— Non, répondirent encore le boucher et le toréador.

Ce dernier ajouta :

— Quel diable d'homme es-tu, l'ami?

Bobazon crut avoir cause gagnée pour le coup.

Il se redressa et appela sur sa grosse lèvre un sourire dédaigneux.

— Si quelqu'un vous demande cela, prononça-t-il fièrement, vous répondrez que vous n'en savez rien, mes maîtres. Ceux qui sont en haut peuvent descendre, ceux qui sont en bas peuvent monter... Pedro Gil n'a point passé toute la nuit dans la salle basse de l'hôtellerie de Saint-Jean-Baptiste.

— Que dis-tu?... s'écria le toréador stupéfait.

— A bon entendeur, salut, maître Cuchillo !...
— Tu me connais ?
— Et j'en connais bien d'autres !... Tu sauras cela, Hadjar, païen maudit... Et toi aussi, Pope, et toi aussi, Nombres !

Les trois hommes ainsi nommés tressaillirent ; ils étaient de ceux que Bobazon avait vus recevant de l'argent de l'oïdor.

Bobazon, triomphant, reprit :

C'est un rude seigneur que le Medina-Celi... Dites-moi pourquoi les quatre cierges brûlaient cette nuit dans les fourrés du jardin de Pilate ?...

Ceux qui faisaient cercle autour de lui s'entre-regardaient.

Bobazon triomphait. Cette clef qu'il avait trouvée ouvrait décidément toutes les portes.

— Que chacun de nous aille à ses affaires ! reprit-il brusquement. Il n'y a pas déjà si loin d'ici à la forteresse d'Alcala... Seigneur boucher, aidez-moi à recharger ma marchandise.

Trasdoblo avança machinalement d'un pas ; les grosses couleurs de ses joues avaient pâli.

Bobazon, pour parfaire sa victoire, ajouta en s'adressant à Cuchillo :

— Il n'en coûte pas cher d'avoir comme vous un brin de myrte à son chapeau, l'homme !... Nous venons d'un pays où on sait bien ce qu'il y a autour de l'écusson aux trois éperons d'or !

— De par le ciel ! s'écria Cuchillo, c'est un des nôtres !... à moins qu'il ne soit espion du comte-duc ! Il n'était pas à l'hôtellerie de Saint-Jean-Baptiste, j'en suis sûr !...

D'un mouvement rapide il le prit au collet,

tandis que Trasdoblo et un autre lui saisissaient les poignets.

Bobazon se mit à crier détresse.

Le pouce de Cuchillo pressa sur sa gorge. Le son s'éteignit.

— Etais-tu à l'île Majeure, cette nuit? demanda le toréador.

— A l'île Majeure? répéta Bobazon étranglé; seigneurs, je vous prie d'avoir pitié de moi.

— A l'île Majeure, chez l'hôtelier Colombo?

— Oui... non... répondit Bobazon; je vous jure que je ne sais rien, mes bons maîtres... J'ai voulu m'en faire accroire et Dieu me punit.

— A l'abattoir! ordonna Cuchillo; le drôle a changé de gamme, mais il continue à se moquer de nous.

Bobazon eut beau protester, il fut enlevé à la force des bras et porté dans l'enclos de Trasdoblo. On le déposa au milieu du hangar, sur la pierre maculée où tant de bœufs innocents avaient poussé leur dernier beuglement.

— Ici, dit Cuchillo d'un air terrible, nous ne craignons ni les passants, ni les espions... Nous allons te juger, te condamner, nous allons t'exécuter sans tambour ni trompette!

— Malheur à moi! sanglota Bobazon; que Dieu ait pitié de mon vieux père, de ma mère vénérable, de ma femme bien-aimée et de mes pauvres petits enfants!

Quand il ne triomphait pas insolemment, ce digne Bobazon s'agenouillait jusqu'au ventre.

Ses juges, cependant, s'étaient groupés à quelques pas et semblaient tenir conseil. Il tendait l'oreille avidement, tout en restant couché comme une masse sur sa dalle. Quelques paroles décousues arrivaient jusqu'à lui.

— On le mettra au premier rang... disait le boucher.

— Il s'en tirera comme il pourra... ajoutait un autre.

— Et Cuchillo :

— Cet animal doit être fort comme une paire de buffles.

Un éclair d'espoir lui traversa la cervelle. Ces gens voulaient l'employer à quelque dangereuse besogne. C'était à tout le moins un sursis.

— Qui a terme ne doit rien, pensa Bobazon. Ventre-Mahon ! nous en avons bien vu d'autres.

Il se remit sur son séant et dit d'un ton insinuant :

— Mes chers seigneurs, vous plairait-il apporter ici mes peaux, afin qu'elles ne restent point à la merci du premier venu.

— Vous voyez bien que c'est un pauvre diable conclut Cuchillo, mettant fin à la délibération ; nous avons à remplacer Ismaïl et Sélim... les sujets deviennent rares. Laissez-moi faire, je me charge de celui-là.

— L'ami, dit-il en revenant vers Bobazon, ton vieux père m'intéresse, ta respectable mère aussi, et le reste de ta famille. J'ai plaidé pour toi. Mes nobles amis consentent à te faire grâce de la vie à une condition...

— Voyons la condition, répliqua froidement Bobazon.

— Comment, coquin ! s'écria le toréador, tu ne tombes pas à mes genoux ?

— Il sera toujours temps, mon cher maître. Voyons la condition.

Cuchillo l'examinait attentivement.

— Aurais-tu la main ferme et agile si on y mettait un poignard? demanda-t-il.

— C'est selon, répondit Bobazon.

— Qu'entends-tu par là?

— J'entends : selon l'usage auquel serait destiné le poignard.

— Un poignard est fait pour tuer.

— Sans doute... mais qui?

— Que t'importe cela? dit le toréador en fronçant le sourcil.

— Ne vous fâchez pas, mon bon maître... cela ne m'importe point... Est-ce pour la bonne cause?

— C'est pour la bonne cause.

— Sera-t-on bien payé?

— Vingt onces d'or.

— Bobazon fit la grimace.

— J'ai eu cinquante onces pour porter les deux sacs de son... murmura-t-il.

— Que dis-tu?

— Rien, mon maître... je réfléchis.

— Hadjar! appela le toréador.

Le plus noir des cinq gibiers de potence s'approcha.

— Prends la massue! ordonna Cuchillo.

Le gitano s'empara du maillet sanglant qui servait à étourdir les bœufs avant de les égorger.

— Que faites-vous, maître? s'écria Bobazon éperdu.

— Rien, l'ami... continue de réfléchir... je te donne une minute.

Bobazon se mit sur ses pieds et tendit la main au toréador.

— C'est de l'ouvrage mal payé, dit-il ; mais du moment qu'il s'agit de la bonne cause, j'accepte... A quand la besogne ?

— Pour l'heure de la sieste, aujourd'hui.

— Et d'ici là serai-je libre ?

— Libre de manger, de boire, de dormir, sous les yeux de ces dignes garçons qui vont te garder à vue.

Bobazon parvint à sourire.

— A la bonne heure ! dit-il, j'ai faim et soif... j'aurai sommeil, et, quand l'heure sera venue, saint patron ! vous verrez de quel bois je me chauffe.

A ce moment, le bon duc pénétrait dans le vestibule de la maison de Pilate, où l'antique litière de la famille, timbrée aux armoiries du grand marquis de Tarifa, l'attendait toute préparée.

Savien, à la tête des écuyers, se tenait en dehors du seuil. Le seigneur Osorio était debout auprès de la chaise, et son cheval, brillamment caparaçonné, piaffait au bas du perron.

Il y avait en outre dans la cour quatre valets à cheval pour marcher, deux en avant, deux en arrière de la chaise.

Tous les autres serviteurs faisaient la haie.

Un silence respectueux ou plutôt craintif régnait dans le vestibule.

Tous les regards étaient fixés sur le maître avec une anxieuse curiosité. Cette maison était pleine d'un mystère étrange. Les vieux murs bâtis par le grand marquis n'étaient pas assez épais pour contenir et garder ce secret.

Il s'évaporait, ce secret, comme les effluves subtiles qui défient la clôture hermétique du vase le mieux bouché. Il était dans l'air; on le respirait.

Quel était-il? Personne peut-être n'aurait pu le dire. Mais tout le monde dévorait des yeux le Medina-Celi, comme si chacun se fût attendu à quelque merveilleux changement à vue.

L'idée du surnaturel était éveillée. Elle se mêlait à certaines rumeurs venues du dehors, à certaines indiscrétions échappées au-dedans.

On se demandait où étaient les trois fils Nunez, puisque le quatrième cavalier de l'escorte nocturne était revenu.

Ou plutôt on se disait : Un homme ne peut être à la fois présent et absent. Don Hernan Perez de Guzman est avec les trois Nunez; comment le voyons-nous ici?

— Je vous salue, seigneur Osorio, dit le bon duc avec affabilité; depuis combien de temps la senora duchesse est-elle partie?

— Depuis quelques minutes à peine, monseigneur, répondit le majordome.

— Pourquoi n'a-t-elle pas fait usage de la chaise d'apparat?

— Parce qu'on est venu la quérir avec l'un des carrosses de Sa Majesté.

— Bonjour, mes amis, que Dieu soit avec vous! dit Medina-Celi en saluant de la main à la ronde.

Puis il ajouta :

— Ouvrez la portière, écuyer !

Comme il s'asseyait sur la banquette, le vieux Nunez traversait la cour, menant par la bride Sultan-Yusuf rendu de fatigue.

Il y eut parmi les serviteurs de la maison de Pilate un frémissement soudain et court comme une secousse électrique. Savien, qui était auprès de la portière, ouvrit la bouche pour adresser peut-être une question à son seigneur.

Mais le bon duc agita sa main une seconde fois et dit :

— Au palais du roi !

Les porteurs se mirent en marche aussitôt. Les hommes de pied s'ébranlèrent ; les cavaliers caracolèrent.

Comme les deux battants du portail se refermaient, la vieille Catalina Nunez prit Savien par la main, et, sans mot dire, l'entraîna vers le vestibule. Elle monta l'escalier qui conduisait aux appartements du maître, et prit, à droite de la porte principale, un couloir étroit desservant la chambre à coucher.

Elle mit son œil à la serrure de la porte qui terminait le couloir.

Après avoir regardé un instant, elle se releva en silence et fit signe à l'écuyer de l'imiter. Savien regarda à son tour.

— C'est bien lui ! murmura le vieux serviteur.

— Et n'est-ce pas bien lui aussi qui vient de partir pour l'Alcazar ? demanda la Nunez.

— Femme, je vois celui-ci.

— N'avez-vous pas vu celui-là ?

Ils redescendirent en silence et gagnèrent l'écurie, où Nunez était en train de panser Sultan-Yusuf.

Nunez écouta le récit de sa femme, corroboré par le témoignage de Savien.

— Il secoua la tête et dit :
— Chacun sait l'histoire du prêtre d'Avila, qui vendait son âme au démon pour avoir deux corps.

IX

L'ANTICHAMBRE DU ROI

On avait d'ordinaire où se promener dans l'antichambre royale, située au bout de la galerie des ambassadeurs et donnant par trois grandes arcades sarrasines sur la cour des Marionettes, comme l'appartement du roi lui-même.

C'était une très vaste pièce, à la voûte en forme de tiare, dont les nervures hardies cachaient leur point d'intersection sous la fameuse étoile d'or de Mudarra. Philippe III y avait tenu une assemblée d'évêques, lors de sa querelle avec le Saint-Père. Le banc sculpté, recouvert en cuir Cordouan, qui tenait l'entre-deux des premières croisées, gardait le nom de Christophe Colomb, sans doute parce que l'illustre navigateur y avait attendu plus d'une fois durant de longues heures le bon plaisir de Sa Majesté.

L'Espagne du sud se lève matin, parce qu'elle dort une partie de la journée.

Il n'était pas rare de voir, dès sept heures, les chaises des courtisans diligents alignées devant la porte des Bannières.

Huit heures venaient de sonner à l'horloge du palais. L'antichambre était pleine. Il y avait des chevaux à tous les anneaux du cloître de Philippe II, et les chaises vides encombraient littéralement la cour d'entrée. De mémoire d'huissiers, on n'avait vu tant de courtisans attendre le baise-main.

Les vingt-quatre de Séville, rangés en bon ordre, occupaient le fond de la salle, vêtus de leurs dalmatiques de velours.

Tous les ministres étaient présents, sauf le comte-duc. Le connétable et l'amirante de Castille s'entretenaient avec Medina-Sidonia, l'illustre généralissime, qui semblait avoir quitté son armée tout exprès pour ajouter à la solennité de cette démonstration de la noblesse espagnole.

Car il était évident que tous ces fidèles et loyaux hidalgos, y compris notre vieil ami Bernard de Zuniga, y compris Pascual de Haro, y compris Alcoy lui-même, étaient là pour assurer le roi de leur inébranlable dévouement.

Aux heures de trouble, il est bien d'entourer ainsi le trône qui chancelle. Aussi toute la grandesse d'Espagne égrenait là son historique chapelet. On comptait dans la chambre de l'Étoile trois douzaines de Guzman pour le moins, un Medina-Torre, quatre ou cinq Mendoza, deux Cordoue, autant de Sylva, le double de Luna, le triple de Lara.

Les Cordez, nés d'hier, coudoyaient la descendance des antiques Alvarez; Sandoval, drapé dans la noblesse de sa disgrâce, passait taciturne et fier, parmi les Pacheco, les Hernandez et les Gomez, anciens adorateurs, devenus apostats.

Celui-ci, jeune encore, mais roide dans sa fraise, c'est Pierre de Tolède, marquis de Villena, petit-fils de la tragédie d'Egmont; celui-là, leste et pimpant dans son habit à la française, c'est Porto-Carrero, gouverneur premier d'Alicante et aïeul du petit abbé qui joua la comédie de Cellamare.

Voici les maîtres de Calatrava, d'Alcantara et de Saint-Jacques : Ramirez, qui fait remonter son blason à Ataulphe, successeur d'Alaric; Ximenez, descendant de cet obscur soldat qui faillit étrangler un jour, pour quelques pistoles, son frère, le grand cardinal d'Espagne, ministre de Ferdinand et d'Isabelle, Jean de Castio, fils des rois d'Aragon.

Voici encore Jean de Vasconcellos, inquisiteur de la foi, transfuge du Portugal et l'un des plus dignes successeurs de Thomas Torquemada.

Voici le duc de l'Infantado, un Silva : voici le marquis d'Albacète, un Tellès...

Et cent autres, soldats, magistrats, contadors majeurs, évêques, familiers du saint tribunal, aventuriers du nouveau monde, poètes, que sais-je! Toute la cour était là.

Des groupes se formaient. On causait très vivement. Il y avait de quoi, car l'étiquette veut en Espagne que les secrétaires d'État ne fassent point antichambre, et plusieurs ministres, le vieux Zuniga en tête, faisaient antichambre, depuis une grande demi-heure. Quel travail si important pouvait occuper le roi ? Le moment fixé pour l'ouverture des portes était passé depuis longtemps, et les portes restaient closes.

Un jour comme celui-ci ! un jour où la chambre de l'Etoile regorgeait de grands d'Espagne ! un jour où il y avait dans l'antichambre royale plus de ducs et plus de princes qu'on n'y voyait ordinairement de simples hidalgos !

Le roi était-il seul ? consultait-il son médecin ? avait-il la reine ?

Le roi était-il malade ? sérieusement malade ? Chose plus grave, Almanzor avait-il passé une mauvaise nuit ? Depuis le voyage de Séville, la santé de ce favori se montrait chancelante.

Les groupes se formaient et se séparaient ; on causait ; les yeux en disaient plus que la langue. Les gens s'abordaient avec une grimace significative ou bien un haussement d'épaules qui avait son éloquence.

C'était ici une agitation sourde, là une émotion bavarde, selon les rangs, selon les âges, selon les caractères et les tendances. Il en résultait un murmure continu, mais inégal, un bourdonnement qui avait des défaillances soudaines, coupées de brusques *rinforzando*.

Chaque fois qu'un nouvel arrivant se présentait, c'étaient de nouvelles plaintes et de nouveaux étonnements. S'il s'agissait d'un homme d'importance, on allait jusqu'au vieux Cosmo Baïeta, gravement assis devant la draperie qui cachait le poste des gardes du roi. Cosmo se levait, ainsi que les deux chambriers seconds, ses collègues ;

tous les trois s'inclinaient peu ou beaucoup, suivant le titre du visiteur, et Cosmo répondait invariablement :

— Il ne fait pas jour chez Sa Majesté.

Le nouveau venu s'éloignait, et la foule complaisante l'entourait pour lui offrir les cents mots qu'elle avait trouvés comme explication à cette énigme.

De temps en temps, Cosmo soulevait solennellement la draperie et passait derrière.

Chacun pouvait voir alors les uniformes des trabucaires de la garde. Ces soldats, l'élite des troupes espagnoles, étaient debout en ligne de bataille et l'arme au bras ; leur officier, immobile et l'épée à la main, tournait le dos à l'antichambre. On avait essayé en vain de reconnaître ce gentilhomme, qui était le successeur du brave Philippe de Gama, tué dans la cour de l'Alcazar par le gueux Caparossa. On avait distingué seulement un long crêpe qui pendait à la garde de son épée.

Tout ceci avait un aspect théâtral et inusité les imaginations étaient frappées. Quelque événement majeur se préparait, il n'y avait point à en douter. Les plus petites choses prennent ainsi une physionomie dramatique quand on approche d'une grande péripétie.

Mais Dieu sait qu'il y avait encore d'autres symptômes. Jamais antichambre bourrée de courtisans inquiets, écouteurs, bavards, curieux, avides ou poltrons, n'eut plus ample moisson de propos errants, de vagues on-dit, de bruits sortant de terre. Chacun apportait son cancan ; il y avait des caquets qui naissaient là tout à coup du choc de deux langues oisives, qui grandissaient instantanément et qui faisaient le tour de la salle en un clin d'œil.

Des nouvelles vraies couraient parmi ces faux rapports. Le pouls de la foule battait la fièvre chaude. C'était un concert de rumeurs, ou mieux une foire, ou mieux encore une *Bourse*.

Là s'arrête le possible. En fait d'audacieuses balivernes, la Bourse est le dernier terme de comparaison. Il n'y a rien au-dessus ni au-dessous.

Ici, seulement, les nouvelles de fantaisie étaient du luxe positivement. Rien qu'en ressassant les événements connus ou mystérieux de la veille, les commérages de cette noble cohue auraient pu durer toute la semaine. Chaque groupe avait à broder son thème distinct. On était servi selon l'âge qu'on avait, selon le rang qu'on occupait.

Les hommes d'État assis sur la banquette de Christophe Colomb et présidés par les fidèles lieutenants du comte-duc, Bernard de Zunica, Pascual de Haro, Baltazar de Alcoy, s'entretenaient de la récente émeute.

Il n'y avait qu'une voix : le comte-duc avait été sublime. Entre tous les noms glorieux qui étoilent les pages de l'histoire d'Espagne, son nom devait rester le plus glorieux.

Ceci tout haut. — Tout bas, ils s'arrangeaient de manière à ce que le diable n'y perdît rien.

Auprès de la portière qui cachait la garde royale, les magistrats, les gens d'église et les respectables membres du saint tribunal refaisaient, plus éloquentes, les lamentations du prophète Jérémie. La fin du monde arrivait grand train. Il fallait l'épreuve du sang pour régénérer la vieillesse de l'univers. Avec un auto-dafé d'importance convenable, en brûlant par exemple un quart de Séville dans de bonnes intentions, on pouvait espérer encore quelques jours de calme et de prospérité.

Mais comment dire les élégiaques tristesses des contadores? L'homme d'argent, quand il pleure, est capable d'attendrir le marbre!

Le crédit s'en allait, Dieu clément! Le commerce amaigri se mourait d'étisie ; l'impôt paralytique résistait aux plus énergiques moyens de la médecine fiscale.

Où allait cependant l'or des galions? Y avait-il en Espagne des trous sans fond pour enfouir les richesses du nouveau monde?

Les poètes, — ils sont effrontés, — glissaient un madrigal parmi ces doléances financières.

Les soldats, petits et grands, causaient femmes ou brelan. Gloire à Mars! Les courtisans, de tout poil, de toute robe, allaient, venaient, pirouettaient à la française, tandis que les vieux hidalgos, roides comme des hallebardes et ressemblant tous au vertueux don Quichotte de la Manche, les contemplaient, du haut de leurs faces chevalines, avec un inexprimable dédain.

Dans l'embrasure de la seconde fenêtre, ceux de nos bons compagnons de la maison du Sépulcre que la rapière de Moncade n'avait pas mis au lit formaient le noyau d'un groupe nombreux et composé de toutes les jeunes élégances. Nous eussions reconnu là don Narciso de Cardova, qui avait, hélas ! un emplâtre sur l'œil ; don Jaime de Lera, orné d'une assez belle balafre, et le cadet de Silva, dont le front bossué portait la marque brutale d'un pommeau d'épée.

Les diverses blessures étaient censées avoir été portées tant bien que mal au bilan de l'émeute de la veille ; don Narciso surtout avait déclaré nettement qu'il était venu borgne en défendant le roi.

— Et c'est une grande inconvenance, avait-il ajouté, de faire attendre des gentilshommes qui ont risqué leur vie pour le service de Sa Majesté.

— Narciso, lui dit le cadet de Saldana, tu n'as pas autant fait que Soto-Mayor, qui est entre ses draps avec un coup fendant au beau milieu du crâne... Toi qui as du bonheur, je gage que tu auras l'ordre du roi et quelque héritière pour cette confusion...

— Un coup de coude ! intercala le jeune marquis de Penaflor.

— Mort et passion ! s'écria le gros petit homme qui mit la main à son épée.

— Là ! là ! Cordoue, mon ami, mettons un coup de poing, et ne nous fâchons pas.

— Seigneurs, reprit Saldana, quelqu'un de vous sait-il des détails sur la bagarre qui a eu lieu devant le logis de maître Galfaros ?

Cordoue tourna le dos. Lera et Silva s'accoudèrent sur l'appui de la croisée.

— Chut ! fit Julian de Luna qui arrivait le bras en écharpe, le sujet est brûlant, Seigneur ; doña Inez de Guzman, la fille de notre respecté ministre, n'est pas encore retrouvée.

— Est-ce aussi en défendant le roi que tu as été estropié, Luna? demanda Penaflor.

— Marquis, c'est en coupant les deux oreilles à un fat qui se permettait vis-à-vis de moi des questions indiscrètes.

Deux mains encore à la garde de deux épées.

Ils ne faisaient que cela, ces bons jeunes hidalgos!

— La paix! la paix! Seigneurs! dit Saldana, on sait votre vaillance!

— Étiez-vous par hasard à la maison du Sépulcre, cette nuit? ajouta-t-il.

Luna, Silva, Lera et Cordoue furent unanimes pour répondre par la négative.

— Eh bien! reprit le cadet de Saldana, c'est une cause singulière; je n'ai pas encore pu rencontrer un seul de nos amis qui fût à cette bagarre... et pourtant le Sépulcre était plein... Maître Galfaros fait de grands hélas! quand on lui parle de cette affaire, et reste muet comme une tombe... Les saltarines elles-mêmes gardent le silence.

— Parce que tu ne sais pas les faire parler, dit le petit Cordoue avec tout son aplomb reconquis: moi je n'ai qu'à pincer le bout du doigt de Serafina ou de Carmen, elles me défilent tout leur chapelet.

— Et quel chapelet t'ont-elles défilé, Narciso, heureux mortel?

— Un conte à dormir debout, répondit Lera; la fille de Pedro Gil, la belle Inez de Guzman, le marquis de Pescaire... que sais-je?

Le groupe éclata de rire et Penaflor s'écria :

— Voilà ce qui s'appelle raconter une histoire.

— La chose certaine, reprit Narciso, trop naïf pour dissimuler sa rancune, c'est que ce coquin de Moncade ne le portera pas en paradis !

— Quoi donc ? quoi donc ? demanda-t-on de toutes parts.

Le talon de Silva pesa sur l'orteil du petit homme, qui poussa un cri de douleur.

— Eh bien ! pardieu ! s'écria Luna, ne savez-vous point que c'est Moncade qui est le coupable ? Il a enlevé la fille du comte-duc ?

— Et il est en fuite ?

— Non pas... ses accointances avec les traîtres *desservidores* ne sont plus un secret pour personne... Il a levé le masque, et sa tête est mise à prix comme celle de ce jeune paysan d'Estramadure qui a blessé le comte de Palomas...

— C'est un homme perdu ! acheva péremptoirement Cordoue.

Une voix mâle et sonore prononça derrière la draperie le commandement d'armes, qui, en Espagne, correspondait à notre garde à vous :

— Alerta !

Tous les jeunes courtisans tressaillirent et tendirent l'oreille.

Cosmo Baïeta ayant soulevé à ce moment la draperie, chacun put glisser un regard dans le corps de garde.

L'officier était tourné vers l'antichambre. Il avait l'épée haute, la lumière tombait d'aplomb sur son beau visage pâle et triste.

— Moncade ! s'écria Cordoue stupéfait.

— Le marquis de Pescaire ! répéta-t-on de toutes parts dans la salle.

— C'est don Vincent de Moncade qui a remplacé Philippe de Gama tombé en défendant le roi !...

Tous les yeux se tournèrent vers les ministres et hommes d'Etat qui cachaient leur étonnement sous une affectation de grave fierté.

— Seigneurs, dit le vieux Zuniga en forme d'explication, depuis quand Sa Majesté doit-elle compte de ses décisions !... L'épée de Moncade est en deuil... Don Hernan, premier marquis de Pescaire, est décédé en son palais, cette nuit... Priez Dieu pour son âme et n'enviez point la consolation donnée à son illustre et loyal héritier.

Il y eut un silence.

— Le roi s'est-il fait desservidor? demanda Cordoue dans le groupe des jeunes courtisans.

Dans le concile des hommes d'Etat, Alcoy dit :

— Le comte-duc, mon très honoré gendre, va-t-il démarquer tous ses points?

— Une chose acquise, ajouta le vieux Zuniga, c'est que ce n'est pas Gaspard de Guzman qui tient conférence avec le roi.

— Qui donc est avec le roi ?

Cette question fut répétée d'un ton haut et superbe par un personnage de haute taille, portant le costume ecclésiastique, et qui arrivait escorté de quatre chanoines servants.

— Qui donc est avec le roi, pour que la porte de Sa Majesté soit refusée à don Amado Azevedo, légat apostolique et archevêque de Tolède?

Cosmo Baïeta plia en deux sa vieille échine;

mais il répondit au prélat comme il avait fait à tous les autres.

— Monseigneur, il ne fait pas jour chez le roi.

Un huissier du palais vint jusqu'au seuil du corps de garde!

— Le seigneur comte de Palomas! appela-t-il : de par le roi!

Alcoy, Pascual et le vieux Zuniga cherchèrent des yeux dans la foule.

Alcoy répondit :

— Dans dix minutes, don Juan de Haro, mon neveu, sera ici mort ou vif!

Il sortit.

La draperie se referma.

Un long murmure succéda au silence profond qui avait empli l'antichambre pendant que parlait le messager royal.

Ce n'était certes pas du légat apostolique, archevêque de Tolède, que la foule s'occupait en ce moment. L'orgueilleux prélat avait manqué son entrée.

Don Juan! don Juan de Haro! le comte de Palomas! l'heureux homme auquel pensait Sa Majesté! voilà le nom qui était dans toutes les bouches!

Que vous disais-je? s'écria le marquis de Penaflor, pendant que le cercle des hommes d'Etat se resserrait, la prophétie court les rues... nous aurons don Juan pour premier ministre.

— Si je savais, murmura Cordoue en caressant ses manchettes d'un air avantageux, qu'en faisant un doigt de cour à la belle marquise...

— Tu es trop rose, Narciso!

— Trop dodu ! trop joli !

Narciso frisa sa moustache et dit :

— Le fait est que ces dames ont de grandes bizarreries dans leurs goûts.

— Mais je ne la connais pas, moi, votre prophétie, marquis, reprit don Julian de Luna.

— La prophétie n'est pas à moi, très cher ; elle appartient à ce Moghrab, dont toute la cour prend, Dieu merci! les almanachs... Moghrab a cherché six mois ; il a couvert de chiffres plusieurs acres de parchemin...

— Et il a trouvé le nom du successeur de Sa Grâce le comte-duc.

— Juan de Haro, comte de Palomas ?...

— Non pas... à un acre de chiffres par lettre, cela ne va pas si vite... Il a trouvé les quatre lettres du nom de Haro... puis il a trouvé que le nom de baptême dudit Haro n'avait que quatre lettres.

— C'est bien cela, Juan ! firent tous les jeunes seigneurs.

— Et que dit Sa Grâce, le comte-duc ? demanda Saldana.

— Le comte-duc songe bien à cela ! répondit Silva, il est tout entier à son malheur de famille... Dona Inez enlevée...

— Seigneur, interrompit Penaflor, avez-vous ouï conter la fameuse histoire de la litière noire portée par deux jeunes filles ?

— C'est vieux comme Hérode, marquis ! cela date de vingt-quatre heures.

— D'accord, mais la litière noire revenait de chez Moghrab, et la litière noire est retournée chez Moghrab cette nuit...

— Voyez, Seigneurs, voyez ! s'écria le petit Narciso en se dressant tout à coup sur ses pointes.

Son doigt tendu montrait une jeune femme voilée qui traversait en courant la cour des Marionnettes.

— Sur l'honneur ! dit Silva, quand on parle du loup...

— On voit la louve ! interrompit Penaflor... Vous avez reconnu Aïdda la Mauresque.

— La fille du maragut Moghrab !

Toutes les têtes se massèrent à la fenêtre.

— Je parie qu'elle va chez le comte-duc, dit Penaflor à voix basse.

La femme voilée monta en effet le perron qui conduisait aux appartements du ministre. Le valet gardien l'arrêta. Elle souleva un coin de son voile. Le valet gardien s'effaça aussitôt pour lui livrer passage.

Nos gentilshommes n'avaient pas eu le temps de quitter la fenêtre qu'une litière noire aux stores fermés faisait son entrée dans la cour.

— On dirait la chaise de Sa Grâce, murmura Silva.

— La chaise des excursions mystérieuses, ajouta Cordoue.

La litière, au lieu de traverser la cour des Marionnettes, tourna brusquement à droite, et ses deux porteurs s'arrêtèrent devant le pavillon qui formait l'angle du patio.

— C'est pour la reine, dit Silva.

Le pavillon et ses dépendances formaient en effet la demeure privée d'Élisabeth de France, femme de Philippe IV.

La portière de la chaise s'ouvrit. Une jeune femme voilée mit pied à terre.

— Encore ! s'écria Cordoue ; il en pleut, ce matin !

— Messieurs, quelqu'un de vous reconnaît-il celle-ci ? demanda Penaflor.

Pendant qu'il parlait, une seconde personne sortait de la litière.

C'était un homme, un homme de haute taille, vêtu du costume musulman et la tête cachée sous un ample bernuz blanc.

— Moghrab ! dit Cordoue ; le maragut !

— Non pas, répliqua Penaflor ; Soliman, le sorcier de la reine !

— Vous vous trompez, Seigneurs, dit une voix railleuse et froide au milieu d'eux, Hussein le Noir, médecin de notre sire le roi !

Tous se retournèrent à la fois, silencieux et interdits.

Don Vincent de Moncade, marquis de Pescaire, portant le costume de capitaine des trabucaires de Sa Majesté, était debout auprès de la fenêtre.

— Seigneur, lui dit Silva en serrant furtivement sa main, nous avons ensemble un compte à régler.

— Saurons-nous votre heure, capitaine ? lui demandait en même temps tout bas don Julian de Luna.

Lera et Cordoue lui adressèrent également quelques paroles à la dérobée.

Moncade montra le crêpe qui était à la garde de sa rapière.

— Patience, messieurs, dit-il.

Les autres gentilshommes qui n'avaient point été mêlés à l'affaire de la maison du Sépulcre s'approchèrent la main tendue.

— Vous avez quitté votre poste, don Vincent? commença Penaflor.

— Un autre l'occupe, marquis, répondit Moncade.

— Et saurez-vous nous dire ce qui tient fermé si tard la porte du roi?

— Marquis, vous parliez tout à l'heure de prophéties. La porte de notre royal sire reste close, parce que le destin est là derrière.

— Le destin! répétèrent les jeunes fous devenus sérieux.

Moncade montra du doigt le cavalier mauresque et la jeune femme voilée qui entraient de compagnie sous le vestibule du pavillon de la reine.

— Vous souvenez-vous, Seigneurs, dit-il, du jeune paysan qui vint s'asseoir, l'autre matin, près de nous, sous le porche de la maison du Sépulcre?... Don Juan de Haro l'insulta sans raison et sans mesure... Le jeune homme fut patient jusqu'à l'heure où don Juan perdit le respect envers la femme et la fille d'un illustre proscrit... La main du jeune homme alors mit hardiment dans la poussière la toque du comte de Palomas.

— Nous n'avons point oublié cela, dirent quelques voix.

— Deux femmes passaient, reprit le marquis de Pescaire, se rendant à l'office de Saint-Ildefonse... la mère et la fille... Eleonor de Tolède, Isabel de Medina-Celi... Toutes deux sont au palais, Seigneurs, la mère s'entretient avec le roi, voici la fille qui monte chez la reine...

— Et le provincial dont la tête fut mise à prix !

— Haut les armes! commanda en ce moment une voix vibrante et jeune derrière la draperie.

On entendit en même temps le bruit de la manœuvre exécutée avec cette brève précision des troupes d'élite.

— Je veux perdre mon nom si je ne connais pas cette voix-là, murmura Cordoue.

— Les officiers de la garde ont-ils tous été changés?... demanda Silva.

— Le roi travaille, répondit Moncade avec une singulière emphase.

C'était désormais dans l'antichambre une sorte d'ébullition parmi une foule anxieuse, dont la fièvre courtisanesque arrivait à son paroxysme. On avait saisi çà et là quelques bribes de l'entretien engagé entre nos seigneurs. Certaines paroles allaient de bouche en bouche.

— Le roi travaille!... Le roi travaille!...

On pouvait entendre ces mots qui dominaient la rumeur confuse, comme les notes claires et intelligibles du chant dominent, dans l'œuvre d'un maître, le savant tapage de l'orchestre.

— Le roi travaille!

Chez nous, en France, on disait parfois :

— Le roi s'amuse.

Un de nos plus grands poètes modernes a poussé ce cri railleur et amer. — Mais combien est plus profonde l'amertume contenue dans cet autre cri : « Le roi travaille! » Et que plus sanglante est la raillerie!

Que pouvait signifier ce mot *travail* appliqué à Philippe IV? Le comte-duc n'était-il pas sa tête et sa main? Philippe avait-il fait choix d'une autre main et d'une autre tête?

La salle de l'Étoile eût été, certes, en ce moment, un lieu précieux pour un observateur ou un philosophe. Le vide se faisait peu à peu autour de nos hommes d'État, groupés entre les deux premières fenêtres. Il y avait maintenant de la place, dans cette antichambre trop étroite, car le cercle s'élargissait incessamment autour de la banquette de Christophe Colomb, où Zuniga, Pascual de Haro, le connétable de Castille et autres essayaient en vain de faire bonne contenance.

Et pourtant la presse était plus drue que jamais. À chaque instant, quelque nouvel arrivant venait grossir la foule.

Ces retardataires, fidèles à la règle : « A tout seigneur, tout honneur », allaient d'abord déposer sur l'autel de la faveur leurs courbettes et leurs sourires. La vue de nos hommes d'État tout pâles et qui semblaient changés en statues de sel les étonnait et les effrayait. Ils interrogeaient leurs consciences. Mais dès qu'ils s'étaient éloignés, la cohue s'emparait d'eux et les étourdissait de ses mille voix. Nos hommes d'État ne les revoyaient plus.

Le roi travaillait.

Don Pascual avait déjà essuyé plus d'une fois la sueur froide de son front. Le vieux Bernard de Zuniga répétait tout bas :

— Haro!... et le nom de baptême de quatre lettres?... Moghrab m'aurait-il trompé?...

Toute mer a son niveau. Si l'alluvion enrichit une côte, le rivage opposé se mine et s'appauvrit.

Pendant que la cour s'éloignait des partisans avoués du comte-duc, certains personnages, abandonnés depuis longtemps, voyaient fleurir autour d'eux des plates-bandes de sourires. Les Sandoval, les Tolède, les Aguilar, Medina-Sidonia, Medina-Torres, tous ceux qu'avait tenus à distance le bras haineux du favori ne voyaient plus que des regards amoureux sur leur passage.

Il y avait queue derrière Moncade pour obtenir la grâce de lui toucher la main, en le complimentant avec larmes sur le trépas soudain de son illustre père.

Et Dieu sait ce qu'on disait du comte-duc, cet impuissant et misérable pédant, ce pleutre dont les deux mains tenaient un bandeau sur les yeux de Sa Majesté, ce parvenu qui avait gardé à son manteau toute la sordide poussière des bancs de l'école!...

Moncade écoutait froid et triste.

Au plus fort de la clameur générale, il fit de la main un geste dédaigneux, et dit :

— Seigneurs, le roi a bien voulu signer ce matin le contrat de mon union avec dona Inez de Guzman, fille de Sa Grâce le comte-duc.

Ceux qui le serraient de plus près faillirent tomber à la renverse.

Mais les péripéties n'avaient pas le temps de naître aujourd'hui dans l'antichambre du roi ; à peine sorties de l'œuf, on les voyait disparaître sous d'autres péripéties.

Un tumulte se fit à la porte d'entrée. C'était

don Juan de Haro, comte de Palomas, qui arrivait dans son costume de capitaine des gardes. Tous nos hommes d'État se levèrent, et un rayon d'espoir brilla dans leurs yeux. Don Juan portait la tête haute? il avait aux lèvres le plus insolent de ses sourires.

Où en était-on? La foule abasourdie oscilla comme une mer.

Il ne manquait plus là que le comte-duc lui-même, venant prouver son existence à la manière du soleil qui sort de son nuage et prosterne dans la poudre ses obscurs blasphémateurs.

Un silence soudain régna dans la salle.

— Avez-vous vu don Baltazar de Alcoy, mon neveu? demanda Pascual en abordant le comte de Palomas.

— J'ai vu dans la cour, répliqua superbement don Juan, les hommes de ma compagnie qui m'ont appris qu'un autre avait eu l'insigne audace de prendre mon poste. Don Pascual de Haro, commandant des gardes du roi, est-ce vous qui avez signé le décret?

Don Pascual était livide. Zuniga joignit ses mains tremblantes.

— La signature! murmura-t-il en un gémissement. Y a-t-il des décrets qui ne me passent point par les mains! Ah! Seigneur mon Dieu! la signature!

Don Juan fit quelques pas dans l'intérieur de la salle, son regard se heurta contre le cercle de figures glaciales qui l'entourait.

Il n'y eut à lui donner la main que Moncade, et Moncade lui dit :

— Don Juan, tu es perdu !

— Par la mort de mon âme ! s'écria le jeune comte, tous ces gens sont-ils fous ?... Perdent-ils le respect, parce que mon oncle, le comte-duc, se lève aujourd'hui un peu plus tard qu'à l'ordinaire ?... Holà, Baieta, vieil homme ! qu'on m'ouvre sur-le-champ les portes de l'appartement de Sa Majesté !

Pour les uns, le vieux Cosmo Baieta s'inclinait un peu ; pour les autres, il se courbait très bas, c'était un thermomètre bien gradué, très sensible, qui marquait les différents degrés de la faveur.

A l'appel de don Juan de Haro, Cosmo Baieta demeura droit et roide.

Et comme le jeune comte marchait vers lui d'un pas menaçant, le vieillard entr'ouvrit la draperie et prononça un mot à voix basse.

— Alerta ! commanda aussitôt l'officier des gardes.

— Ah ! ah ! fit don Juan, voici la voix de mon remplaçant.

Il n'eut pas le temps d'en dire davantage. La portière s'ouvrit toute large, et un beau jeune homme, très pâle et le bras gauche en écharpe, mais la mine fière, la tête haute, et portant à miracle l'élégant uniforme de capitaine des gardes du roi, vint se placer debout au-devant de lui, l'épée nue à la main.

Ce fut dans la salle de l'Étoile un étonnement général, mais qui avait des sources bien diverses.

La plupart des assistants n'avaient jamais vu le nouveau capitaine. D'autres l'avaient aperçu la veille au soir aux côtés du roi des gueux, dans la cour de l'Alcazar : pour ceux-là aussi c'était un inconnu.

Un cri s'échappa du groupe formé par nos évaporés de la maison du Sépulcre.

— Le paysan d'Estramadure! balbutia Narciso de Cordoue.

— Don Ramire de Mendoze!... l'homme au pourpoint de buffle!...

— Celui dont la tête fut mise à prix...

— Silence, Seigneurs! ordonna Moncade.

Il s'était rapproché de don Juan, qui avait reculé d'un pas, blême de rage et la lèvre écumante.

— C'est toi, balbutiait le neveu du comte-duc, toi qui m'a remplacé! toi, misérable rustre!...

Mendoze dépliait lentement un parchemin qu'il avait tiré de son sein.

— Au nom du roi, don Juan de Haro, comte de Palomas, dit-il, rendez-moi votre épée!

Le neveu du favori dégaina d'un geste violent. On put bien voir que ce n'était pas pour rendre son épée.

— Est-ce parce que la Medina-Celi, s'écria-t-il, a passé cette nuit dans la chambre que je prête d'ordinaire à la maîtresse de Philippe d'Espagne?...

Sa voix rauque fut étouffée par la main de Moncade qui lui ferma la bouche.

L'épée de Mendoze était restée immobile.

Les gardes s'emparèrent du comte de Palomas, en qui un abattement subit et complet avait succédé aux extravagances de la rage.

Au milieu de la stupeur universelle, la voix vieillotte de Cosmo Baïeta s'éleva :

— Seigneurs, disait-elle, Sa Majesté vous remercie... Elle ne recevra pas ce matin.

Il n'y eut pas un murmure.

Depuis une minute, Philippe était roi.

— Sa Majesté a travaillé, dit seulement Penaflor à ses voisins, elle va se reposer.

Il se trompait.

Cette étrange comédie de l'antichambre royale devait avoir un dénouement plus étrange encore.

Au moment où la grande porte s'ouvrit pour donner passage aux courtisans congédiés, un homme, revêtu du costume mauresque et portant sur la tête un ample bernuz noir à franges blanches, se présenta.

A l'aspect de cet homme, les huissiers écartèrent sans façon la noble foule et dirent :

— Faites place!

Personne n'avait la volonté de résister; mais la masse des courtisans fut lente à s'ouvrir. Pendant que le mouvement s'opérait, ceux qui étaient derrière ne voyaient rien.

Nos hommes d'État surtout, réunis en un petit groupe, échangeaient des œillades mornes et découragées.

Un nom vint jusqu'à eux : Mograb le maragut!...

En même temps, la foule s'ouvrait d'un bout à l'autre de la salle, et l'homme au bernuz blanc passait silencieux.

Bien des regards avides essayaient de percer son voile.

Parvenu en face de l'entre-deux où nos hommes d'État attendaient humblement leur tour de sortir, il s'arrêta et fit un signe. Le vieux Zuniga, la tête basse, s'approcha comme un écolier qui vient à l'ordre de son maître.

L'Africain lui dit quelques mots à l'oreille et continua son chemin.

Derrière lui, le flot se refermait. Chacun voulait connaitre la fin de l'aventure.

L'Africain, pendant tout le reste de son trajet, ne daigna plus accorder à personne ni un geste ni même un coup d'œil.

Le capitaine des gardes baissa son épée devant lui, et les soldats lui firent le salut des armes.

Cosmo Baïeta l'attendait, incliné jusqu'à terre.

— Va prévenir le roi, lui dit l'Africain d'une voix distincte et sonore, que sidi Hussein le Noir veut l'entretenir sur l'heure.

Vous eussiez entendu une mouche voler, tant on attendait curieusement la réponse de ce Baïeta qui avait refusé, depuis une heure, la porte royale à des grands d'Espagne, à des prélats, à des ducs, à des princes.

Cosmo Baïeta répondit :

— Il n'est besoin, Seigneur; vous êtes le bienvenu.

Et il le précéda chapeau bas.

L'instant d'après, sous les arcades de la cour des Marionnettes, le vieux Zuniga, Pascual de Haro, le connétable et don Balthazar de Alcoy s'en allaient tristement; nul ne faisait attention à eux. Ils ne comptaient plus. On les regardait par dessus l'épaule en passant. L'impertinence de tous ceux qui, la veille, étaient à leurs genoux, proclamait leur disgrâce.

Ils avaient entendu Sa Grandeur, l'archevêque

de Tolède, demander, en traversant le vestibule, le logis du seigneur capitaine Ramire de Mendoze, afin d'aller lui offrir ses compliments sincères.

Les Sandoval, les Aguilar et tous ceux qui avaient tenu le haut bout sous les précédents ministères s'éloignaient escortés par une formidable cour.

Quand la foule se fut écoulée, quand ils se virent seuls au milieu de ces royales galeries, où le plat encens des gens de cour les avait si souvent enivrés, ils s'arrrêtèrent silencieux.

— Partie perdue! murmura, le premier, Pascual de Haro; je me démets de mon commandement et je vais passer l'hiver dans mon château des Asturies.

Deux grosses larmes roulèrent dans les rides du vieux Zuniga.

— La signature! soupira-t-il. Que vous soyez punis, vous seigneurs, vous aviez fait des rêves ambitieux... Mais moi, sur mon salut éternel, je ne voulais que garder la signature!

Le connétable de Castille prit la parole à son tour :

— Moi, je ne jette pas si vite le manche après la cognée, dit-il ; don Baltazar de Alcoy, qui est de bon conseil, n'a pas encore ouvert la bouche. Et nous ne savons pas encore, seigneur de Zuniga, ce que l'Africain vous a dit, quand il vous a parlé tout bas dans l'antichambre.

Alcoy releva la tête, et un éclair brilla dans ses petits yeux gris.

— L'Africain a parlé? répéta-t-il vivement.

Le vieux Zuniga laissa tomber son menton sur sa poitrine.

— L'Africain, balbutia-t-il, m'avait dit que Juan de Haro serait le successeur du comte-duc... Nous élevions ce vizir à la brochette... Hélas! hélas! nous avons tué notre poule aux œufs d'or! Je regrette le comte-duc, je regrette...

Alcoy lui saisit le bras.

— Répétez-nous les propres paroles de l'Africain, seigneur! prononça-t-il d'un ton impérieux.

Le vieux ministre passa ses doigts tremblants sur son front.

— Ai-je des ordres à recevoir déjà? pensa-t-il tout haut.

Il sentit que la main d'Alcoy lui serra le bras fortement. Le rouge de la honte lui monta au front.

— Voilà vingt ans que je suis ministre du roi... murmura-t-il.

— Et vous le serez vingt ans encore, cousin, si vous parlez comme un homme! répliqua le président de l'audience en affectant une sorte de gaieté.

Don Bernard de Zuniga interrogea l'une après l'autre les physionomies de ceux qui l'entouraient.

— Voulez-vous que nous nous engagions par serment à vous conserver la signature? demanda Alcoy, cachant de son mieux le dédaigneux sourire qui était sous sa moustache.

— Finissons! s'écria don Pascual de sa plus grosse voix.

Don Bernard joignit ses mains sèches et jaunies.

— Je le veux bien, répliqua-t-il ; jurez, mes chers amis, jurez que vous me garderez la signature... jurez sur ce que vous avez de plus cher et de plus sacré... et que Dieu vous entende.

Ses larmes ruisselaient sur le velours de son pourpoint.

— Seigneurs, reprit-il après ce moment de faiblesse, voici ce que m'a dit Moghrab : « Rendez-vous ce matin dans la salle de l'hôtellerie de Saint-Jean-Baptiste. Les hommes sont engagés ; tout est prêt... A l'heure de la méridienne, le va-tout doit être joué aujourd'hui ou jamais. »

X

LA TOILETTE DU ROI

Derrière cette porte mystérieuse qui soulevait les ardentes curiosités de toute la cour, il n'y avait rien. La chambre à coucher de Philippe d'Espagne était vide. Le lit défait montrait en désordre la soie et l'or de ses brillantes couvertures.

Almanzor et ses deux collègues dormaient sur leurs perchoirs.

Les premiers rayons du soleil, frappant les draperies closes des croisées, éclairaient vaguement le grand Christ noir qui formait le fond du calvaire servant de prie-Dieu à Sa Majesté.

De temps en temps, les bruits de l'antichambre

venaient par bouffées comme un lointain murmure.

Le roi n'était pas absent, cependant, car on entendait sa voix grêle dans la pièce voisine, tantôt discourant avec volubilité, tantôt chantant, non sans prétention, des lambeaux de romances françaises.

La chambre voisine, c'était la toilette royale, un des plus charmants morceaux du vieux palais. On l'avait ornée tout exprès pour le voyage de Philippe, avec une magnificence véritablement orientale.

Elle donnait, par deux fenêtres mauresques, sur les admirables jardins de l'Alcazar.

Une arcade ogive, séparée en deux par une gerbe de colonnettes, séparait ce réduit de la grande étuve connue sous le nom de bains du Calife, et qui était éclairée par vingt-quatre trèfles à jour. La piscine en était si vaste que le roi pouvait s'y livrer quotidiennement au plaisir de la natation.

Le roi était là en compagnie du bon duc.

Le roi était debout auprès d'une croisée et se regardait dans un admirable miroir de Venise dont le pivot en ébène incrusté de nacre était une merveille de délicatesse.

Le bon duc s'appuyait à l'angle d'un bahut et contemplait son maître d'un œil mélancolique.

Évidemment, Philippe sortait des mains de son barbier. Ses noirs cheveux brillaient comme si chaque boucle, gardant le pli de la papillotte, eût été piquée d'une étincelle ; sa barbe formait un fer de lance d'une irréprochable netteté, et les deux crocs de sa moustache, galamment gaufrés, dessinaient selon l'art, l'ondulante symétrie de leurs fourches.

Mais, malgré ces soins intelligents et coquets, c'était un visage de malade qui surgissait dans sa collerette empesée à la Louis XIII. Bien que ses joues fussent maigres, sa peau déteinte et molle semblait tomber; sa lèvre était flétrie sous le rouge emprunté au pinceau. Sa taille se voûtait, son regard était morne.

— Je cherche en vain la première ride, dit-il; tous les gens de notre âge ont des rides. Vois Gaspar? Il a bien vieilli. Toi aussi Hernan. Dans les temps, on te trouvait presque aussi beau cavalier que moi.

Il regarda du coin de l'œil le Medina-Celi dont la mâle beauté ressortait vaguement dans le demi-jour du fond de la salle.

— Tu ressembles à une vieille toile de Pacheco, Hernan! reprit-il, cela me fait plaisir de te voir. Quand j'étais enfant et toi marquis, nous faisions deux gais compagnons; mais pourquoi es-tu resté en prison si longtemps, mon pauvre Hernan?

— Parce que le roi m'avait oublié, répondit le bon duc avec respect.

— Quant à cela, tu as raison, s'écria Philippe en riant. Sais-tu, ami, qu'on a fort à faire sur un trône? mais je veux mourir si, à ta place, je ne me serais pas échappé plus tôt...

Tu savais bien qu'en me montrant seulement ton visage, ta grâce venait d'elle-même sur mes lèvres.

Medina-Celi appuya la main contre son cœur.

— Vous avez l'âme grande, Sire, prononça-t-il d'une voix profondément émue.

— Oui, oui, fit le roi, je suis grand, l'Europe entière le dit, et même l'Asie, car Almanzor vient des Indes orientales... Parlez, seigneur duc, je vous écoute.

— Royal sire, dit aussitôt Hernan qui se redressa, j'ai tardé vingt-quatre heures à me rendre aux pieds de Votre Majesté, parce que le hasard m'a mis tout de suite sur les traces d'une lâche et odieuse conspiration dirigée contre le comte-duc.

— Et tu t'es mêlé de le défendre, toi, Perez ! se récria le roi.

— Le comte-duc est pour moi le ministre de Votre Majesté, répondit gravement Medina-Celi.

— Tu es un homme de l'âge d'or !

— Et les conspirations dirigées contre les ministres, poursuivit le Medina-Celi, finissent parfois par atteindre les rois.

— Oui-dà ! Perez ! j'oubliais que tu étais un philosophe et un grand politique... Par les cinq plaies de Notre-Seigneur ! Gaspar avait raison de te garder sous les verrous, tu lui fais ombre, ami duc ! J'ai songé à toi plus d'une fois cette nuit. Sais-tu que nos vieux miquelets se souviennent encore de toi, et que si je te nommais connétable de Castille, dans toutes nos places d'armes les épées danseraient en rond autour des fagots flambants ?

Le bon duc s'inclina en silence.

— Et pourquoi t'appelait-on hier le roi des gueux ? demanda brusquement Philippe.

— S'il plaît à Votre Majesté d'écouter le récit de ce que j'ai fait pendant ces vingt-quatre heures...

— Non pas, non pas, interrompit Philippe effrayé, les rois n'ont pas le temps d'ouïr de longues histoires... Qu'est ceci?

Il s'était retourné au bruit d'un pas qui foulait les dalles de sa chambre à coucher.

La figure à la fois humble et importante du vieux Cosmo Baieta se montra au seuil.

— Un ordre à signer, Sire, si c'est le bon plaisir de Votre Majesté.

— Encore!.. fit le roi avec une impatience d'enfant; le comte-duc abuse...

— Ce n'est pas de la part du comte-duc, interrompit Baieta.

— Et de la part de qui?

Le vieux chambrier prononça tout bas le nom d'Hussein le Noir.

Le roi prit le parchemin qu'on lui tendait, ainsi que la plume trempée d'avance dans l'encre.

— Mendoze!... murmura-t-il, don Ramire de Mendoze!... Qui est celui-là? Au moins, je connaissais Vincent de Moncade, second marquis de Pescaire.

Il signa sur le coin de sa toilette.

— On m'accablera si bien que je me retirerai dans un cloître comme mon aïeul, l'empereur Charles-Quint... Sont-ils beaucoup dans l'antichambre?

— Toute la cour et tout Séville, répondit Cosmo.

La figure du roi exprima un naïf contentement, puis ses sourcils se froncèrent.

11.

— Et ce païen qui ne veut pas que je reçoive !... grommela-t-il ; je crois que Gaspar était mon maître... Le païen succède à Gaspar.

Cosmo se retira.

— Perez, dit le roi, si je te faisais mon premier ministre, est-ce que tu voudrais me régenter comme les autres ?

— Majesté, répliqua Hernan, je suis venu vous rendre mon épée après avoir déposé entre vos mains royales tout ce que j'ai de plus cher au monde... je suis prisonnier d'État.

— Vit-on bien, Perez, dans cette forteresse de l'Alcala ?

Puis fermant la bouche du bon duc d'un geste :

— Écoute, ce païen m'est presque aussi odieux que le traître Guzman !

Pendant qu'il parlait ainsi, Philippe avait les sourcils froncés, et un vague reflet de virilité s'allumait dans son regard.

Il se rapprocha vivement du bon duc.

— Tous tant qu'ils sont, murmura-t-il, ils ont la marotte de mettre une chaîne au cou du roi... Par les sept sacrements ! j'ai les preuves en main ! Le traître Gaspard avait fomenté lui-même cette révolte pour se rendre nécessaire... Sais-tu ce que je ferai, Perez, je présiderai de ma personne le Conseil.

— Que Dieu entende Votre Majesté.

— Ne m'en crois-tu pas capable ? s'écria Philippe avec une colère sans motifs ; par saint Jacques ! je suis brave... Il y a des instants où je donnerais tous les joyaux de ma couronne pour voir l'ennemi face à face... Et je suis sage aussi,

Perez et j'aime mon peuple... Et Dieu m'avait créé pour être un bon roi.

Le Medina-Celi lui prit la main et la baisa.

La pensée de Philippe tournait déjà dans son débile cerveau.

— Tu as bien fait, duc, de te fier à ma clémence : tu es libre ! le roi te fait libre !

Don Hernan fléchit un genou.

— Tu as bien fait, reprit Philippe, de mettre sous la protection du roi ta femme et ta fille... Toute protection appartient au roi... Le roi doit tout faire...

Dieu accorde des grâces spéciales à ceux qui sont les pasteurs des peuples... Ils sont plus forts et plus habiles que les autres hommes... Vois, moi qui te parle, ai-je plié sous le poids de mon sceptre ?

Il redressait de son mieux sa taille courbée et posait vaillamment le poing sur sa hanche.

— Ecoute, fit-il tout à coup.

Dans la chambre à coucher, Almanzor s'éveillait et disait :

— Philippe est grand !

Les deux autres perroquets, favoris présomptifs, pris d'une belle émulation, répétèrent de leur voix un peu rauque :

— Il est grand, Philippe !

Du soir au matin, j'entends cela, poursuivit le roi d'un accent sérieux, de la bouche des hommes et de la bouche des bêtes... Je n'en ai point d'orgueil... Ma gloire appartient à celui qui tient dans sa main l'existence illustre des monarques comme la vie humble et misérable des mendiants de la rue. Y a-t-il beaucoup d'orateurs pour parler avec autant d'élégance et de force, ami Perez ?

— Bien, bien, s'interrompit-il. Pas de flatteries, j'en suis repu, je sais ce que je vaux...

Nous nous rendrons ce matin, chez la reine pour voir Isabelle de Medina-Celi, continua Philippe. Duc, le roi peut aborder des sujets qui sont interdits au commun des hommes. La noble Eleonor de Tolède est belle comme aux jours de notre jeunesse.

Le bon duc était pâle et tenait les yeux baissés.

— C'est peut-être une couronne que tu lui ravis, Hernan, poursuivit le roi, en posant sur sa tête la couronne ducale... Les filles de Guzman et de Tolède peuvent gravir les marches d'un trône ! Est-elle belle comme sa mère, la Medina-Celi ?

— Sire... commença le bon duc.

— Oh ! fit le roi avec un sourire d'enfantine fatuité, ne crains rien, mon compagnon ; nous ne sommes plus l'adolescent aux ardeurs légères qui voltigeait d'amours en amours... Nous avons pris la mâle constance qui sied à un chevalier... notre cœur est fixé, nos ailes sont coupées... la belle des belles règne sur notre âme, à toujours et sans partage.

Il tira de son sein un médaillon d'or ciselé, entouré d'un cercle de diamants, dont l'eau admirable lança une gerbe d'étincelles.

Il l'ouvrit avec un recueillement dévot.

A l'intérieur du médaillon reposait une fine miniature peinte sur nacre. C'était le portrait de la belle marquise.

— Vois ces lèvres de corail, poursuivit le roi pieusement, vois ces dents perlées et ce nez mignon aux narines roses et légèrement gonflées... vois ces yeux divins, demi-voilés par une céleste langueur... vois la précieuse abondance de cette chevelure, plus brillante que le jais, plus douce que la soie... vois ce teint où les roses et les lis marient à l'envi leurs teintes les plus suaves... Ami, voici l'amour d'un grand roi... Objet charmant qui serait digne de l'amour d'un dieu !... car cette peinture, c'est l'objet d'une réalité mille fois plus adorable... Et le cœur, ami ! et le cœur ! un million de fois plus adorable que le visage.

C'est l'ange qui m'a donné son âme tout entière et qui m'aimerait pauvre pâtre dans la montagne, comme elle me chérit sur le trône de mes aïeux.

Pour cause, les paupières du Medina-Celi ne se relevaient point.

— C'est juste ! c'est juste ! dit Philippe en refermant brusquement le médaillon ; tu es un esprit timoré, une conscience austère... Sache donc, ami, que trois inquisiteurs de la foi ont accordé indulgence plénière à ma félicité. Les rois, mon compagnon, sont régis là-haut par une loi spéciale... et je trouve cela équitable.

Il remit le portrait dans son sein après l'avoir baisé tendrement.

Il disait vrai : Medina-Celi était une âme austère ; mais Medina-Celi se souvenait de cette chambre de l'hôtellerie de Colombo, dans l'Isla-Mayor, où la belle marquise donnait ses rendez-vous au comte de Palomas.

Le roi regagna sa toilette en chantant.
Puis s'interrompant tout à coup :

— Là-bas, à Alcala, n'entendiez-vous jamais parler de mes corridas ? demanda-t-il.

— Jamais, Sire, répondit don Hernan.

— C'est donc l'autre monde, mon pauvre compagnon ? Tu ne te doutes guère alors des progrès que j'ai introduits dans ce noble divertissement. A Valladolid, lors de la dernière course, le matador était... mais devine, ami duc, qui était le matador ?

— Que Votre Majesté daigne excuser mon ignorance.

— Le matanor était une femme, prononça le roi avec une modestie orgueilleuse, t'attendais-tu à cela ? parle franchement.

— Certes, Sire, je ne puis dire...

— A la bonne heure !... Eh bien, j'en prépare un pour mon retour à Madrid... car Séville n'a pas mérité cette récompense... Tu la verras, de par tous les saints ! mon vieux compagnon... tu la verras de tes propres yeux... La senora Romba y sera... et Leones, et Fuentes le Grenadin, et le fameux Portugais da Cunha, que j'ai pris au traître Bragance. Tous à la fois, duc !... Voilà le progrès ! Jadis il n'y avait qu'un seul *gracioso*... j'en ai voulu deux d'abord, puis trois, puis quatre... J'en aurai cent dans mon arène d'Aranjuez, si Dieu veut que j'achève ce merveilleux monument... Et des taureaux !... sais-tu ce que me coûte chacune de leurs cornes ?

L'horloge de la chambre à coucher sonna.

Le roi s'arrêta court.

— Hussein le noir va venir, dit-il avec ennui et fatigue.

— Sire, répondit le Medina, faut-il que je prenne congé de Votre Majesté ?

Philippe restait tout pensif.

— Il n'y a que toi, prononça-t-il à voix basse après un instant de silence, il n'y a que toi pour honorer le roi... Tu pratiques ta devise, Perez, car tu étais hier dans la cour de l'Alcazar, au lieu de protéger ta femme et ta fille menacées toutes deux... *Le Roi avant le sang!* noble cri d'une grande âme!... Tu n'as point conspiré, toi, bien que tu sois couvert encore des blessures à peine cicatrisées qu'on t'a faites dans le préau de ta prison... Par le ciel! j'ai peur des saints... tu te laisserais empoisonner, assommer ou étrangler si tu avais le pouvoir pendant une heure!

Hernan répliqua :

— Royal Sire, je ne vous demande pas le pouvoir... je demande que vous gardiez le pouvoir.

— Je sais, je sais... ne recommence pas ton explication... Tout par le roi : c'est clair... Le comte-duc disait : « Tout par moi, » le païen Hussein, sous prétexte de me sauver, pèse déjà sur moi comme un fardeau de plomb!...

— Il n'y a que le roi qui puisse sauver le roi, prononça lentement le bon duc ; le roi, c'est l'Espagne. Pourquoi laisser un intermédiaire entre l'Espagne et le roi ?

— Sans doute, sans doute, murmura Philippe qui fut pris soudain d'un bâillement ; tu as de fortes saines idées, ami duc. Le peuple et le roi, le roi et le peuple, tu arranges cela adroitement...

Mais le peuple ne peut pas être ministre du roi.

— Respecté Sire, c'est le roi qui est le ministre du peuple ; sans cela la devise de ma race serait un blasphème ou un non-sens.

— Oui-dà, Perez ?... Une autre fois, nous raisonnerons tous deux... Holà, Garcias !

Un chambrier sortit de l'étuve.

— Je ne prendrai pas mon bain ce matin, dit Philippe ; je me sens en appétit ; qu'on serve !

Le chambrier se retira. Philippe regarda le bon duc en face.

— Hernan, demanda-t-il, veux-tu me débarrasser de Gaspar ?

Le bon duc ne fit paraître aucun étonnement et répondit sans hésiter :

— Il suffit de la volonté du roi pour renverser son ministre.

— Peut-être... mais veux-tu me débarrasser du païen qui me dicte déjà des lois et nomme les officiers de ma garde ?...

— Sire, je le veux, répondit le bon duc.

Philippe jeta un manteau léger sur ses épaules.

— On ouvre, murmura-t-il ; c'est lui... Ami duc, il est sorcier, je te préviens... Je te donne carte blanche... Par les trois vertus théologales ! J'ai un appétit de lion... Au revoir !

Il souleva la draperie qui recouvrait la porte des étuves, et s'enfuit comme un écolier qui entend le pas de son maître.

Medina-Celi le suivit des yeux. Quand Philippe eut disparu, un profond soupir souleva sa poitrine.

Ce fut tout. Pas une parole ne tomba de ses lèvres.

La porte de la chambre royale qui donnait sur la salle de l'Etoile venait, en effet, de s'ouvrir. Un pas lent et sonore retentissait sur les dalles.

— Le roi n'est-il point ici ? demanda une voix grave qui fit battre le cœur du duc.

On s'était arrêté : comme il n'y eut point de réponse, le pas sonna de nouveau sur la mosaïque.

— Mon royal Seigneur, demanda la même voix au seuil même du réduit de toilette, veut-il recevoir le médecin de son perroquet ?

Il y avait dans ces paroles une nuance de moquerie.

La porte s'ouvrit.

Le bernuz noir frangé de blanc de sidi Hussein se montra. On ne voyait point le visage de l'Africain, mais il était facile de deviner que son regard faisait rapidement le tour de la chambre.

Le bon duc s'ébranla enfin et sortit de l'ombre en disant :

— Don Luiz, voici la seconde fois que nous nous rencontrons ; soyez le bienvenu, si vous êtes resté sujet loyal.

Le premier mouvement de l'homme au bernuz fut de reculer, car la surprise le laissa complètement hors de garde.

Ce fut à peine l'affaire d'une seconde. Il franchit le seuil et rejeta en arrière les plis de son capuchon arabe. On put voir alors sans voile ce visage fier et intelligent que nous avons décrit plus d'une fois, quand le fil de ces aventures a mis sous notre plume le nom de Moghrab.

L'expression de ce visage avait changé. Il y avait du rouge à ce front d'ordinaire si pâle ; le rayonnement ardent de ce regard de feu se troublait.

Le bon duc et lui se trouvèrent bientôt en présence, car chacun d'eux avait marché d'un pas égal.

Celui qu'on venait d'appeler don Luiz tendit sa main le premier ; le bon duc la prit et la serra avec une émotion presque solennelle, ils restèrent ainsi se regardant et ne se parlant point.

Puis leurs bras s'ouvrirent en même temps, et leurs yeux se mouillèrent tandis qu'ils se tenaient embrassés étroitement.

Le même mot était sur leurs lèvres tremblantes :

— Frère !... mon frère bien-aimé !...

— Que Dieu te bénisse, Louis de Haro, mon meilleur, mon plus ancien ami ! dit enfin le Medina-Celi. — J'ai souhaité te revoir presque aussi passionnément que j'ai demandé à Dieu d'embrasser, avant de mourir, ma femme et ma fille !

— Que Dieu te bénisse ! Hernan, mon noble frère d'armes ! Heureux ou malheureux, je n'ai pas passé un jour sans penser à toi... je n'ai pas adressé au ciel une prière sans que ton nom y fût mêlé... Que Dieu te bénisse et que Dieu soit béni pour la joie qu'il me donne !

XI

FRÈRES D'ARMES

C'étaient deux nobles et fières têtes. La beauté, chez tous les deux, avait survécu à l'âge viril, et l'émotion partagée rendait à leurs traits je ne sais quelle auréole de jeunesse. Ils étaient grands tous deux également, tous deux également robustes.

Les épreuves de la vie avaient mis à leurs fronts une austérité pareille. Ils réalisaient, en un mot, dans toute son héroïque ampleur, l'idée qu'on peut se faire des deux chevaliers castillans, jumeaux de vaillance et de gloire, au temps des grandes audaces et des longues épées.

Il y avait encore entre eux d'autres similitudes. Sous les hardiesses de leurs regards on découvrait une pareille mélancolie. Si le Medina souffrait de ses blessures récentes, Louis de Haro portait plus péniblement le fardeau de ses fatigues et de cet effort inquiet, incessant, inépuisable, qui enfiévrait depuis des années ses nuits comme ses jours.

Enfin, pour dernier trait de ressemblance, ni l'un ni l'autre n'appartenait à cette classe de demi-dieux qui n'ont pour arme que le glaive ou la massue. C'étaient deux fils de Minerve. L'intelligence, il faut dire plus, la finesse des âges disputeurs et lettrés brillait dans leurs regards.

La légende andalouse, qui donne au Medina le surnom de *el Astuto*, le rusé, eût trouvé peut-être un sobriquet plus significatif encore pour don Luiz de Haro, ce lion à la patte de velours qui étouffait son rugissement depuis tant d'années.

Ils étaient forts deux fois, ces hommes, ou plutôt il n'y avait qu'eux d'hommes dans cette tourbe ameutée autour du trône. Leur alliance allait les grandir si haut, qu'un seul de leurs gestes devait pulvériser l'armée des Myrmidons et faire place nette à la cour, cette étable d'Augias.

Un seul Hercule suffit pour douze travaux; ils étaient deux Hercules en face d'une œuvre unique.

Un proverbe espagnol dit : Ne chargez pas deux fois l'arquebuse...

Don Hernan et don Luiz restèrent longtemps embrassés.

Un monde de souvenirs se pressait en eux. Leur jeunesse heureuse et brillante passait avec tous ses espoirs et toutes ses joies devant leurs yeux humides. Leurs cœurs battaient à l'unisson. Ils se regardaient et ne pouvaient se rassasier de cette chère angoisse qui se dégage comme un subtil parfum des cendres remuées du passé.

— Frère, dit don Luiz, tes ordres sont accomplis, j'ai reçu ta fille des mains de tes serviteurs et l'ai conduite chez la reine. La reine est une noble femme. Elle a accueilli comme il faut la Medina-Celi d'abord, puis Eleonor de Tolède, envoyée de par le roi... j'ai vu la mère et la fille dans les bras l'une de l'autre.

— Merci, frère, répondit le bon duc ; je savais bien que je pouvais compter sur toi.

— Isabel! reprit don Luiz, dont la voix s'altéra, ta fille a nom Isabel!... Frère, nous avons vécu séparés, et il faut que je te dise qui je suis... les jours se sont accumulés pour faire des mois et des années. Qu'est le temps, sinon le linceul des souvenirs? Moi, frère, je n'ai rien oublié... Je vis tout au fond de ma mémoire... Mon veuvage est toujours d'hier, et je reste l'amant d'une morte.

Le Medina-Coli lui serra les deux mains silencieusement.

— Isabel! prononça encore Louis de Haro; quand j'ai entendu le nom d'Isabel, porté par la belle et chère enfant qui est tout ton espoir, les larmes ont ébloui mes yeux, et j'ai senti mes jambes faibles sous le poids de mon corps. Te souviens-tu, frère? elle avait cet âge quand elle vint à la cour.

Ma jeunesse n'avait été qu'une longue folie. Que fallut-il pour faire de moi un homme? un de ses regards... Pour me ramener à l'homme et à Dieu? son premier sourire...

— Frère, s'interrompit-il, le temps est court, je le sais bien, et je comprends la signification de ta présence en ce lieu... C'était le roi que je venais chercher, c'est toi que je trouve : il y a des destinées... Le sort de l'Espagne va se jouer entre nous, je le sais bien... je le sais bien... Mais on accorde au coureur essoufflé le temps de reprendre haleine... Laisse-moi, oh! laisse-moi cette minute si pleine d'amertume et de bonheur!... J'ai revu dona Eleonor, qui était la sœur d'Isabel, et je n'ai pu m'agenouiller devant elle pour adorer mes pauvres souvenirs. Derrière la souveraine beauté de cette mère éplorée et si heureuse dans les bras de son enfant, j'ai vu l'adoré sourire de ma sainte...

Elle était mère aussi... sais-tu? Plains-moi si tu ne peux pas me comprendre... L'aspect de mon fils m'a serré le cœur, l'aspect du fils de mon amour. Quand son premier cri rompit le grand silence de cette pauvre maison d'Estramadure, la nuit sinistre, la nuit qui fit vieillir mon cœur de cent ans, Isabel ne pouvait déjà plus l'entendre... Cette vie naissante sortait du sein de la mort... Mon fils me coûtait ma femme, c'est-à-dire ma félicité tout entière... Les créatures de Dieu ne se ressemblent point... Pour mon âme, il n'y avait qu'un bien... je ne voulus pas de ce marché cruel... je blasphémai le ciel en maudissant le pauvre être qui m'était donné pour prix de ma perte irréparable...

Que dire? Après vingt années, quand je l'ai revu, ce fils que mon regard craintif avait suivi de loin dans son humble carrière, c'est Isabel que j'ai retrouvé dans mon cœur... rien qu'Isabel! rien que ma femme! Je me suis penché sur le sommeil de ce noble jeune homme... rien en moi n'a tressailli, rien que la douloureuse fibre du souvenir... Sais-je son nom?... que m'importe son nom!... Isabel... oh! comme Isabel l'eût adoré celui-là qui l'a tuée!

Ses deux mains froides couvrirent sa face, pendant qu'un large gémissement s'échappait de sa poitrine.

— Frère, poursuivit-il, essayant de taire ses sanglots, depuis quelques heures j'ai bien pleuré;

je n'avais pas pleuré depuis vingt ans... Je ne sais pas si je pleurais la nuit du deuil... Frère, il y a des choses qui annoncent à un homme la fin des dures épreuves de cette vie... Le nom de Dieu est aujourd'hui plus souvent sur mes lèvres et dans mon cœur.

La fatigue a fermé mes yeux ce matin pendant quelques minutes... Isabel m'a souri triste et douce... Je devinais sur sa bouche pâle ces mots, qui me donnaient déjà la joie céleste : Bien-aimé, je t'attends...

Il s'affaissa dans les bras de don Hernan.

— Sois homme, don Luiz, dit celui-ci, et laisse-moi ma force.

— Heureux ! heureux ! prononça Louis de Haro d'une voix brisée ; tu as ta femme pour aimer ta fille... ta tendresse d'époux te fait deux fois père... Ne me dis pas que je suis une âme égoïste et dénaturée... je sais tout... ta fille... celle qui porte le nom de ma femme chérie... celle que ma compagne bien-aimée bénit du haut du ciel... ton Isabel à toi, la filleule de mon Isabel, a été envoyée par la Providence, sur les pas de l'enfant abandonné...

Il aura une famille... Tu as fait dessein dans ton cœur, toi le plus noble des hommes, de couronner ainsi la fraternité de nos armes et la fraternité de nos amours.

— Don Luiz, interrompit le bon duc, ton fils m'a sauvé la vie et ma fille l'aime. Remercie la Providence et non pas moi... Don Luiz, pour la seconde fois, sois homme... Ton fils t'est cher... tu te mens à toi-même et tu fais insulte à la sainte femme qui est maintenant dans la tombe en opposant son souvenir aux mouvements de ton cœur.

Louis de Haro avait la tête baissée.

— Tu es venu ici chercher le roi, reprit le bon duc. Le roi m'a chargé de t'écouter et de te répondre.

Don Luiz releva ses paupières. Dans l'ombre profonde de ses sourcils froncés, ses yeux brûlaient.

— Moïse vit le pays de Chanaan du haut de la montagne, murmura-t-il avec accablement, mais il ne lui fut point donné de franchir la limite de la terre promise... Une voix parle au-dedans de moi et me dit : « Les temps ne sont pas venus. » Hernan, mon frère, tu seras le père de la nouvelle famille... moi, j'ai mon asile tout prêt, là-bas, dans l'humble cimetière où dort Isabel d'Aguilar.

— Par la passion du Christ ! s'écria rudement le Medina-Celi, l'heure s'écoule et j'ai assez pleuré !

Don Luiz se redressa de toute sa hauteur. Il tendit la main d'un geste mâle et fier. Le bon duc la prit. Don Luiz dit :

— Merci duc... Me voici prêt à parler de l'Espagne et du roi.

— C'est tout un, Seigneur, répliqua don Hernan ; commencez, je vous prie.

— Je venais vers le roi, dit Louis de Haro, pour déchirer sous ses yeux mon déguisement trop longtemps porté, pour lui dire mon nom, pour lui offrir mon épée...

— C'est le devoir, prononça froidement le bon duc ; je vous approuve, Seigneur.

— A une condition, cependant, poursuivit don Luiz.

— Voilà où est le mal, Seigneur, interrompit le Medina-Celi ; on ne pose pas de condition au roi.

— Lorsque c'est pour sauver l'État, Seigneur ?

— Le roi est l'État.

— Pour sauver le roi, alors ?

— Seigneur, fi de celui qui met des restrictions à sa foi ! le chrétien croit sans condition ; sans condition nos pères servaient et se dévouaient.

— Vos pères à vous, Seigneur !... Mais si grand que soit Perez de Guzman, l'Espagne libre est plus grande que lui !

— L'Espagne, pour moi, veut dire le roi, comme le roi signifie l'Espagne.

— J'aime trop l'Espagne, ma patrie, pour ne lui laisser qu'une tête, Seigneur.

— Seigneur, je ne suis qu'un homme. Dieu fit cela : que sa volonté soit accomplie !

Louis de Haro s'inclina gravement, mais un sourire sarcastique était à ses lèvres.

— Duc, dit-il en baissant la voix, je n'espérais point sitôt vous mettre à bout de raisons... En êtes-vous déjà à vous réfugier derrière la volonté de Dieu ?...

Je vous demande où est le témoignage de cette volonté exprimée ?... L'Espagne s'agite... Il se fait dans les esprits un travail qui étonne les uns et qui épouvante les autres... Dieu permet cela, Seigneur, Dieu ne proteste point, lui qui a son tonnerre ! Croyez-moi, ne blasphémez pas Dieu pour trop respecter le roi... Devant la majesté de Dieu, la majesté d'un roi n'est que poussière... Le roi mineur à son Conseil, le roi aveugle doit-il être condamné à n'avoir point de guide?

Don Louis se tut. A son tour le bon duc s'inclina grave et calme.

Après un silence, il répondit :

— Je crains les guides.

Le rouge monta au visage de Louis de Haro, qui pourtant reprit en domptant sa colère :

— Duc, je ne prends pas ce mot pour un outrage... je suis le fidèle sujet du roi.

— A Dieu ne plaise, Seigneur! répondit Hernan avec vivacité.

Puis, prenant la main de don Louis, il répéta d'un ton pénétré :

— A Dieu ne plaise !

Un cri aigu se fit entendre dans la chambre royale, et fut suivi de clameurs si étranges que nos deux gentilshommes se précipitèrent vers la porte d'un commun mouvement. A peine eurent-ils passé le seuil qu'une scène inattendue fit tomber leurs rapières dégainées.

Almanzor, hérissé sur son perchoir, se défendait du bec et des ongles contre les deux jeunes perroquets, qui étaient parvenus à sortir de leurs cages.

C'était un combat à mort ; leur sang coulait, et les trois champions, acharnés à leur querelle, répétaient tous les trois le même cri avec des modulations diverses et insensées.

— Philippe est grand !... Philippe est grand !...

Un coup de sombrero du bon duc mit fin à la mêlée. Don Louis referma sur les deux jeunes séditieux les portes de la prison.

— Seigneur, dit Medina-Celi en rentrant dans la seconde pièce, ceci peut servir d'apologue ; en Espagne, chacun crie : Vive le roi! quand les passions déchaînées déclarent la guerre civile.

— Seigneur, répliqua don Louis, j'accepte l'apologue, il est en ma faveur. Que les perroquets ou les favoris se déchirent entre eux, cela n'importe point à l'Espagne... Mais c'est trop discuter à vide. Plait-il à Votre Grâce d'entendre ce que je voulais dire au roi?

— Cela me plait, pour obéir à la volonté du roi, répondit don Hernan qui s'assit.

Louis de Haro prit place à côté de lui.

L'un et l'autre avaient déposé leurs rapières nues sur la table qui occupait le centre de la pièce. Don Louis se recueillit un instant, puis il dit :

— Duc, il faut que tu me juges avant de connaître mes desseins. Moi, je te connais; tu n'as qu'un dogme, les cinq mots de ta devise. Ce fut la parole d'un héros qui défendait le père couronné contre le fils rebelle. Nous n'en sommes plus là. Ton grand aïeul mettrait encore le roi avant le sang de ses veines, mais avant le roi et au-dessus du roi, il placerait la patrie.

Duc, tu m'as oublié; il faut que je rouvre pour toi le livre de ma conscience.

Sais-tu ma vie, seulement, depuis cette nuit où, trompant le poignard des assassins, je restai immobile et muet sur un monceau de cadavres, laissant flairer mes plaies saignantes par les chacals de la plaine? Nos destinées sont étrangement semblables, duc. Pour toi, comme pour moi, les assassins ont touché le prix du meurtre. De moi comme de toi, on a dit : « Il est mort! » et mes collatéraux avides se sont partagés mon héritage. Mais tu n'as été mort qu'un jour, duc, et moi, voilà plus de dix années que je suis rayé de la liste des vivants.

Je ne dirai pas mon histoire. Elle est trop longue ; nous n'avons pas le temps.

Je te montrerai seulement du doigt la route parcourue par mon esprit pendant ces années de luttes et d'épreuves.

Don Louis continua ainsi :

— D'abord, je voulus me venger. Ce fut dans tout son délire la sauvage passion qui a son germe dans le cœur de tout Espagnol. Gaspar de Guzman était l'auteur de tous les maux ; chacune des blessures qui sillonnaient mon corps ou saignaient dans mon âme venait de sa main. Il m'avait tué ma femme dans la misère et dans le désespoir ; il avait fait de moi un proscrit et un fantôme.

Oui, ce fut la vengeance qui me mit les armes à la main, et tu le sais bien, duc ; car si ta devise, magnifique marque d'esclavage, est le cri de guerre du dévouement quand même, ma devise à moi fut inscrite sur le drapeau des Catalans révoltés, et courut de bouche en bouche par toutes les Espagnes.

J'étais là ; c'était moi. J'étais à Burgos quand la capitainerie générale fut prise d'assaut par les paysans, j'étais à Léon quand la maison de l'alcade-mayor fut incendiée ; j'étais à Madrid quand le palais du comte-duc lui-même fut attaqué trois nuits de suite par la mystérieuse armée des cavaliers gris; j'étais à Barcelone quand Miraflorès fut chassé par le peuple. J'étais partout.

Mais, nous autres Espagnols, nous sommes une race fidèle à la façon du chien, animal noble et fier qui caresse le fouet de son maître.

A chaque membre de ce grand corps, je savais donner successivement la fièvre; mais la contagion circonscrite s'arrêtait à quelques pas. Le mal ne gagnait point le tronc. Aussitôt que j'étais parti, chaque ville ou chaque province retombait dans sa lourde inertie.

— Que Dieu sauve l'Espagne! s'écria le bon duc, c'est un loyal pays.

— Que Dieu sauve l'Espagne! répéta don Louis; c'est un pays qui râle.

Puis il reprit :

— Traqué de tous côtés, poursuivi, chassé comme une bête fauve, je regardai un jour autour de moi. Je me vis seul. Mon éperon n'avait pas assez profondément mordu cette chair fainéante. J'étais las. Je fis comme le cerf aux abois qui se plonge dans l'étang. Je passai le détroit. J'allai demander un asile à l'Afrique païenne.

Ma haine m'avait donné une fille. Duc, te souviens-tu de cette angélique enfant qui partageait entre ta femme et la mienne ses caresses et ses sourires?

— Blanche de Moncade... murmura le Medina-Celi qui baissa les yeux. Pourquoi me parles-tu de Blanche de Moncade?

— Parce que la fille adoptive de Blanche de

Moncade partagea désormais ma vie errante et mes fatigues.

Louis de Haro n'était plus. Aïdda la Mauresque me prêta le nom de son père, un maudit mort sous le san-benito; je m'appelai Moghrab le maragut.

Et j'attendis, étudiant à tout hasard ces sciences follement ténébreuses qui prétendent arracher à Dieu par le calcul humain les redoutables secrets de l'avenir.

Je savais que l'ignorance et la superstition s'étendent comme un réseau sur notre malheureuse Espagne.

Je savais que, du haut en bas, à la cour comme au village, règne souverainement chez nous cette vague passion de franchir les limites de la nature.

C'était une arme peut-être. Je la fourbis et j'appris à la manier.

C'était une arme.

Un jour, ma fille Aïdda me dit : « Blanche, ma marraine, attend là-bas la sépulture chrétienne. Les hommes ne se vengent pas. Il faut une femme pour mettre Blanche de Moncade en terre sainte. Je pars. »

Nous partîmes. En touchant la rive espagnole, j'interrogeai mon cœur et j'y cherchai mes haines. Duc, tu peux me croire, ma haine était morte.

J'allai au tombeau d'Isabel pour y récolter la moisson de mes colères.

Il me semblait que ne plus haïr était un blasphème et une apostasie.

Au tombeau d'Isabel je ne trouvai que des pleurs.

L'enfant était parti ; le jeune homme qui portera mon nom étudiait à Salamanque.

La nombreuse famille où j'avais trouvé jadis l'hospitalité, le vieux paysan Mendoze, sa femme, ses fils, ses filles, tous ceux-là qui avaient conduit mon Isabel au pauvre cimetière de Guijo, étaient morts.

Tous morts ! Et la tour du comte, comme on appelait leur masure chancelante, fermait sa porte, au-devant de laquelle l'herbe poussait.

J'avais franchi une fois, duc, en compagnie d'Aïdda, ma fille, le seuil de ton château de Penamacor... Je me tais. Tu as l'âme grande. Et moi, qui ne fais plus, pourquoi essayerais-je d'inoculer à ton cœur le poison de la vengeance ?

Cette fois, je passai sans m'arrêter devant la porte de ta demeure. Ma tâche était tracée ; j'avais perdu bien des jours...

C'est au centre du fruit que le ver rongeur doit accomplir son œuvre. Je pris la route de Madrid. Ma place était à la cour.

Sur la gloire de mes pères et sur l'espérance de mon salut éternel ! je n'avais plus qu'une pensée : sauver l'Espagne, qui glisse sur le penchant de sa ruine...

J'ai vu là-bas, sur la terre africaine, l'étrange fête des fiancées de la mort. On a fait à l'amante du guerrier décédé un lit de feuillage et de fleurs. La jeune fille, souriante et résignée, se couche dans ce berceau éclatant de mille couleurs.

Douze vierges l'enlèvent sur leurs épaules et,

rhythmant le long du chemin leur chant doux et monotone, elles portent la couche fleurie jusqu'au prochain torrent. L'onde rapide semble frémir au contact de cette frêle nef qui tournoie un instant, puis s'échappe et fuit comme une flèche au fil de l'eau.

Les vierges courent sur la rive, chantant toujours et jetant au torrent les roses éparses dans leurs tresses.

La victime, mollement étendue sur ses fleurs, sourit en regardant le ciel.

La cataracte est proche. On entend déjà sa voix mugissante. L'eau du torrent blanchit, tourmentée dans ses profondeurs.

Les vierges essoufflées s'arrêtent. La nef tourbillonne dans l'écume et disparait...

Oui, c'est l'image de notre Espagne, belle aussi et souriante, et veuve de ses rois glorieux.

Elle va, la fiancée des grands morts, dans ses habits de fête et couronnée de fleurs, vers le gouffre ouvert pour l'engloutir...

Ma place était à la cour. C'est au cœur de la plaie que le scalpel du chirurgien doit entrer.

Je ne savais pas moi-même la puissance de l'arme que j'avais aiguisée dans l'exil. Le sorcier païen fut en quelques mois le maître de cette cour chrétienne. Moghrab le maragut entra chez le ministre Zuniga d'abord, puis chez le comte-duc.

Bien plus, le comte-duc s'introduisit nuitamment chez le maragut Moghrab.

Te faut-il d'autres preuves, seigneur duc?

Moi, Louis de Haro, j'ai eu dix fois sous ma

main le meurtrier d'Isabel d'Aguilar, et je ne me suis pas vengé.

Par un stratagème naïf et dont ne voudraient pas nos faiseurs de comédie, Moghrab changea de costume et de nom pour s'introduire chez Philippe d'Autriche. Il fut sidi Hussein le Noir, médecin des oiseaux et des hommes, distillateurs des philtres amoureux.

Chez la reine, il se nommait Soliman, nécromancien, astrologue... que sais-je ?

Pour d'autres... mais cela suffit, n'est-ce pas ?

L'œil de don Louis était ouvert sous le bernuz de Hussein, comme sous le turban de Moghrab. Don Louis voyait, don Louis agissait...

Et don Louis — tu ne m'as pas fait cette observation, duc, parce que tu ne songes jamais à toi-même — et don Louis, tout-puissant, oubliait son frère d'armes, captif dans la forteresse d'Alcala.

L'as-tu pensé, Hernan ?

Tu as rompu ta chaîne trois jours trop tôt, à mon insu et malgré moi.

Tu es venu jeter au-devant de mes pas le seul obstacle que je ne puisse briser en me jouant : notre sainte amitié, notre fraternité si chère !

Te doutes-tu de ce qu'est cette cour ? Mon œuvre s'accomplissait dans l'ombre, mais c'était une large tranchée ouverte hardiment sous le sol. Je voyais tout, ai-je dit, mais l'œil d'un homme peut-il suivre en leurs détours infinis les mille intrigues qui se nouent, qui se croisent, qui se brouillent autour de ce trône chancelant ?

Une de ces infimes machinations, ourdie dans la fange, près de moi, trop près de moi, est venue à la traverse de tous mes desseins. Pedro Gil l'ancien intendant de Penamacor, a voulu se venger de toi et faire du même coup sa fortune. Il a noué l'intrigue subtile et merveilleusement perfide qui devait te faire disparaître, en jetant notre noble Isabel aux mains de ce vil débauché, de ce honteux bâtard de ma race, Juan de Haro.

C'est à cause de toi, duc, que j'ai hâté l'explosion de la mine. C'est ta présence qui a fait l'émeute d'hier soir. J'espérais devancer ton action, j'avais tort. Aussitôt libre, le bras de Medina-Celi devait agir et triompher...

Don Louis s'arrêta pour reprendre haleine. La dixième heure sonnait au beffroi du palais.

— Et si vous n'aviez pas trouvé Medina-Celi au-devant de vous, seigneur, continua le bon duc avec calme, que prétendiez-vous faire ?

— La loi civile qui nous régit, répliqua Louis de Haro, sans hésiter, impose un tuteur au maître incapable d'administrer ses domaines...

— Voici donc le grand mot prononcé ! s'écria Medina-Celi, dont le visage s'empourpra soudain, la tutelle du roi !... c'était de quoi enflammer la plus haute ambition, seigneur.

— Seigneur, répondit don Louis, dont la lèvre plus pâle trembla légèrement, je vous disais naguère : « La haine est morte en moi. » Je vous dis maintenant : « En moi, l'ambition n'est pas née. » Je crois vous avoir démontré sans réplique la sincérité de ma première affirmation ; ainsi ferai-je pour la seconde... L'heure nous presse désormais, permettez que j'achève.

Je venais me mettre aux genoux du roi pour le

supplier d'avoir pitié de lui-même et de l'Espagne. Je venais lui dire : « Respecté seigneur, écoutez l'ami humble, et le petit compagnon de votre royale enfance. Vos ministres vous trompent, vos salariés vous trahissent, vos peuples s'éloignent de vous, et l'étranger menace. »

— Tout cela est vrai, don Louis, interrompit Hernan ; un autre que vous l'a déjà dit au roi.

— Cet autre a bien fait, seigneur, mais je ne me serais pas borné à signaler le mal ; j'apportais avec moi le remède... J'aurais dit encore au roi : « Bien aimé sire, vos serviteurs perfides vous ont enlevé systématiquement la connaissance des affaires. Il est indispensable de frapper de grands coups au dedans comme au dehors... La Hollande, la France et le Portugal, soutenus déjà par l'Angleterre, vous pressent de toutes parts.

Une politique honteuse fomente au sein de vos cités des mécontentements qui vont toujours croissant... Et daignez méditer cette parole, royal sire : Le peuple enfant arrive de nos jours à l'âge d'adolescence. La France est agitée d'une étrange fièvre... L'Angleterre, qui sait si bien manier au loin l'arme des dissensions, tressaille aux premiers symptômes d'un mal inconnu... La terre tremble sous les pieds de son Parlement, la couronne chancelle sur la tête de Charles Stuart... Il faut un bras fort, à l'heure où nous sommes, pour étayer un trône... Buckingham faiblit sous le faix, et Richelieu use sa vie à cette œuvre. Si vous balayez d'un souffle de votre souveraine volonté la tourbe de traîtres qui vous environne, vous resterez seul en face d'une tâche écrasante.

Ils sont nombreux, ils sont puissants... et vous si peu habitué à régner...

Le bon duc se leva. Il retint cependant les mots qui étaient sur sa lèvre, et dit :

— Achevez, seigneur.

— J'achève... et je parle toujours au roi : Sire, il vous faut un homme, un lieutenant, un autre vous-même.

— Ambitieux! ambitieux! murmura le bon duc qui se prit à marcher à grands pas.

Un sourire plein de sérénité vint aux lèvres de Louis de Haro.

Il attendit que la course précipitée de son interlocuteur l'eût ramené en face de lui.

— Duc, vous vous trompez, prononça-t-il alors d'une voix calme et plus basse, je devine votre pensée... Vous vous dites : « Cet homme, ce lieutenant, cet *alter ego* du roi proposé par don Louis de Haro, c'est don Louis de Haro lui-même... » Vous vous trompez, vous dis-je... Ce protecteur de la majesté royale, ce connétable et ce maire du palais, ce tuteur, ce sauveur du roi et de l'Espagne, c'était, dans ma pensée, don Hernan Perez de Guzman, duc de Medina-Celi.

Le bon duc fit un geste d'étonnement et recula d'un pas.

— Celui-là seul, reprit don Louis, a le bras, l'esprit et le cœur qu'il faut pour accomplir mon œuvre. Celui-là seul est à la fois grand et pur. Celui-là seul est digne d'être proposé par l'Espagne et digne d'être accepté par le roi. . . .

. . . .

XII

LA MORT DU LION

Le bon duc restait debout devant don Louis, l'œil grand ouvert et peignant une sorte d'effroi les bras convulsivement croisés sur sa poitrine.

— Tentateur! murmura-t-il après un long silence et en détournant les yeux; tentateur!

— Seigneur duc, répondit don Louis qui lui tendit la main, je vous ai prouvé que je n'avais ni ambition ni haine... Prouvez-moi que le vain orgueil des obstinés ne ternit point vos qualités si rares... ne fermez point votre cœur à l'appel de la patrie... soyez Espagnol sans cesser d'être l'ami du roi!

Hernan semblait être en proie à une extrême agitation.

Il prit la main que don Louis lui tendait et la pressa entre les siennes, puis il l'attira contre son cœur en une brusque et fraternelle accolade.

— Tu aimes le roi, n'est-ce pas, frère? dit-il, n'est-ce pas que tu es dévoué au roi?

— Après l'Espagne, répliqua Louis de Haro, le roi est mon culte le plus cher.

— Je te crois, je te crois, mon frère, poursuivit Medina-Celi, dont l'émotion grandissait. Réponds donc avec franchise : pour parler ainsi au roi, tu as des moyens d'action, des partisans, de la puissance? Je te connais, don Louis; en des matières si graves, tu parles à coup sûr...

De quelle armée disposes-tu pour offrir au roi ta médiation ou ton aide? Qui sont tes soldats? Derrière toi, qu'y a-t-il?

Don Hernan se tut; son regard anxieux était fixé sur son frère d'armes.

Un nuage de tristesse vint au front de celui-ci.

— J'avais espéré mieux!... prononça-t-il tout bas.

Puis, élevant la voix :

— Ai-je oublié de vous le dire, seigneur? reprit-il, et n'entendîtes-vous jamais parler des *desservidores?*

— Les desservidores! répéta don Hernan, dont la paupière se baissa pour cacher peut-être la flamme qui, malgré lui, s'allumait dans son regard.

— Les premières semences de ma haine avaient été lentes à germer, poursuivit Louis de Haro avec fatigue. J'étais abandonné, quand je quittai l'Espagne pour la terre de l'exil avec Aïdda, ma fille... Quand je suis revenu, le temps avait travaillé sans moi... j'ai trouvé une moisson abondante et trop riche... Les desservidores sont partout, seigneur; ils vous entourent, ils vous pressent; cherchez-les dans la fange des faubourgs et sur les terrasses de la ville noble, dans le corps de garde des trabucaires et sur les marches du trône, dans les villes, aux champs, à la cour, au centre et à la circonférence... Vous avez parlé d'armée... c'est trop peu... Ne vous y trompez pas : il s'agit d'une nation...

— Et vous êtes le chef de ce peuple, don Louis ?
— Le chef suprême.

Le bon duc reprit sa promenade pensive.

Des rides se creusaient à son front. Son regard était austère et sombre.

— Seigneur, dit don Louis, j'attends votre réponse, si vous avez mission de m'en faire une au nom du roi.

— Au nom de Dieu ! Louis, mon frère ! s'écria le bon duc dont la voix tremblait, au nom de Dieu mort sur la croix, au nom de notre amitié si tendre... au nom de ton fils et de ma fille qui s'aiment comme nous nous aimions... écoute ! au nom d'Isabel, ta femme, renonce à tes desseins !... ne touche pas au roi, hidalgo, c'est là le parricide !... Tu as dit vrai, tu as dit trop vrai : le monde marche. Monte-t-il ? Descend-il ? je ne sais ; mais il marche. Le peuple est né, il grandit...

Si j'étais roi, je ne voudrais pas d'autre ami que le peuple... Tes desservidores, c'est le contraire du peuple... C'est la petite et la grande noblesse, ce sont les gens d'épée, les gens de robe, les cantadores, les prêtres, les inquisiteurs... je les connais : tu as raison, ils sont puissants... puissants pour le mal... Ceux-là s'agitent : le peuple progresse dans sa souffrance et dans son calme... Tu as prononcé le nom de Richelieu... je le voyais de ma prison... sa hache a deviné le peuple... Les desservidores, là-bas, en France, finissent sur l'échafaud... Mais le glaive qui tranche la tête d'un duc et pair ne peut-il s'égarer jusqu'à la tête d'un roi ? Charles Stuart, as-tu dit ?... Il y a eu une reine de ce nom, dont le dernier oreiller fut un billot... Frère ! ne touche pas au roi ! ma vue se trouble en regardant l'avenir... Qu'est-ce que la royauté ? un prestige. N'y touche pas ! la main la plus pure ternit le miroir de l'épée nue. Le sceptre, c'est l'arche, n'y touche pas, n'y touche pas !

Il essuya d'une main tremblante la sueur de son front. Don Louis était ému. On ne saurait trop dire si cette émotion naissait des arguments de Medina-Celi ou de la passion même qui débordait de son âme.

La valeur d'un syllogisme change selon le siècle. — Nous avons vu, hélas ! nous qui parlons, la valeur de certains syllogismes changer suivant l'année, suivant le jour, suivant l'heure !

Il y avait dans le plaidoyer du bon duc, non seulement la conviction ardente, mais encore la vérité actuelle et la raison du moment.

Le XIX⁰ siècle, si fier, n'a-t-il pas, comme le XVII⁰ son *inconnu* devant lequel il recule ?

Don Louis garda le silence, pendant que le bon duc reprenait haleine.

Celui-ci poursuivit bientôt, les mains jointes et les yeux mouillés :

— Frère, pourquoi nous disputons-nous ? Jadis nos cœurs s'entendaient. Tu m'aimes toujours, je le vois dans ton regard... Je crois toujours ce que tu m'as dit ; sur l'honneur, je le crois ! Tu me laissais dans ma prison pour m'épargner les dangers de la bataille ; tu m'avais choisi, dans ta constante tendresse, pour être le médecin des mille plaies de la guerre civile ; j'étais pour toi d'avance le modérateur entre les factions victorieuses et le roi vaincu. Sois remercié ! j'eusse accepté ce rôle avec résignation. Mais Dieu a permis que je fusse libre avant le combat.

Tu me connais, frère, et tu sais bien que, moi vivant, le combat ne se livrera pas. Je ne raisonne plus, je prie... Veux-tu que je m'humilie devant toi qui es la force? Veux-tu que je me prosterne et que j'embrasse tes genoux?

— Seigneur duc !... balbutia don Louis qui détourna la tête en lui retenant les deux mains.

— Tu ne veux pas ! reprit Hernan. Eh bien ! debout ou prosterné, frère, je suis un suppliant devant toi !... Reviens à nous franchement et loyalement. Souviens-toi de tes aïeux. Souviens-toi du serment que tu fis, toi, grand d'Espagne, au couronnement de Philippe...

— J'ai fait un autre serment ! murmura Louis de Haro.

— Y a-t-il rien au-dessus du serment fait au roi?

— Il y a le serment fait à la patrie.

La haute taille de Medina-Celi se redressa lentement.

— Seigneur, dit-il d'une voix où tremblait déjà la colère, vous êtes venu ici, au palais de votre souverain, apportant la proposition d'une paix dérisoire dans l'un des plis de votre manteau... Déroulez l'autre pli, et dites votre menace de guerre.

Le visage de Louis de Haro exprimait une grave et sincère tristesse.

Avant de répondre, il hésitait.

— Le revers d'une condition imposée, n'est-ce pas un cartel? demanda le Medina-Celi. Dites-nous l'heure, dites-nous le lieu de la bataille impie, afin que votre roi se prépare à vaincre ou à mourir!

Ce fut un gémissement profond qui s'échappa de la poitrine de don Louis.

— Frère, s'écria-t-il, de nous deux c'est toi qui es le traître au roi!... Ta parole n'est pas celle du roi!... Tu entraînes la monarchie à jouer son va-tout sur une carte fatale! Je veux voir le roi, je veux parler au roi!

Il fit un pas vers la porte de l'étuve. Don Hernan lui barra le passage en disant:

— Le roi ne veut pas te voir; le roi ne veut pas t'entendre.

Don Louis s'arrêta.

— Seigneur, prononça-t-il avec une tristesse navrée, je prie Dieu du fond du cœur que le poids du sang versé ne retombe pas sur votre tête.

— Tu vas donc verser le sang, Louis de Haro? demanda le bon duc, dont la prunelle jetait de sombres éclairs. Quel sang vas-tu verser?

— Frère! s'écria don Louis, qui fléchit brusquement le genou, aie pitié de ton maître! aie pitié de toi-même! Ce ne sera pas un combat: tu es seul; nous sommes l'Espagne entière.

— J'ai pitié, frère, puisque ce nom revient à à nos lèvres... frère, j'ai pitié de toi... Suis je seul, en effet? êtes-vous, en effet, cent mille? J'ai pitié de toi, j'ai pitié de vous tous, moi seul avec Dieu contre vos multitudes... moi seul loyal contre vous tous traîtres!... Relève-toi!... Je t'aime dans ton égarement comme Brutus aimait les fils qu'il envoyait à la hache... Je t'aime et je te condamne, je t'aime et je te maudis... Pour la seconde fois, ton lieu, ton heure? j'ai hâte !

Don Louis se releva, ses bras tombaient le long de ses flancs.

— J'ai fait de mon mieux, duc, répliqua-t-il à voix basse ; le lieu, c'est ici... l'heure, elle va sonner... mes soldats m'attendent... L'Espagne est comme vous, elle a hâte... Adieu !

Il étendit sa main. Le bon duc la saisit.

— Et si tes soldats ne te voyaient pas venir, frère? manda-t-il d'une voix si étrange qu'un tressaillement courut par tous les membres de don Louis.

— Une trahison! de ta part! Frère, murmura-t-il, ce n'est pas possible ?

— Ils attendraient leur chef, n'est-il pas vrai ? poursuivit Hernan qui contenait les éclats de sa voix ; c'est leur chef qui doit donner le signal... ils ne bougeraient pas !

Don Louis essaya de se dégager sans répondre, mais la main de Medina-Celi était d'acier.

— Une trahison !... de ma part! répéta-t-il, je m'appelle Perez de Guzman : tu as raison, c'est impossible!... Mais tu m'as dit ton heure, elle va sonner... mais tu m'as dit ton lieu : c'est ici... mais ce n'est pas moi qui ai parlé de duel ni de bataille... Louis de Haro, tes soldats t'attendront : tu es ici, je te garde !

Il lâcha d'un geste violent la main qu'il tenait, et prit sur la table son épée nue.

Le premier mouvement de don Louis fut de se

précipiter sur la sienne, mais il se contint, et l'effort terrible qu'il fit sur lui-même corda les veines de ses tempes.

— Hernan! murmura-t-il, tu crois servir le roi... Hernan, sur ma conscience et devant Dieu! je te jure que, si tu me barres le passage, Philippe d'Espagne est menacé de mort.

La pointe de l'épée du bon duc touchait les dalles. Il avait les deux mains croisées sur la garde. Sa robuste pose eût fait l'étude d'un peintre.

— J'aime mieux pour mon roi la mort que la honte, répondit-il : le fer sacrilège peut tuer Philippe ; c'est la royauté même qui tomberait, étouffée par une capitulation infâme. Tu ne sortiras pas!

Sous les cils rabattus de don Louis, une flamme brilla.

— Hernan, dit-il encore pourtant, ceux qui m'attendent sont des soldats... des gentilshommes... des Espagnols... Ils veulent la patrie libre et grande sous le roi respecté; mais une autre conspiration rugit dans l'ombre; frère, c'est l'épée de mes soldats qui doit protéger la poitrine de Philippe contre le poignard des assassins. Ne me retiens pas si tu veux sauver le roi!

— Don Louis, répliqua le Medina-Celi, je ne veux pas que tu sauves le roi... les assassins me trouveront comme tu me trouves... Dieu protège l'Espagne... ce jour sera pour tous celui de la justice... tu ne sortiras pas!

Louis de Haro marcha lentement vers la table, où il prit à son tour son épée nue.

Il revint à sa place en la tenant dans sa main gauche.

Hernan de Medina-Celi passa également son épée dans sa main gauche. Ils avaient la même pensée : leurs mains droites se joignirent, puis d'un commun mouvement leurs poitrines se rapprochèrent. Un instant ces deux vaillants cœurs battirent l'un contre l'autre.

Ils avaient tout dit. Entre eux désormais aucune parole ne fut échangée.

Seulement quand Louis de Haro se redressa, il prononça tout bas :

— Une dernière fois, Hernan Perez de Guzman, de Medina-Cel, au nom de notre Seigneur le roi, qui est en péril, je te somme de me livrer passage !

— Au nom du roi libre et absolu, répondit le bon duc, Louis de Haro, marquis de Buniol, je te refuse le passage et je te retiens prisonnier.

— Que Dieu soit juge ! ajoutèrent-ils ensemble en faisant le signe de la croix.

Puis les deux épées se touchèrent en rendant un son clair et furtif.

Dieu seul était juge et Dieu seul témoin.

Entre ces deux hommes qui venaient d'échanger le baiser fraternel, il ne pouvait y avoir de vains ménagements.

Pour que l'épée nue brillât dans chacune de ces mains, il fallait deux convictions si profondes et séparées par un tel abîme qu'une fois le fer dégainé la bataille devait être mortelle.

Pour tous deux, le devoir était dans la lutte, un devoir si étroit et en même temps si sacré que le cri du cœur devait se taire, étouffé par la lourde main de la destinée.

13.

Louis de Haro avait droit, car les meilleures années de sa vie avaient été dépensées à son œuvre. On lui faisait obstacle au moment même où il allait toucher le but poursuivi depuis si longtemps. Cet homme, qui était devant lui, par son aveuglement obstiné découvrait le roi, que la conspiration de la camarilla entourait dans l'ombre, et il couvrait au contraire le comte-duc avec toute sa séquelle de traîtes.

Louis de Haro avait droit, car il venait de prouver sans réplique qu'il n'agissait ni par ambition, ni par haine.

Mais Medina-Celi avait droit aussi, lui, le chevalier de loyauté. Il obéissait à la loi rigoureuse de sa race. Celui-là qui était son frère d'armes et son meilleur ami venait imposer des conditions à Philippe d'Espagne ; celui-là prononçait ce mot si grand, mais si nouveau : « La patrie », et mettait une statue de marbre à la place du Dieu vivant; celui-là se posait en protecteur du trône, comme si tout trône protégé n'était pas d'avance abattu.

Medina-Celi avait droit, puisque la logique rigoureuse de son dévouement allait jusqu'à préférer la mort à la protection.

Il voyait clair, ce dernier-né des fidèles antiques. Quand le roi est mort, on peut crier : Vive le roi! Quand le roi s'abaisse sous un joug, c'est la royauté même qui agonise ou s'humilie.

Ils avaient droit tous deux. Ni l'un ni l'autre ne devait fléchir, moins encore reculer.

Ce fut une lutte terrible et silencieuse. Le silence de Medina-Celi disait : Foi ! Le silence de don Louis répondait : Liberté!

Ou mieux, tous deux disaient : Honneur ! l'honneur du roi, l'honneur de l'Espagne !

Ce fut une lutte grandiose et stoïque, où le triomphe devait être sans joie et la chute pleine d'amertume.

Deux âmes héroïques, deux bras d'Hercule !

Deux regards d'aigle qui entraient l'un dans l'autre ; deux passions austères et profondes ; deux vaillances égales.

Même adresse, même vigueur, même sang-froid.

C'était à don Louis d'attaquer ; il voulait forcer le passage, son épée alla droit à la poitrine de Medina, qui para et se remit en garde sans riposter. Don Louis redoubla ; don Hernan para encore et sa rapière flamboya entre les deux yeux de don Louis qui, parant de trop court, fut obligé de se rejeter en arrière.

On eût pu voir alors le sang qui montait lentement à ces deux visages pâles.

Les jeux du fer ont de prodigieux entraînements.

Au bout de quelques minutes, les mains frémissaient impatientes, les pieds convulsifs mordaient le sol, les cheveux agitaient leurs masses pesantes et baignées de sueur, les gorges sifflaient, les yeux brûlaient.

Et les rapières endiablées, multipliant leurs chocs précipités, entouraient les deux adversaires d'une large gerbe d'éclairs.

Car le gai soleil des matinées andalouses entrait par les croisées ouvertes et jetait à pleines effluves sur cette scène épique ses radieuses clartés. La brise tiède et molle faisait comme le soleil, apportant les senteurs embaumées des jardins. Les oiseaux chantaient sous le feuillage humide encore de l'ondée, et l'ombre des bosquets envoyait çà et là quelque refrain amoureux, soutenu par les crépitants accords de la mandoline.

Le flanc du bon duc saigna le premier.

— Rends-toi, Hernan ! cria don Louis ; un démon pousse mon bras : je vais te tuer !

Le Medina-Celi répondit par une série d'attaques si foudroyantes que Louis de Haro, ébloui et troublé, se réfugia derrière la table.

— Rends-toi, frère, dit le bon duc ; Dieu est avec moi. Je le sens et j'ai peur. Ce n'est pas moi qui frappe, c'est la volonté divine.

Un rugissement de colère s'échappa de la poitrine de don Louis. A son tour, il chargea le bon duc ferme comme un roc et conservant son avantage. Don Louis, profitant des larges licences de l'escrime espagnole, parvint à saisir de la main gauche l'épée de son antagoniste et lui déchargea sur le crâne en fendant à tour de bras.

Le bon duc passa sous l'épée qui, rencontrant l'angle du marbre, se brisa en éclats.

Le bon duc lâcha aussitôt la poignée de sa rapière, qui resta par la lame entre les mains de Louis. Mais don Louis la jeta.

Tous les deux avaient déjà le poignard au poing.

Là-bas, c'est aussi une arme de combat, et qui a son escrime comme l'épée. Jusqu'à la fin du XVIIe siècle, en Espagne, tout homme de guerre était exercé au maniement de la dague, qui est restée sous un autre nom, jusqu'à nos jours, l'engin meurtrier des duels populaires.

Les manteaux, prestement roulés, firent un bouclier à chacun des deux champions. Ils se rasèrent en même temps sur leurs jarrets pliés, comme deux lions qui vont bondir, puis ils se rapprochèrent par un mouvement nerveux du pied, pivotant sur le talon.

Bientôt ils furent face à face, les yeux dans les yeux, genou contre genou ; le vent brûlant de leurs haleines se croisait.

Don Louis dirigea une feinte au visage, en même temps qu'il rabattait le poignard du bon duc par une brusque pesée de son bras gauche. Le bon duc rejeta sa tête en arrière. Don Louis, ramenant son bras droit à l'épaule, lança son coup droit en pleine poitrine, en poussant un soupir de triomphe.

Mais le bon duc avait volté sur place. Don Louis passa, emporté par son élan. Il avait rencontré le vide.

Le bon duc ne frappa point pendant qu'il tournait le dos.

Il attendit. Au moment où Louis de Haro revenait sur lui, furieux, il donna son manteau à l'attaque et frappa un coup, un seul.

Don Louis chancela, puis tomba sur ses genoux.

Le poignard s'échappa des mains du bon duc.

Don Louis voulut profiter de ce moment de stupeur pour se traîner vers la porte.

Le Medina-Celi, défaillant, vint se mettre au-devant de lui.

— Frère, murmura Louis de Haro, les deux mains sur sa blessure, laisse-moi... je t'en conjure... j'aurai la force et le temps... ils vont venir... Tu as tué le roi !

— Frère, répondit le Medina Celi, plus pâle que le mourant lui-même, tu ne sortiras pas... Le roi est sous ma garde... Un seul homme me faisait peur : c'était toi.

— Tu ne sais pas... tu ne sais pas... reprit don Louis, dont la voix s'affaiblissait, ils sont réunis chez le traître Pedro Gil. J'avais contre leurs poignards les épées de mes gentilshommes.

— Mais je ne pourrai pas !... s'interrompit-il, la mort vient... Ne pleure pas, Hernan !... je vais rejoindre Isabel... je vois déjà son sourire... En face de la mort, mon frère, je le déclare et je le jure, j'ai agi selon mon honneur !

— Frère !... frère !... balbutia le bon duc qui s'agenouilla près de lui, tu ne mourras pas !

Un pâle sourire vint aux lèvres de don Louis :

— Dieu a fait son choix entre nous, prononça-t-il avec effort, ne me pleure pas, te dis-je... je meurs content... prends le médaillon qui est suspendu à mon cou... porte-le à don Vincent de Moncado, capitaine des trabucaires de la garde... Il t'obéira...

— Frère ! mon noble frère ! répétait don Hernan.

Don Louis fit un mouvement comme pour lui tendre les bras.

Le bon duc se jeta sur lui, ivre et fou de douleur.

— Hâte-toi !... fit Louis de Haro d'une voix presque inintelligible, c'est à l'heure de la méridienne...

Puis, s'interrompant dans un suprême effort :

— Les enfants !... ajouta-t-il, qu'ils soient heureux !... Qu'ils ne sachent jamais !... Je t'aime, frère, et je donne mon âme à Dieu...

Il eut entre les bras du bon duc un court et faible tressaillement.

Le silence régna dans la toilette du roi.

Des pas sonnèrent sur les dalles de l'étuve.

Hernan ! — dit la voix grêle de Philippe d'Espagne, as-tu renvoyé le païen ?

Et comme il n'avait point de réponse :

— J'avais oublié un nom, poursuivit il, dans ma liste de toréadors pour ma course triomphale... Cuchillo en sera ! Cuchillo, la première épée des Espagnes !

Il poussa la porte. Il recula frappé de stupeur en voyant le Medina-Cœli accroupi sur le sol et les lèvres collées au front de celui qu'il appelait le païen.

— As-tu tué sidi Hussein, mon sorcier ? s'écria-t-il.

A la voix du roi, don Hernan sembla sortir d'un sommeil. Il se releva lentement.

Ses nobles traits avaient vieilli de dix ans.

— Royal Seigneur, dit-il avec un désespoir si navrant que Philippe lui-même en fut ému, j'ai fait comme mes aïeux, je vous ai donné plus que ma vie !

XIII

L'OÏDOR PEDRO GIL.

Une demi-heure après, tout était en émoi dans les appartements royaux. Philippe IV quittait sa très loyale cité de Séville pour retourner à Madrid. On pliait les bagages de la reine. Les préparatifs du voyage se faisaient en toute hâte. Cela ressemblait à une fuite.

Un cavalier courant à bride abattue s'arrêta devant la maison du forgeron de la rue de l'Infante. Il demanda le seigneur Pedro Gil, oïdor second de l'audience de Séville. Nul dans le quartier ne connaissait ce cavalier, dont le visage disparaissait derrière les plis de son ample manteau.

Du haut de son balcon, Gabrielle répondit que son père venait de se rendre à la maison de Pilate, auprès de Sa Grâce le duc de Medina-Celi.

Le cavalier repartit au galop.

En traversant la place de Jérusalem, il put voir, en effet, l'oïdor Pedro Gil arrêté devant la porte de la maison de Pilate en compagnie de quatre ou cinq seigneurs.

Le gentilhomme enfonça ses éperons dans les flancs de sa monture, et prit la ruelle qui tournait le jardin du palais. Il avait la clef de la poterne donnant sur l'abreuvoir de Cid-Abdallah. Il entra ; il traversa les bosquets, toujours à cheval, et ne mit pied à terre que devant l'entrée particulière des appartements de la bonne duchesse.

Esteban d'Antequerre, ancien roi des gueux, et présentement sosie du duc de Medina-Celi, était assis devant les restes d'un bon déjeuner et tuait le temps par des réflexions philosophiques. Il était prisonnier, de par la volonté du duc Hernan ! mais, à tout prendre, son cachot était splendide et l'on y vivait comme il faut. Esteban se disait :

— En restant au lit jusqu'au déjeuner, en déjeunant jusqu'au dîner, en dînant jusqu'à l'heure de dormir, on peut patienter ici une ou deux semaines.

Il se disait peut-être encore beaucoup d'autres choses, quand soudain un pas précipité se fit entendre dans la ruelle de son lit.

C'était littéralement comme si l'on eût marché dans un mur.

Le saint Esteban se retourna.

Un des tableaux pendus dans la ruelle lui sauta aux yeux violemment. Ce tableau venait de tourner sur lui-même.

Il n'eut pas le temps de s'étonner. Le duc de Medina-Celi était près de lui.

— Reprends ta peau, chien ! dit le bon duc, en jetant à la tête d'Esteban son manteau de gros drap et son pourpoint bourgeois ; nous sommes au dénouement de la comédie. Les masques tombent, à chacun sa toison !

C'est le ton qui donne le sens aux paroles.

L'accent de Medina-Celi était dur, froid, impérieux.

Il y avait sur son front une tempête.

— Seigneur, dit Esteban vaguement effrayé, n'ai-je point obéi à vos ordres? Que voulez-vous de moi?

— Tes dorures, coquin, répondit Hernan, et vite!... Tu as joué mon rôle de duc... je vais jouer encore une fois ton rôle d'histrion effronté...

Il arracha le pourpoint brillant qui couvrait les épaules du roi des gueux, et s'en revêtit en un clin d'œil.

Esteban l'aidait machinalement. On frappa à la porte principale avec discrétion.

— Quant à cela! grommela le roi des gueux. Votre Grâce a posé le verrou en dedans?

— Dépêche!... Au manteau, maintenant.

On frappa de nouveau. Il était facile d'entendre derrière la porte des gens qui s'entretenaient à voix basse.

— Messeigneurs, disait Pedro Gil, ce misérable Trasdoblo m'a trompé... trompé indignement et jusqu'à la dernière heure. Le duc de Medina-Celi n'a pas été tué dans le préau de Alcala de Guadaira.

— Nous savions cela, interrompit don Pascual de Haro avec rudesse.

— C'est toujours une grande inconséquence, ajouta le président de l'audience, que de s'en rapporter aveuglément à un homme de peu, tel que vous, mon maître... Ceci soit dit à l'adresse de mon vénéré parent, don Bernard de Zuniga.

Une voix pleureuse répondit :

— J'ai fait de mon mieux, mes parents, mes amis! Ma conscience ne me reproche rien!... La signature est à moi depuis vingt ans... Je n'ai pas d'ambition... Qu'on me laisse seulement ce que j'ai!

— A la toque, maraud! ordonne le bon duc; agrafe ma ceinture... tu vois bien qu'ils s'impatientent!

On disait, en effet, dans l'autre pièce :

— Que fait donc ce misérable pour ne pas ouvrir.

Et l'on frappait plus fort.

Le bon duc, ayant achevé sa toilette, saisit le roi des gueux par le bras et l'entraîna dans la ruelle. Le tableau de Montanez laissait béante l'ouverture secrète. Le bon duc y poussa Esteban en disant :

— Un mot, un soupir et tu es mort!

Il referma le panneau, laissant le saint d'Antequerre dans une complète obscurité.

L'instant d'après, la porte principale, roulant sur ses gonds, donnait passage à nos hommes d'État, escortés de leur factotum Pedro Gil qui méritait certes bien d'occuper un grade plus important dans cette honorable confrérie.

Esteban, dans son trou, collait l'oreille à la cloison. Il comprenait désormais comment le fantôme était venu troubler son sommeil la nuit précédente, malgré toutes ses sages précautions et en dépit des gardes du corps couchés en travers de sa porte.

Il n'avait qu'une consolation, cet ancien monarque; il en usait et répétait sur tous les tons :

— Scélérat de Pedro Gil!

Les nouveaux arrivants étaient au nombre de six : don Bernard de Zuniga, premier secrétaire d'Etat; don Baltazar de Zuniga y Alcoy, président de l'audience andalouse; don Pascual de Haro, commandant des gardes; le connétable de Castille et l'amirante Jean Sforza, marquis de Tarragone.

Le bon duc les reçut d'un visage ouvert et riant.

L'oidor entra le dernier. Il referma la porte et remit le verrou avec soin.

— Messeigneurs, dit-il d'un accent délibéré, jusqu'au dernier moment j'ai gardé un espoir; jusqu'au dernier moment j'ai cru que nous allions trouver cette salle vide. Il n'y a plus de doutes, puisque cet homme est là devant nos yeux, il faut bien que ce soit le vrai Medina qui a passé la matinée en tête-à-tête avec le roi.

— Tu nous a attirés sur le bord d'un abime, Pedro, murmura le connétable avec accablement.

Le vieux Zuniga se laissa choir sur un siège.

Alcoy demanda :

— Ne venais-tu ici que pour t'assurer de ton erreur?

L'oidor, les sourcils contractés, le front plissé, regardait Esteban. Celui-ci prit la parole de son accent le plus gaillard :

— Ah ça! mes illustres maîtres, dit-il, pensez-vous que cette comédie touche à son dénouement? Je m'ennuie.

— Tais-toi! ordonna Pedro Gil.

— Et pourquoi me taire? seigneur oidor? Je l'ai vu votre duc : il m'a paru bon diable.

— Tu l'as vu! s'écrièrent tous les assistants effrayés.

— Comme je vois vos trois nobles seigneuries...

— Et que t'a-t-il dit? interrogea Pedro Gil, blême de stupeur.

— Il m'a pris par le bras, répliqua le prétendu Esteban; il m'a conduit devant une glace et il s'est écrié :

« Par la devise du grand Perez, mon aïeul, depuis que le monde est monde, on ne vit jamais rien de pareil! Se peut-il que le même moule ait servi pour un croquant tel que toi, l'ami, et pour le premier inscrit sur le livre de la grandesse espagnole! »

— Il a dit cela! balbutia le vieux Zuniga; c'est un homme d'humeur douce et miséricordieuse alors; peut-être qu'on pourrait s'accommoder avec lui...

— C'est mon avis, appuya Alcoy.

— C'est aussi le mien, ajouta don Pascual; nous ne sommes pas sans avoir quelques droits à sa bienveillance... Avant-hier, sur la place de Jérusalem, nous lui avons fait nos offres de service...

— Avant-hier! répéta Pedro Gil. Et vous avez pu garder ce secret?

— Vas-tu nous faire des reproches, malheureux? demanda le président de l'audience avec hauteur.

— Mieux que des reproches, Excellence, répliqua l'oidor en se redressant; vive Dieu! tous nos comptes vont se régler ici, et je ne vous tiens pas quittes... Esteban, le Medina ne t'a-t-il pas dit autre chose ?

— Si fait, seigneur oidor, répondit le roi des gueux ; il m'a dit que Philippe d'Espagne me ferait appeler ce matin, et que si j'avais le malheur de bouger d'une semelle, il prendrait la peine de me fendre le crâne jusqu'aux épaules.

— Et tu te l'es tenu pour dit, n'est-ce pas, Esteban !

— Parfaitement, Seigneurie.

Nos hommes d'État échangeaient force regards.

— Est-ce tout ? demanda encore Pedro Gil.

— C'est tout... Sa Grâce a daigné sortir par la porte qui est devant vous, quoiqu'elle fût entrée par le trou de la serrure... J'ai déjeuné comme il faut, et j'attends.

L'oidor lui tourna le dos.

— Seigneurs, dit-il en s'adressant aux grands d'Espagne qui l'entouraient, ce lieu est du moins propice pour notre suprême délibération. Nous ne craignons ici aucune oreille indiscrète, et personne ne viendra nous chercher dans la demeure de notre ennemi mortel.

— Hernan de Medina-Celi est-il bien notre ennemi ? prononça don Pascual d'un air de doute.

— Est-ce que cet homme peut vous répondre ? murmura le président de l'audience, dont les épaules s'élevèrent avec dédain.

— Prenez place, Excellence, dit Pedro Gil ; nous avons une heure devant nous. Il n'est pas possible d'agir avant la méridienne.

On s'assit.

Le vieux Zuniga ôta ses deux mains maigres, qui couvraient un visage désolé. Jamais ministre d'Etat n'avait été si jaune et si décharné que ce digne hidalgo.

— Je propose, dit-il d'une voix éteinte, de faire notre soumission pleine et entière au Medina-Celi, et j'appuie mon opinion... Le duc Hernan ne veut certainement ni la présidence de l'audience de Séville, ni la connétablie de Castille, ni le commandement des gardes, ni la pauvre place que j'occupe...

— Ni même, continua Alcoy en raillant, la dignité d'auditeur second, dont est revêtu le seigneur Pedro Gil.

— En conséquence, reprit le vieux ministre, il respectera peut-être les positions acquises pour ne point s'entourer d'ennemis .. Et si je garde la signature...

— Tout pauvre hère que je suis, messeigneurs, interrompit sans façon Pedro Gil, vis-à-vis de Vos Excellences, il paraîtrait que je suis, ce matin, mieux informé que vous de ce qui se passe à la cour. J'ai une fille, innocent et bon cœur, dont la vie se passe à faire le bien. Dieu puisse-t-il m'en tenir compte !... Au lever du jour, ma fille était dans le logis du maragut Moghrab.

Mais je vous prie, messeigneurs, s'interrompit-il brusquement, quelqu'un de vous a-t-il vu, depuis hier soir, le maragut Moghrab?

Personne ne répondit, et personne ne remarqua la subite pâleur qui couvrait les traits d'Esteban, accoudé sur la table, à quelques pas du noble conciliabule.

— Personne... dit Pedro Gil.

— Excepté moi ! prononça le roi des gueux avec effort.

— Toi, Esteban, s'écria l'oidor; serait-il venu dans ce palais ?

Esteban avait déjà repris tout son calme.

— Y a-t-il parmi vous, messeigneurs, demanda-t-il, des ennemis ou des amis de don Luiz de Haro, l'ancien compagnon du roi ?

Un silence profond suivit cette question.

Esteban poursuivit :

— J'ignore quel intérêt a porté ce don Luiz de Haro à se cacher sous le nom de Moghrab...

— Don Luiz !... don Luiz de Haro !... répétèrent à la fois toutes les voix altérées.

— Don Luiz !... ajouta le vieux Zuniga; L, u, i, z... quatre lettres !... Moghrab m'avait prédit que le successeur du comte-duc, mon neveu, aurait nom...

— Silence ! ordonna péremptoirement Pedro Gil; que nous importe ce nouvel adversaire ?... ce n'est qu'un coup de plus à frapper !

— En sommes-nous là ? murmura le connétable qui fit un mouvement pour se lever.

— Je vous laisse juges, messeigneurs, repartit l'oidor ; je continue l'histoire de Gabrielle, ma fille... Il y avait un blessé chez ce Moghrab. Vous connaissez tous ce blessé, c'est celui dont la tête fut mise à prix avant-hier pour tentative de meurtre sur la personne du comte de Palomas. Pourquoi Moghrab l'avait-il recueilli chez lui ? Nous sommes à l'heure où les mystères s'éclaircissent : attendons... Un message de la cour est arrivé par courrier royal.

On a éveillé le blessé, malgré ma pauvre Gabrielle, de la bouche de qui je tiens ce récit, et le blessé, après avoir lu le message s'est mis sur ses pieds chancelants. Moghrab est entré, portant sur son bernuz un costume d'officier de la garde du roi. Il a aidé lui-même le jeune homme à s'en revêtir. Après quoi, il lui a imposé les mains, le charlatan qu'il est, en lui disant : « Marche, mon fils ! » Et le jeune homme a marché... Moghrab l'a soutenu dant ses bras pendant qu'il descendait dans l'escalier. Une chaise les attendait à la porte de la rue de l'Infante...

— Nous savons le reste, maître Pedro, interrompit Alcoy, puisque nous avons vu le capitaine Ramire de Mendoze dans l'antichambre de Sa Majesté.

— Je suis forcé de vous démentir, seigneur, interrompit l'oïdor : non !... vous ne savez pas le reste !

— Ce Moghrab est un bien habile calculateur, pensa tout haut le vieux Zuniga ; je n'ai jamais eu la moindre haine personnelle contre notre illustre cousin don Luiz de Haro.

— Qu'y a-t-il donc encore? demanda don Pascual.

Le faux Esteban devint attentif, tout en feignant la plus parfaite indifférence.

— En servant de valet de chambre au jeune homme, continua l'oïdor, Moghrab ou Luiz de Haro, comme vous voudrez l'appeler, avait laissé tomber son portefeuille.

— Ah ! fit-on tout d'une voix.

Et la curiosité éveillée reserra le cercle.

— Ma fille Gabrielle, poursuivit Pedro Gil, est la compagne et l'amie d'Aïdda la Mauresque, prétendue fille de l'Africain.

Aïdda était absente : elle n'est pas rentrée à la nuit... Et, soit dit en passant, messeigneurs, les plus clairvoyants peuvent avoir parfois un bandeau sur les yeux, car Sa Grâce le comte-duc, servi par la plus belle police qui soit au monde, n'a point soupçonné que cette Aïdda, filleule de Blanche de Moucade, conspirait contre l'honneur de sa maison, comme Luiz de Haro conspirait contre son autorité de ministre... Gabrielle, ma fille, restée seule dans le logis de Moghrab, a trouvé le portefeuille... Elle savait mes liaisons secrètes avec cet homme, elle me croyait son ami ; elle m'a apporté les tablettes afin que je les lui rendisse.

— Et tu les as, ces tablettes? s'écrièrent tous les assistants à la fois.

— Et je les ai, messeigneurs.

D'un mouvement involontaire, Esteban s'était rapproché.

— Montre-nous ces tablettes, maître ! prononça le président de l'audience d'un ton impérieux.

— Patience, seigneur; ces tablettes contenaient beaucoup de choses qui ne vous regardent en aucune façon.

— Oses-tu bien !... commença don Pascual.

— Seigneurie, vous allez voir tout à l'heure ce que j'ose et ce que je n'ose point; qu'il vous suffise pour le moment de savoir que le portefeuille contenait la preuve irréfutable de l'identité de don Luiz de Haro. Une seule des pièces contenues dans ces tablettes vous importe à connaître, j'en fais hommage à Vos Excellences. La voici.

Il tira de son sein un pli de parchemin qu'il développa.

Nos hommes d'Etat l'entourèrent aussitôt.

— L'un de vous, mes respectés patrons, veut-il en donner lecture à haute voix? demanda Pedro Gil avec sarcasme.

Un silence profond répondit à sa question. Toutes les têtes étaient courbées, tous les sourcils froncés, tous les regards sombres.

Chacun avait parcouru d'un seul coup d'œil la feuille de parchemin.

— Eh bien donc! reprit l'oïdor, je lirai pour vous, comme c'est mon devoir... C'est une liste de faveurs royales... sautons les noms des absents, et commençons par vous, seigneur connétable... Don Juan de Sandoval, duc d'Uzeda, est nommé connétable de Castille.

Alvares laissa échapper un blasphème.

— Don Manoël de Cuenza, comte d'Aguilar, reprit l'oïdor, est nommé amirante premier et commandeur général des galères de l'État.

— Par la mort du Sauveur! s'écria Sforce, tu mens, faussaire!

— C'est écrit, prononça le connétable d'un ton à demi consolé.

— Ici, un nom effacé, poursuivit Pedro Gil! le nom de don Hernan de Moncade, premier marquis de Pescaire, nommé capitaine-général de la garde du roi...

— On s'est ravisé, dit Pascual de Haro.

— Avez-vous vu un crêpe à l'épée de don Vincent, seigneur? répliqua l'oidor; le vieux Moncade est décédé cette nuit... ce n'est qu'un nom à changer...

Pascual ferma les poings et rugit une malédiction.

— Don Simon de Sandoval, continua l'oidor impassible, est nommé président de l'audience de Séville.

— Très bien, dit Alcoy qui parvint à sourire, j'attendais mon tour.

— Don Ramon de Tolède, duc d'Alde, est nommé premier secrétaire d'État...

On entendit un long gémissement. C'était le vieux Bernard de Zuniga qui pleurait la signature.

— Est-ce tout? demanda Alcoy d'un air dégagé.

— Ce n'est pas tout, repondit l'oidor.

— Pourquoi nous caches-tu le dernier nom?

— Parce qu'il me plait de vous faire une surprise... Le dernier nom couronne l'œuvre... le dernier nom est comme le puissant coup de pinceau qui met la vie et la couleur dans les pâles contours d'une esquisse ébauchée...

Le dernier nom est mieux que cela... le dernier nom est la parole mystérieuse et menaçante, écrite sur la muraille de la salle des festins de Balthazar... Il va vous dire ce nom : « Vous n'avez vu encore que la surface de votre ruine, vous n'avez pas mesuré la profondeur de votre disgrâce... vous n'êtes pas seulement des courtisans chassés, vous êtes des hommes morts ! »

Il y eut un mouvement parmi nos grands d'Espagne, qui se rangeaient tout pâles autour de l'oïdor.

Il avait grandi, ce Pedro Gil, de tout l'abaissement de ses anciens patrons.

— Ce nom! murmura le premier, Alcoy, dis-nous ce nom!

Les autres répétèrent :

— Ce nom !... dis-nous ce nom!

— Ne faut-il pas un successeur à don Gaspar de Guzman, au comte-duc, au favori? demanda l'oïdor, dont la voix éclata : ce nom, c'est celui de l'homme à qui vous appartenez comme le meurtrier est à la victime. Pour vous comme pour moi, il sort de la tombe. Le successeur du comte-duc se nomme don Hernan Perez de Guzman, duc de Medina-Celi.

Ce fut comme la foudre qui tomba.

Chacun resta muet sous cette terrible menace du sort.

Esteban, à qui personne ne prenait garde, essuya furtivement une larme qui se balançait aux cils de sa paupière.

— Mon frère! murmura-t-il; mon noble Louis!

Puis refoulant cette voix de son âme ulcérée et rentrant vaillamment dans son rôle.

— Malpeste! mes maîtres, dit-il en s'avançant, me voici donc premier ministre du roi de toutes les Espagnes!... Cela valait bien la peine d'abandonner mon ancien sceptre et ma couronne de monarque pour rire...

— La paix, maraud! ordonna durement Pedro Gil; ne t'inquiètes pas, tu vas avoir ta besogne!

— Messeigneurs, ajouta-t-il en promenant à la

ronde son regard effronté, faites-moi la grâce de me dire ce que vous pensez de tout ceci?

Alcoy lui tourna le dos, et, touchant le bras de don Pascual :

— Cousin, murmura-t-il entre ses dents, il y a loin d'ici à la frontière de France...

— En quelques heures, nous pouvons être à Cadix, cousin, répondit le commandant des gardes; de là, si besoin est, on fait voile pour l'Angleterre.

— Un bon cheval, disait le connétable à Jean Sforce, peut mener un homme à Ayamonte avant la fin du jour...

— Et d'Ayamonte à Catromarim, il n'y a que la Guadiana à traverser...

— Cousin Bernard, demanda Alcoy au vieux Zuniga, êtes-vous de l'humeur des pères conscrits de Rome qui moururent noblement dans leurs chaises curules ? ou vous plaît-il de prendre avec nous la clef des champs ?

Don Bernard de Zuniga joignit avec passion ses mains desséchées; il regarda le ciel, tandis que deux grosses larmes roulaient dans les rides du parchemin qui recouvrait ses joues.

— La signature!... balbutia-t-il dans son angoisse navrante; qu'on m'immole!... qu'on me sacrifie!... qu'on me déchire avec des ongles de fer!... Qu'ai-je fait? quel est mon crime? Ma grand'mère était une Perez de Guzman; j'ai épousé une Tolède en premières noces; je suis l'ami, je suis le parent, le meilleur ami, le plus proche parent de tout ce nouveau ministère!

— Alors, cousin, dit don Pascual, votre serviteur, nous vous faisons nos adieux.

— Arrêtez! s'écria le malheureux vieillard.

— Ils n'iront pas loin, Excellence, interrompit froidement Pedro Gil.

— Qu'est-ce à dire, maître fripon? s'écria Alcoy.

— C'est-à-dire, Excellence, que toutes les portes de Séville sont closes depuis une heure, que votre vénéré signalement est donné à toutes les issues... Pensez-vous avoir affaire à des enfants?

— Nous serions prisonniers? nous!... dans Séville!

Ceci fut prononcé d'une seule voix. Tous ces visages fanfarons blêmirent, tous ces regards orgueilleux se baissèrent.

— Sur ma foi, si j'en ai, dit l'oïdor d'un ton de persiflage, vous voilà bien bas, tous tant que vous êtes, mes respectés patrons!.. Vous faites honte à notre camarade Esteban; voyez!

Celui-ci ne prenait point garde, et sa physionomie exprimait en effet un amer dégoût.

Aussitôt que les yeux se fixèrent sur lui, il reprit sa pose insouciante et dit :

— Leurs Seigneuries ne sont pas à la noce!

— Quant à moi, poursuivit Pedro Gil, je ne cache pas que vous commencez à me faire pitié, Excellences!... Par saint Jacques! l'idée de combattre ne vous est pas même venue!

— Combattre! répéta Pascual d'un air découragé.

Les autres échangèrent entre eux des regards abattus.

— Avec quelles armes?... demanda Alcoy.

Et don Pascual ajouta :

— Maître Pedro, tu nous a trompés tant de fois !

— Et quand donc vous ai-je trompés, Messieurs ? s'écria l'oïdor : le coup que j'ai tenté en votre faveur n'est-il pas adroit et hardi ? Suis-je cause que le Medina-Celi soit sorti de terre ? Quelles ressources étaient dans mes mains ? celles d'un officier subalterne de la justice ; celles d'un misérable salarié !

Vous aviez, vous, la puissance du nom, de la naissance, du rang, de la fortune ; vous occupiez de hautes places ; vous disposiez des finances de l'État, de la magistrature de l'État, des soldats de l'État. L'innombrable armée de la police obéissait à vos ordres... et vous n'avez rien fait ! Avec néant, moi, j'ai ébranlé une montagne. Il s'en est fallu d'un cheveu que je ne vous rendisse les maîtres de l'Espagne... Sang du Christ ! il y a là un enseignement et j'en profite... Je suis plus fort que vous, je dois être avant vous... Depuis quand la tête obéit-elle aux membres inférieurs ? La cause de notre défaite momentanée, c'est cette anarchie même... Prenez-moi pour chef et nous vaincrons.

Nous t'avons promis déjà des places et des honneurs, dit Alcoy.

— Et des richesses immenses, ajouta le connétable.

— Ce n'est pas assez... Vous vous noyez, je vous tends la corde du sauveteur... Malheur à vous si vous marchandez mon aide !

— As-tu un plan ? demanda Alcoy, après avoir consulté de l'œil ses collègues.

— J'ai un plan, répondit l'oidor.
— Et des moyens d'exécution ?
— Et des moyens d'exécution.
— Tu les avais donc préparés ?
— Je les ai préparés cette nuit... Et, trêve de questions à ce sujet, mes maîtres ; je réponds à toutes par un seul mot : j'ai toujours travaillé pour moi-même, je n'ai jamais travaillé que pour moi-même.

Pendant que nos grands d'Espagne se consultaient indécis, le vieux Zuniga dit d'un ton dolent :

— Mon avis a toujours été que ce garçon possède une intelligence rare... Laissez-moi lui demander si je garderai la signature...

— Vous n'avez qu'une seule chose à savoir, Messeigneurs, dit Pedro Gil d'un ton sec, c'est ce que je veux.

— Eh bien ! par le diable ! s'écria Pascual de Haro, que veux-tu ?

— Votre envie à tous est-elle de le savoir ?

— Parle ! fut-il répondu à l'unanimité.

Pedro Gil déplia pour la seconde fois son parchemin.

— Toutes les places sont prises ici, hormis une seule, prononça-t-il résolûment ; chacun de vous gardera le poste qu'il occupait... Reste donc la succession du comte-duc.

Une bruyante récrimination couvrit sa voix. Au milieu de l'indignation générale, Pedro Gil restait impassible.

— Un ancien valet ! gronda le connétable.

— Servir sous un tel personnage ! ajouta l'amirante.

— Et que dirait l'Espagne? s'écria don Pascual.
Le président de l'audience était muet. Le vieux Zuniga disait tout doucement :

— En politique, Seigneurs, lisez l'histoire... Si ce garçon a un moyen de trancher le nœud, il est doué d'un esprit plein de ressources... Le cardinal de Richelieu était un bien petit abbé... Il y a d'autres exemples que je n'ai pas présents. Il s'agit de savoir, pour moi, si l'on me garantit la signature.

Esteban écoutait tout cela, assis sur un coin de table, les bras croisés, la tête inclinée.

Personne n'aurait su dire quel sentiment exprimaient à cette heure les nobles traits de son visage.

— Messeigneurs, reprit l'oïdor, dont le ton se faisait plus incisif et plus bref, nous n'avons plus guère le temps de discuter... Décidons-nous... Si vous tenez à servir sous un ministre titré, je suis veuf, et la Medina-Celi a manifesté une vive répugnance pour le mariage que nous avions résolu.

— Toi! duc de Medina-Celi!... s'écria Pascual de Haro; c'est de la démence!

— Ah çà! fit Esteban, il me semble qu'on ouvre ici ma succession fort à la légère.

— Écoutez celui-ci, Messeigneurs, reprit Pedro Gil avec son dédaigneux sourire; il a raison. Nous sommes plongés jusqu'au cou dans un océan d'invraisemblances et de folies.

C'est le temps! C'est l'atmosphère même de notre beau pays d'Espagne à l'heure qu'il est. Dans le royaume des aveugles, va-t-on s'occuper de la lumière! Dans ce siècle extravagant, sous un prince maniaque, foin de ceux qui se cramponnent à la logique surannée de l'expérience !... Nos arguments doivent tailler dans le vif. Vous avez d'un côté vos répugnances puériles, vos susceptibilités d'hidalgos; de l'autre la hache ou la captivité perpétuelle... Avec moi, les honneurs, les richesses, les faciles jouissances de votre noble vie.

— Et la signature! glissa le vieux Zuniga, qui était converti.

— Sans moi, l'échafaud ou la forteresse d'Alcala... car le Medina-Celi a deux créances contre vous, sans parler de ce qui regarde sa femme et sa fille...

Vous lui avez pris la moitié de son sang et quinze ans de sa vie!

— C'est clair! ponctua don Bernard; ce garçon parle avec une admirable netteté!

— Ton plan? dit Alcoy après un court silence.
— Ton moyen? ajouta Pascual.

Pedro Gil se tourna vers Esteban.

— Éloigne-toi, grotesque! ordonna-t-il rudement, et ferme tes oreilles... nous sommes ici désormais le Conseil des ministres... Et moi, premier grand d'Espagne, je vais agiter les secrets de l'État!

XIV

LES PRÉDICTIONS DE MOGHRAB

Esteban, docile, était allé s'asseoir dans l'embrasure d'une fenêtre. Il savourait à petites gorgées un vaste gobelet de vin de Xérès.

Nos hommes d'État étaient rangés autour de la table, sur laquelle Pedro Gil avait déplié une feuille de parchemin.

Il venait d'en lire le contenu à voix basse.

C'était son plan, ou plutôt le couronnement de son plan.

Dans cet écrit, dressé au nom de tous les grands d'Espagne ici présents, on exposait au roi un complot tramé par Hernan Perez de Guzman, duc de Medina-Celi, contre la personne royale ; la belle conduite du seigneur Pedro Gil, qui, sortant tout à coup de l'humble position où le sort l'avait placé, s'était mis à la tête des soussignés, ministres, généraux, amiraux, pendant que le comte-duc, par son inaction, trahissait la monarchie, et avait sauvé Philippe d'Espagne du danger de mort.

Personne, autour de la table, ne comprenait encore l'idée de Pedro Gil.

Là-bas, dans l'embrasure, le prétendu Esteban, occupé en apparence à sabler son vin de Xérès, l'avait déjà deviné.

— Cet écrit, dit Alcoy, le premier, suppose divers points dont la réalité m'échappe. D'abord il faudrait qu'il y eût en effet contre la vie du roi un complot.

— Il existe, interrompit l'oidor.

— De la part de Medina-Celi?

— Non pas.

— De la part des desservidores?

— Non, pas encore.

— De la part de qui?

— De la nôtre, Seigneurs.

— As-tu porté l'audace jusqu'à compromettre nos noms? s'écria le président de l'audience.

Le connétable et don Pascual avaient la main à leurs épées.

— Il n'y a eu qu'un nom de prononcé, répondit Pedro Gil, toujours calme et froid, celui du duc de Medina-Celi.

— Quelle intelligence! soupira le vieux Zuniga.

— Le duc de Medina-Celi, poursuivit Pedro Gil, a soudoyé pour aujourd'hui, heure de la méridienne, les dix poignards les plus aigus de Séville.

— Horreur! Pour assassiner le roi?

— Pour en faire le semblant.

— Et comment croire!...

— Le roi a tenu quinze ans dans les fers le duc de Medina-Celi.

— Mais sa faveur nouvelle...

— Sa faveur nouvelle poserait une probabilité contre notre affirmation, je l'avoue... mais une probabilité ne tient pas contre un fait.

— Où prendras-tu le fait ? demanda Alcoy ébranlé.

— Où il sera... Dans une demi-heure, le duc de Medina-Celi sera arrêté par nous, dans l'appartement royal, le poignard à la main.

Tous les yeux se tournèrent vers Esteban qui s'était assis les jambes pendantes, sur l'appui de la croisée et qui fredonnait un vieil air andalous en se versant une seconde rasade de Xérès.

Tout le monde avait compris cette fois.

— Quel capacité ! murmura Bernard de Zuniga avec transport.

Les autres réfléchissaient.

— Mais, objecta don Baltazar de Alcoy, l'autre... le vrai duc ?

— Oui, répétèrent tous les autres à la fois, le vrai Medina-Celi ?

— Nos dix poignards ne sont pas pour le roi, répondit Pedro Gil sans hésiter ; ils sont pour le vrai Medina-Celi.

Comme on reculait, il ajouta :

— Messeigneurs, je vous le dis une fois encore : je ne travaille jamais que pour moi-même, et ceci est une garantie... Mes plans sont bien faits... ils répondent à toutes les objections.

Je suis l'intendant infidèle de Medina-Celi. Pour moi, il n'y a point de pardon. Medina-Celi vivant m'écraserait, je le tue !

— Seigneurs, dit Alcoy après un silence, cet homme a le génie du mal...

Le premier coup de midi sonna à l'horloge de Saint-Ildefonse.

Pedro Gil se leva.

— Messeigneurs, dit-il, nos vaisseaux sont brûlés... nos hommes ont dû franchir la porte de l'Alcazar... Sautons le pas bravement et laissons-nous choir dans le précipice!

Ils étaient tous debout, tous pâles et défaits comme des gens qui quittent la table de l'orgie.

Ils se regardèrent et se firent peur les uns aux autres.

L'oïdor seul était tranquille et portait sur son visage les marques d'une indomptable détermination.

— Heureusement, cet homme... objecta Alcoy au moment de partir, ne saurait consentir.

Tous s'arrêtèrent, comme si le prétexte même d'un retard eût été pour eux un soulagement.

— Esteban! appela Pedro Gil avec rudesse.

Le roi des gueux déposa son verre et s'approcha.

L'oïdor lui mit la main sur l'épaule et le regarda en face en disant :

— Un million de réaux ou six pieds de terre. Choisis!

— Je choisis les deux millions de réaux, Excellence, répondit Esteban, mais c'est mon dernier mot.

— Soit, deux millions!

Esteban jeta sa toque en l'air et la rattrapa au vol.

— Ma fortune est donc faite! s'écria-t-il; ordonnez, mes dignes Seigneurs, je suis à vous corps et âme!

Pedro Gil passa son bras sous le sien et ils sortirent les premiers.

Les autres suivirent silencieux, mais indignés

de se voir à la merci d'un Pedro Gil, et cherchant tout bas le moyen d'échapper à sa domination.

Dans l'escalier, Esteban demanda, du ton le plus naturel :

— Faut-il une épée pour la besogne que vous me destinez, Messeigneurs?

— N'as-tu pas ton épée, coquin, s'écria l'oidor.

— Le temps de remonter, Seigneur, fit le roi des gueux, qui était déjà à l'étage supérieur.

Il traversa le corridor comme une flèche.

Le tableau de Montanez tourna sur ses gonds.

Le véritable Esteban, s'indemnisant de sa nuit mauvaise, ronflait de tout son cœur sur un tas de débris. Il s'éveilla en sursaut, secoué par une main puissante.

— Regarde-moi bien, lui dit le bon duc; il y a ici dans ma garde-robe un costume semblable à celui que je porte. Je t'accorde cinq minutes pour le revêtir, cinq minutes pour gagner l'Alcazar, cinq minutes pour pénétrer jusqu'aux jardins du roi.

Le roi des gueux frottait ses yeux gros de sommeil.

Des pas sonnaient sur les dalles du corridor.

— Esteban! appelait l'oidor.

— Regarde-moi bien, dit pour la seconde fois le bon duc.

Puis, répétant les propres paroles de Pedro Gil:

— Deux millions de réaux ou six pieds de terre, acheva-t-il.

Il ressortit, laissant le roi des gueux abasourdi.

Nos grands d'Espagne le virent revenir à eux, bouclant le ceinturon de son épée.

— Ne t'ai-je point entendu parler? demanda l'oidor avec soupçon.

— Je remerciais ma bonne étoile, Seigneur! Deux millions de réaux! je prendrai à bail la ferme de la gueuserie andalouse... Je ferai de l'or!... vous me verrez sous peu le plus riche contador des Espagnes... A la besogne! ma fortune est faite!

Nous avons décrit déjà plus d'une fois dans ces pages cette physionomie si particulière à l'Espagne du sud : le silence, l'immobilité, la mort momentanée qui règnent dans les villes et même dans les campagnes à l'heure de la méridienne.

Ce splendide soleil de midi brille en vain ; tous les yeux sont fermés pour ne le point voir ; en vain darde-t-il, du haut de sa course triomphale, ses rayons brûlants comme un feu, chacun s'est abrité derrière un bouclier protecteur, toit de pierre ou toit de feuillage.

On grandit là-bas, on vieillit, on meurt, sans avoir jamais aperçu le soleil de midi.

C'était à l'Alcazar de Séville comme dans les contes de fées, quand vient l'heure des enchantements. Vous eussiez dit le palais de la Belle au bois dormant, où chacun s'est arrêté court dans son occupation favorite.

Par les cinq plaies! pour parler un peu espagnol, par les sept douleurs et au nom de tous les saints de la Péninsule! si jamais on se mettait à enchanter ainsi nos maisons, quels tableaux curieux et instructifs nous verrions dans Paris!

Mais ne nous laissons point tenter par la digression. Achevons plutôt notre histoire.

L'heure de la sieste avait surpris les gens du roi au milieu des préparatifs du départ. Les chambres du palais, le vestibule et même les cours étaient encombrés de bagages.

A l'intérieur, maîtres, valets et servantes reposaient. Sous les arcades mauresques, régnant autour des patios, les soldats étaient étendus à l'ombre. Seules, les sentinelles des portes extérieures veillaient.

Il en était ainsi chaque jour, et le palais était ici l'image de la ville. A Séville, les voleurs dorment aussi à l'heure de la méridienne. La trêve du repos protège le seuil abandonné des maisons.

Dans cet immense dortoir de l'Alcazar, on n'entendait que le bruit murmurant des fontaines, versant l'eau froide des sources profondes dans le marbre de leurs bassins. Les esclaves noirs avaient cessé de faire jouer la pompe pour rafraîchir les voiles mouillés pendus au-devant des fenêtres.

Le soleil vainqueur inondait les cours et les parterres, nul n'affrontait ses ardeurs, tout le monde sommeillait.

Au coin de la cour des Marionnettes, déserte et silencieuse, une jalousie trembla au premier étage de l'appartement de la reine. Une main blanche se montra entre les barreaux. Ici, du moins, quelqu'un veillait. Là-bas aussi, sous le cloître encombré par les soldats de la garde, étendus pêle-mêle sur les dalles, une silhouette fière se détacha dans l'ombre d'un pilier.

C'était un jeune homme portant le costume de capitaine.

Il était bien pâle, notre beau Mendoze ; sa démarche semblait languissante et pénible.

Il arriva sous le balcon.

— Isabel ?

— Ramire !

La jalousie releva son mobile écran.

— Il faut que je vous parle, don Ramire.

— Dois-je escalader le balcon ?

Un fantôme voilé de dentelles glissa sur le marbre des degrés. Ramire était déjà sous le vestibule. La main blanche s'éleva d'elle-même jusqu'à ses lèvres.

— Vous êtes blessé, Ramire ? j'ai vu couler votre sang...

— Isabel, vous étiez évanouie. Oh ! je n'ai pas su vous protéger !

— Pouviez-vous me donner plus que votre vie ?

— Au nom du ciel ! où vous a-t-on conduite ?

— Et que vous est-il arrivé, Mendoze ? qui était cet homme que j'ai vu vous soulever dans ses bras ?

Ils avaient tant à se dire ! Isabel sauvée par miracle, Ramire trouvant le salut dans la maison de l'Africain ; et l'Africain encore conduisant Isabel chez la reine, où bientôt sa mère bien-aimée était venue la rejoindre ; puis l'Africain, l'Africain toujours, apportant à Ramire l'ordre du roi et le costume de capitaine des gardes.

Quel rêve ! quelle féerie ! Qu'y avait-il au fond de tous ces événements mystérieux ?

Isabel avait besoin de parler de son père, qu'elle avait vu cette nuit sous un aspect si nouveau.

Mendoze s'arrêta sur le seuil de l. chambre d'Isabel.

— Isabel, dit-il, je ne peux pas m'éloigner de mon poste.

— Vous êtes brisé, reposez-vous, Ramire, répondit la Medina.

Puis montrant la croisée entr'ouverte au-devant de laquelle le dernier souffle de la brise balançait la jalousie légère :

— D'ici vous voyez tout, ajouta-t-elle, vous êtes à votre poste.

Ramire se laissa entraîner jusqu'à l'ottomane placée dans l'embrasure.

Il s'assit.

L'heure passait...

Tout à coup Mendoze tressaillit, et ce fut comme un réveil.

Par une fente de la jalousie son œil se fixait, béant, sur la chambre de l'Étoile, située juste en face de lui, de l'autre côté de la cour.

Les fenêtres en étaient ouvertes. A l'intérieur, on apercevait un mouvement confus. Des ombres agitées allaient et venaient. Des éclairs passaient.

Ramire voulut parler, mais sa bouche resta convulsivement ouverte, tant était terrible la violence de son émotion.

Son doigt tendu désigna l'antichambre du roi.

— Mon père ! s'écria Isabel, prise d'un éblouissement.

Puis d'une voix déchirante :

— Des hommes !... des épées nues !... un meurtre.

Ramire avait déjà franchi le seuil d'un bond. Plus rapide que la pensée, il descendit l'escalier.

Au moment où il atteignait le vestibule, une voix retentissante sonna à son oreille comme un son de clairon.

Mendoze, mon fils Mendoze, à moi !... A moi, les amis de l'écusson aux trois éperons d'or !

— Aux armes ! cria Ramire.

Il traversait la cour. Un médaillon tomba à ses pieds, tandis que la voix ajoutait :

— Qui l'aime le rapporte !

— Aux armes ! répéta Ramire qui s'élança sous le cloître, à la tête des gardes du roi réveillés en sursaut.

Le roi dormait. Almanzor était déjà en cage pour le départ.

Il avait signé une trêve avec les deux futurs favoris. Tous trois sommeillaient paisiblement.

Dans l'entre-deux des portes, le gentilhomme chargé de la garde familière faisait la sieste sur le tapis.

La porte donnant sur le corps de garde qui précédait l'antichambre s'ouvrit sans bruit. Un homme masqué entra et posa lourdement sa main sur la bouche du gardien endormi. Un autre homme, également masqué, passa un bâillon sous la main du premier, puis le gentilhomme fut garrotté solidement. Les deux hommes disparurent une fois cette besogne faite.

Ils portaient tous les deux le costume des trabucaires.

Des bruits étranges venaient cependant jusqu'à cette retraite, d'ordinaire si tranquille à l'heure de la méridienne. Le roi s'était retourné plus d'une fois sur sa couche, écoutant vaguement dans son rêve des pas précipités et des cliquetis d'épée.

De l'autre côté de la galerie des Ambassadeurs, dans ce cabinet de travail où nous avons vu réunis plus d'une fois le comte-duc et le maragut Moghrab, Gaspar de Guzman, penché sur sa table et faisant courir sa plume criarde, écrivait avec une fiévreuse rapidité.

Il était demi-nu. Ses cheveux hérissés, et que la dernière nuit semblait avoir teintés de gris plus énergiquement, étaient tourmentés sans cesse par sa main gauche, tremblante et crispée.

Autour de lui tout était en désordre. Il avait aussi préparé son départ.

Les feuilles dispersées de son fameux libelle : *Nicandre, ou antidote contre les calomnies*, couvraient littéralement la table où il écrivait. Il arrêtait parfois sa plume brusquement, et jetait un regard sombre sur ces feuilles éparses.

— Néant ! néant ! néant ! grondait-il d'une voix caverneuse. Aveuglement des peuples ! ingratitude des rois ! lâcheté profonde !... Pas un n'est venu depuis ma disgrâce... pas un !... Dans mon antichambre trop étroite hier, personne aujourd'hui ! le vide ! l'abandon !...

Ma disgrâce ! s'interrompit-il : moi, moi, le meilleur ami du roi !... L'Europe s'attend-elle à cela ! Buckingham va rugir de joie ! Richelieu va aiguiser ses griffes sous son manteau rouge !... Ah ! ah ! le ciel se divertit à faire aux hommes de prodigieuses surprises... Ma disgrâce ! ma disgrâce !

Il reprit la plume et écrivit :

« Sire, mon dévouement profond, mon respect sans bornes s'opposent à ce que je caractérise comme il le mérite l'acte de démence politique... »

Il déchira brusquement la feuille.

— Je délire! murmura-t-il d'un accent plaintif. Écrire ainsi au roi d'Espagne! Le sang bouillonne et veut briser les parois de mon cerveau. Je sens la menace de l'apoplexie. Où est Moghrab? il est où sont les autres... C'est une déroute.

Je veux parler au roi! s'écria-t-il tout à coup dans un paroxysme d'angoisse; Philippe! mon royal seigneur! au nom de votre vieille amitié, écoutez votre serviteur fidèle!... Je lui dirai ensuite : « Sire! vous vous faites illusion... vous ne pourrez jamais vous passer de moi... »

Non, non, s'interrompit-il, avec un sourire forcé, je suis trop fin courtisan pour parler ainsi à mon souverain... Jamais de semblables paroles. C'est peut-être parce que j'ai voulu me rendre trop nécessaire...

Il se leva et joignit ses mains levées vers le ciel.

— Pardon, Seigneur! reprit-il en s'affaissant sur lui-même; ayez pitié d'une misérable créature... Que vaut le plus grand des hommes en présence de cette immensité?... Pour avoir blasphémé, doux Sauveur, je promets dix mille réaux d'aumônes à la cathédrale... Vous voyez bien, mon Dieu! que je me repens... Il faut avoir compassion de moi. Par la mort! ai-je mérité le coup qui me frappe? Soyez juste, puisque vous êtes tout-puissant!

Encore! encore! balbutia-t-il en se laissant glisser à deux genoux. Il est manifeste que mon esprit n'est pas dans son assiette... je pourrais le prouver... L'antiquité grecque et romaine nous fournissent plusieurs exemples de grands hommes dont la fermeté fut momentanément troublée...

Oh! certes! fit-il avec amertume et colère, ils t'appellent le bachelier de Salamanque... Tu connais merveilleusement ton antiquité grecque et ton antiquité romaine... et tu t'es laissé jouer par des misérables qui savent à peine signer leur nom !... Vanité! néant! dérision!

Il reprit son siège et sa plume.

« Sire, écrivit-il sur une autre feuille blanche. je suis en proie aux crises d'une maladie terrible et mortelle... Sire, on m'a enlevé ma fille unique... Sire, les ennemis de l'Espagne ont réussi à détruire ma santé et mon bonheur domestique. Les siècles à venir pourront-ils croire que Votre Majesté ait choisi un tel moment pour accabler l'ami et le compagnon de sa jeunesse! Parmi les traits d'ingratitude historique... »

— Malédiction! s'écria-t-il en écrasant sa plume sur la table; c'est plus fort que moi... un méchant génie dirige mes doigts ! je ne suis plus maître de moi-même !

Il se renversa sur son fauteuil et mit sa tête brûlante entre ses mains.

— Disgracié! murmura-t-il avec découragement, chassé de mon poste et de la cour par ordre du roi! confiné dans ma terre de Luèches!... banni comme un criminel! congédié comme un valet! O postérité! j'en appelle à toi !... O siècles futurs, vous vengerez le seul homme d'État qui ait fleuri dans cet âge de fer!... Suis-je abattu? Non, de par Dieu! je ne suis pas terrassé. Mon corps gît sur le sol, mais mon âme se redresse... Au sein de ma solitude, je mettrai la dernière main à mon œuvre. Toute ma force, toute mon expérience et toute ma science seront dans ces pages... Tremblez, ennemis! vous serez pendus au gibet de l'histoire!

Il se mit une seconde fois sur ses pieds et fit quelques pas en chancelant. Le vertige tournoyait autour de ses tempes. Une pensée traversa comme un éclair sa cervelle ébranlée :

— Si j'allais mourir, se dit-il.

Il se redressa et son pas s'affermit.

— Je ne mourrai pas! s'écria-t-il en frappant du pied; je résisterai!... n'ai-je pas des motifs de rester à Séville?... Ne faut-il pas que je cherche ma fille?... Peut-on empêcher un père de combattre pour son unique enfant?...

On frappa doucement à la porte qui communiquait avec l'appartement de la duchesse.

Puis un valet entra, portant une lettre sur un coussin de velours.

— Est-ce du roi?... s'écria le comte-duc; non... donnez... et sortez!

La lettre était de la duchesse.

« Bénissez le Dieu clément, seigneur, disait-elle. Notre fille est retrouvée. Le roi l'adopte et lui donne pour époux don Vincent de Moncade, premier marquis de Pescaire par la mort de don Hernan, son père... »

Le comte-duc froissa la lettre et s'accouda brisé contre un meuble.

— Ma fille !... balbutia-t-il, le roi !... don Hernan est mort !... C'était un puissant ennemi... La Mauresque m'avait dit cela ce matin... je l'avais oublié... ma mémoire fuit comme un vase usé... Que m'a dit encore la Mauresque ?... Elle voulait se venger... Elle me disait : « Venge-toi ! venge-toi ! » Oh ! malheur ! malheur !... Les rois d'Espagne adoptent les enfants des morts... je suis mort... je ne compte plus sur la terre... On choisit sans mon consentement un époux à dona Inez ! et cet époux se nomme Moncade !... et ma femme me raille, disant : « Vaincu, remercie la clémence du ciel ! »

Ses dents se choquaient l'une contre l'autre, et il y avait de l'écume à ses lèvres.

Il se traîna jusqu'au miroir de Venise qui occupait l'entre-deux des croisées. Il se regarda. Il recula en poussant un cri d'horreur et d'épouvante.

— J'ai vu un fou ! dit-il ; j'ai l'air d'un fou... Suis-je fou, Dieu clément qu'il faut bénir ?... Lira-t-on à la dernière page de mon histoire : « Mort fou. »

Un éclat de rire épuisant, lui coupa la parole.

Puis rejetant sa tête en arrière et retrouvant sa pose théâtrale des grands jours :

— Inigo ! Miguel ! appela-t-il.

Deux valets se présentèrent.

— Mes plus riches habits, enfants !... N'ai-je pas toujours été un maître doux et affectueux ?... Dispose ma chevelure, Inigo ; le roi aime les parfums... Miguel, passe le pinceau sur ma moustache... Hâtez-vous tous les deux, vous serez récompensés... peut-être que, en ce moment, vous sauvez l'Espagne de sa ruine... Le roi m'attend... j'en suis sûr... le roi se repent... je connais le roi... Il se dit : « Gaspar n'est pas venu... mon pauvre Gaspar !... » Inigo est-il venu beaucoup de visiteurs ce matin, au lever de Sa Majesté?

— Une foule, s'il plaît à Votre Grâce.
— Y avait-il des gens de qualité ?
— Toute la grandesse d'Espagne.

Le comte-duc poussa un gros soupir.

— Et le roi? commença-t-il.
— Excellence, répondit Miguel, le roi n'a pas reçu.

Le comte-duc sauta sur place comme un enfant joyeux. Il frappa ses mains l'une contre l'autre et s'écria :

— Tu vois bien, Inigo... vous voyez bien tous les deux... Ils divaguent, ceux-là qui croient pouvoir briser d'un seul coup le lien de l'habitude ! Le roi n'a pas reçu ; le roi est malade... Hâtez-vous, enfants, je double vos gages !

Les deux valets se hâtaient ; mais ils échangeaient de singuliers regards, où il y avait de la compassion et de la moquerie.

En un moment où le besoin de leur service les rapprocha, Miguel dit tout bas à Inigo :

— L'escorte est en bas et les chevaux attendent.

Il y a des petits faits historiques très célèbres, des détails qui sont dans toutes les mémoires parce qu'ils ont une grande signification. Louis XIV dit une fois : « J'ai failli attendre ! » Napoléon dormit au bivouac d'Austerlitz. Tarquin le superbe a ses pavots; Auguste, Cinna; Clovis, le vase de Soissons; Pépin le Bref, son lion; le duc d'Orléans, devenu Louis XII, son mot déjà bourbonnien; Henri IV, la poule au pot. C'est le côté légendaire des demi-dieux.

Le comte-duc qui n'était pas un demi-dieu, partit pour l'exil en grande toilette de cour. L'Espagne lui a su gré de cela. Peut-être était-il innocent de cette fanfaronnade qui pomponne sa renommée sombre et triste.

— Ma toque, Inigo! mes gants, Miguel... mon épée... Celle qui me vient de Sa Majesté... Par le saint sacrement! ils m'ont tous trahi!... je ferai place nette... Que mon huissier prenne sa hallebarde! je suis prêt! en avant!

Il ouvrit lui-même la porte donnant sur ce corridor par où Moghrab avait pénétré la veille dans les appartements privés de Philippe d'Espagne.

Il recula frappé de stupeur. Le corridor était plein de soldats, au-devant desquels était un gentilhomme, portant le costume de capitaine, se tenait debout et l'épée nue.

— Qui êtes-vous ?... balbutia le comte-duc, et que voulez-vous ?

— Je suis don Vincent de Moncade, répondit le gentilhomme, premier marquis de Pescaire, et capitaine des trabucaires du roi... Je veux remplir mon devoir, qui est d'escorter Votre Grâce jusqu'aux portes de la ville.

— Don Vincent de Moncade! répéta le comte-duc étranglé par une rage soudaine : toi qui m'as volé ma fille !... toi qui épouses comme un lâche, au lieu de te venger comme un hidalgo !...

Le marquis de Pescaire restait immobile, l'épée basse.

— Et qui donc, reprit le comte-duc avec un éclat de voix — qui donc commissionne sans moi et malgré moi les capitaines des gardes de Sa Majesté ?

— Celui qui a droit, seigneur, répondit Moncade : don Luiz de Haro, marquis de Buniol.

La main du comte-duc qui se portait vers son épée retomba comme si elle eût été frappée soudain de paralysie. Il voulut parler, sa voix s'étrangla dans sa gorge.

Comme il restait immobile et atterré, la porte conduisant aux appartements de sa femme s'ouvrit une seconde fois.

— On n'attend plus que Sa Grâce, dit le majordome, qui se présenta comme un homme préparé à un long voyage, un ordre du roi a pressé le départ.

Le comte-duc chancela sur ses jambes. Deux grosses larmes roulèrent le long de ses joues terreuses et amaigries.

— Luiz de Haro ! murmura-t-il ; Moghrab l'avait prédit... H, A, R, O ; et le nom de baptême de quatre lettres : *Luiz!*...

Puis, se tournant tout à coup vers don Vincent de Moncade, la tête haute, le regard rallumé :

— Te voilà vengé, jeune homme ! Sois témoin, ainsi que tes soldats : je pardonne au roi. Tous mes efforts ont été, tous mes vœux sont pour le bonheur et la grandeur de l'Espagne. Je récuse le jugement de mes contemporains ; j'ai confiance en Dieu ; j'en appelle à la postérité !

Il dégaina et jeta loin de lui son épée.

Après quoi, il traversa ses appartements d'un pas solennel et monta sans aide le superbe coursier genêt qui l'attendait en bas du perron.

Dans la rue, la populace l'insulta. Il s'inclina, sourit et dit :

— Espagnols ! vous écrivez ici une page d'histoire !

Le ministre avait vécu ; le comédien survivait et se drapait encore fièrement dans son infortune.

La postérité invoquée a rendu sur sa mémoire un arrêt neutre. Elle a mis en balance de grands défauts et quelques belles qualités. Le bien a de la peine à garder le niveau du mal.

Mais l'Andalousie se souvient du splendide habit que le comte-duc porta sur la route de l'exil.

L'antichambre royale, tout à l'heure si pleine, présentait un étrange aspect. On y voyait trois hommes portant le costume des trabucaires de la garde. Nous les connaissons tous les trois, mais nous étions habitués jusqu'ici à les voir sous d'autres uniformes.

Le premier était Cuchillo, le toréador. Il se tenait campé fièrement dans son embrasure. A ses pieds, le vieux Cosmo Baieta, les mains et les jambes garrottées, était accroupi et comme pétrifié par la terreur. Le boucher Trasdoblo, gêné aux entournures, et pareil à ces soldats de carnaval qui suivent dans la boue de nos rues les successeurs d'Apis dans la promenade du mardi-gras, faisant faction devant la draperie qui cachait le petit corps de garde où nous avons vu tour à tour Moncade avec son épée en deuil et Ramire Mendoze à la tête de leurs compagnies.

Autant Cuchillo se montrait superbe sous son feutre à plumail, autant le géant Trasdoblo semblait embarrassé de sa massive personne.

Certes, il avait fallu, de la part des sentinelles posées à la porte des Bannières, beaucoup de bonne volonté pour confondre ce pesant animal avec les mercenaires lestes et gaillardement découplés qui composaient la garde du corps. Mais nous savons par avance que le service de l'Alcazar était dans un complet désarroi.

Il y avait encore une autre raison. L'œuvre de Luiz de Haro lui survivait : le palais était au pouvoir des desservidores, qui en occupaient toutes les avenues.

Cette vaste association restait debout comme un colosse qui aurait perdu sa tête et que soutiendrait la largeur de sa base. La pendule que le mourant a montée continue de sonner l'heure après qu'il a rendu le dernier soupir. Les rouages de cette machine politique dont Moghrab était le constructeur allaient toujours.

Nous venons d'en voir les effets. Le comte-duc, expulsé, chevauchait vers son château de Luèches.

Or, depuis que le monde est monde, il y a des conspirations, et, depuis qu'il y a des conspirations, les conjurés ont toujours fait usage des mêmes moyens et employé des procédés identiques. Il n'y a point de progrès possible à ce qu'il paraît, et le progrès n'est pas nécessaire, puisque les conspirations ont réussi fréquemment et réussissent encore à l'aide de leur mise en scène surannée : Mot d'ordre et signe de ralliement.

Cinq fois sur dix et nous faisons la proportion modeste, signe de ralliement et mot d'ordre sont le secret de la comédie, mais on a vu de ces mines éventées éclater parfaitement et produire leur terrible effet.

Ici, à Séville, cité modèle où la police du comte-duc avait un pied-à-terre à chaque étage de chaque maison, à Séville, où ce redoutable instrument, le saint-office, fonctionnait dans toute sa vigueur, il n'est pas permis de supposer que le secret des desservidores ne fût percé à jour depuis la première heure. Mais nous sommes en Espagne, où les complots les plus désespérés ne s'attaquaient jamais au roi. Conspiration signifiait ici tout au plus : guerre au favori. La police et l'inquisition avaient parmi leurs familiers de nombreux desservidores.

Ceci éclaire le problème.

Pedro Gil, nous ne l'ignorons point, travaillait dans le même sens que Moghrab. Il était, cet ingénieux oïdor, le collaborateur de tout le monde. Pedro Gil, se séparant de Moghrab au dernier moment, avait ourdi tout seul cette ignoble trame du préau de l'Alcaia.

Et aujourd'hui Pedro Gil avait introduit au palais ses dix poignards de contrebande, en dérobant aux desservidores vainqueurs leur mot d'ordre et le signe de ralliement.

Cuchillo, Trasdoblo et les autres avaient franchi la porte des bannières en murmurant à l'oreille des sentinelles la devise du marquis de Buniol : *Para aguijar haron...*

Il nous est pénible d'avouer que le troisième coquin déguisé en trabucaire était le fidèle valet de Mendoze, notre ami Bobazon en personne.

Nous n'ignorons point la série d'aventures qui avaient conduit cet honnête et digne garçon à ces dangereuses extrémités. Économe, rangé, doué de cette légitime ambition qui porte l'homme à se préparer des ressources pour ses vieux jours, Bobazon, après avoir exploité de son mieux Pepino et Micaja vivants, avait voulu tirer un dernier bénéfice de leurs cuirs.

Qui oserait le blâmer? Pour employer le langage spécial des jurisprudents, c'était agir en bon père de famille. Le hasard récompensa mal cette prétention si simple, et Bobazon, enrôlé malgré lui parmi les sicaires de Pedro Gil, fut bien obligé de faire contre fortune bon cœur.

C'était là son talent. Il n'y avait pas une demi-heure qu'il était dans le hangar de Trasdoblo, que déjà il parlait de mettre tout à feu et à sang.

Les gitanos et les mercenaires déserteurs, ses nouveaux collègues, n'étaient que des agneaux auprès de lui. Il effraya Trasdoblo, assassin malgré lui et gagna l'estime de Cuchillo, général de cette ténébreuse armée.

Cuchillo, sachez-le bien, n'était pas là seulement pour de l'argent. Les gens comme Cuchillo sont portés à prendre au sérieux leur gloire pour rire. Le comte-duc avait méconnu son importance. Il était son ennemi comme Moncade ou Luiz de Haro lui-même.

C'était lui qui parlait au moment où nous entrons dans l'antichambre de Philippe IV.

— Ne crains rien, vieillard, disait-il à Cosmo Baieta, qui restait tremblant à ses pieds; penses-tu qu'un homme habitué à combattre loyalement le taureau puisse attaquer un pauvre vieux bouc dont les cornes sont tombées? On t'a mis un bâillon sur la bouche, Baieta, parce que tu n'es pas à la hauteur... tu aurais crié, ne pouvant te défendre... Or, il ne faut pas effrayer le loup qu'on veut prendre au piège... Ne crains rien pour toi, maître... Tel que tu me vois, je me ferais hacher en morceaux menus comme chair à pâté pour le service du roi... c'est la vérité... Le roi m'a applaudi... Il me connaît... Il ne me céderait pas pour une demi-douzaine de connétables et autres fainéants. Par la merci! serais-tu du parti du comte-duc?

Cosmo Baieta fit un geste d'énergique dénégation, malgré les liens qui le serraient.

— A la bonne heure! vieillard... Ami Bobazon, veille à la porte, au lieu de nous écouter.

— Seigneur Cuchillo, répliqua Bobazon, à quoi me servirait d'écouter? je sais tout ce que vous savez, et encore ce que vous ne savez pas.

— Ton orgueil te perdra, l'homme! prononça sentencieusement le tueur de taureaux; tu n'es pas de la ville, comment saurais-tu raisonner sur la politique?... Dieu vivant! tu n'étais pas seulement de nos conférences à l'hôtellerie de Saint-Jean-Baptiste!

— M'avez-vous vu chez l'Anglais, Seigneur? riposta Bobazon, et m'avez-vous vu auprès de celui qui apportait les louis de France? Avez-vous voyagé deux jours et deux nuits avec l'homme qui cache sous ses vêtements l'écusson aux trois éperons d'or? N'entendites-vous parler jamais de buffles qui se faisaient prendre au piège tout exprès pour rentrer à l'étable? Je ne vous dis point que Leurs Seigneuries aient défiance de vous, encore moins que je suis ici pour vous surveiller. Dieu merci! je ne suis bavard; mais à bon entendeur, salut, n'est-ce pas? et souvenez-vous bien de mes paroles : Ne jugez jamais le fruit sur la mine; la meilleure poire a une tache. Je sais, pour ma part, plus d'un conte arabe où le calife se déguise en esclave.

— Dieu vivant, gronda Cuchillo, que veut dire cet enfileur de paraboles?

Le vieux Cosmo regardait Bobazon de tous ses yeux.

Trasdoblo était aux écoutes! au moindre bruit qui se faisait au dehors, il changeait de couleur.

— Il y a donc ceci, reprit le toréador; c'est clair comme de l'eau de roche. Le comte-duc veut renverser le roi, parce qu'il sait bien que le roi le porte sur ses épaules. De par le diable! voilà une belle idée!... Le roi est gardé à l'heure de la sieste par deux ou trois éclopés comme toi, vieux Baieta... Quoi de plus aisé que de fendre ces têtes à cheveux blancs et d'enfoncer une porte ou deux?... le difficile c'était de trouver un complice... Ne touchez pas au roi! ce mot-là est dans le cœur de tous les Espagnols... Mais il y a un homme qui a été insulté par le roi, opprimé par le roi... On dit que le roi lui prit sa femme dans le temps et le tint pendant quinze ans dans une forteresse... N'est-ce pas cet homme-là qu'il fallait choisir?... Le vieux renard de comte-duc a tiré le Medina-Celi de son cachot et lui a mis l'épée à la main... Pourquoi hausses-tu les épaules, là-bas, estremeno de malheur?

— Demandez au seigneur Trasdoblo ce qu'il pense de vos almanachs! répondit Bobazon.

— Mais!... s'écria le boucher; je ne sais... je ne veux rien savoir... Paysan!... si tu parles de moi, je t'assomme!

— Il n'y a que les bœufs pour ne se point défendre, Seigneur boucher...

— La paix, tous deux! s'écria le toréador; qui donc commande ici? Est-ce vous ou moi?... Vous allez bien voir si je me trompe! Le Medina Celi va venir, et nous allons lui montrer le chemin de l'autre monde... « Passez donc, Seigneur, je vous prie. — Seigneur, après vous, je connais mon devoir. » Trois coups de pointe au cœur... cela mettra fin aux cérémonies... voilà... Qu'en dis-tu, estremeno?

— Je te dis que le seigneur Trasdoblo est bien pâle, répondit Bobazon.

Depuis qu'on parlait de Medina-Celi, le boucher avait été obligé de s'asseoir.

— As-tu peur, misérable tueur de bétail? demanda Cuchillo d'un accent terrible.

Le boucher n'eut pas le temps de répliquer. On gratta doucement à la porte extérieure. Bobazon demanda tout bas :

— Qui vive?

On lui répondit par les mots de la devise de Haro. Bobazon ouvrit.

Alcoy, don Pascual et le connétable de Castille entrèrent. Ils avaient l'air soucieux.

L'instant d'après, Cuchillo, avec des précautions semblables, ouvrit la porte qui communiquait avec les appartements du comte-duc.

Le vieux Zuniga, blême comme un mort, et l'amirante Jean Sforce, furent introduits.

— Tout est fini! murmura le vieux ministre; mon neveu est en exil...

— Et sa fille? demanda Alcoy.

— Partie avec son époux...

— De par Dieu! s'écria rudement don Pascual, il s'agit bien de vos affaires de famille! Où est Pedro Gil? où est Esteban?

— Esteban n'est point ici? répliqua derrière lui une voix saccadée.

L'oidor, en costume de capitaine des gardes, venait de soulever la draperie placée devant la porte du roi.

Son visage naturellement disgracieux et presque repoussant, avait une expression de volonté terrible. Cet homme avait grandi avec son ambition. Il était bien positivement le maître de ces autres hommes que leur naissance mettait si fort au-dessus de lui et qui, la veille encore, le traitaient comme un valet.

Ils avaient tous été plus ou moins les ennemis du comte-duc; mais la disgrâce du comte-duc les épouvantait. Lancés tous à la fois dans une série d'aventures de plus en plus risquées, ils se sentaient entrainés par un courant irrésistible. Que faire quand on a perdu plante? Aller à la remorque du premier qui dit : Je sais nager.

Ils allaient, ministres, généraux, hauts dignitaires. Reculer ou s'arrêter était également impossible. Ils allaient.

L'arrière-pensée qu'ils pouvaient avoir nous importe peu.

Nous faisons ici l'histoire d'une heure. Au-dela de cette heure, il n'y avait que l'inconnu.

Les regards de nos hommes d'État étaient fixés sur Pedro Gil avec une anxieuse déférence. Ils ne luttaient plus. Le joug étaient bien d'aplomb sur leurs têtes. Ils attendaient tout de lui ; ils désiraient sa direction, ils voulaient ses ordres.

Pedro Gil fit un signe de tête amical au toréador. Son front se rida quand il passa auprès de Trasdoblo consterné.

Il traversa l'antichambre et appela du geste nos hommes d'État, qui se réunirent en groupe autour de lui, non loin de la banquette de Christophe Colomb.

— Relevez la tête, Messeigneurs, dit-il; la partie dépend de votre contenance... ceux qui doivent frapper ont les yeux sur vous.

C'était vrai; seulement, notre Bobazon avait de plus l'oreille à la serrure de la porte d'entrée, et semblait guetter quelque bruit venant du dehors.

— Mais Esteban!... Esteban!... dirent à la fois Alcoy, don Pascual et le connétable.

— Esteban viendra... Il accomplit mes ordres.

— Est-ce vrai? demanda le président de l'audience.

Tous regardèrent Pedro Gil en face. On ne le croyait pas, car il n'avait point su cacher son premier mouvement d'inquiétude ; mais quand il répondit : C'est vrai, d'un ton impérieux et ferme, tous les visage se rassérénèrent.

Il montra du doigt la draperie de la porte royale.

— C'est par là qu'il viendra, reprit-il, soyez prêts à mettre l'épée à la main, et sauvons le roi !

Un bruit se fit à cet instant derrière la draperie.

Pedro Gil dégaina résolûment et fit signe à Cuchillo, qui jeta son manteau sur son épaule et mit l'épée à la main en disant :

— A moi le coup d'honneur !

Dans la pensée de Pedro Gil, Esteban était en fuite. Il fallait donc renoncer à cette partie de la mise en scène préparée qui reposait sur le faux duc tué le poignard à la main au moment où il cherchait à pénétrer près du roi.

Mais dans la pensée de Pedro Gil, le vrai Medina-Celi était auprès du roi en ce moment même. Il modifiait donc au dernier instant sa tactique désespérée, et donnait tout au hasard, sauf la mort du bon duc.

Le hasard était complice, à son insu, plus qu'il n'eût osé l'espérer.

Le comte-duc avait quitté Séville ; Louis de Haro n'était plus. Le coup qui allait frapper Medina-Celi achevait de faire le vide autour de Philippe IV.

Mais ce n'est pas pour rien que la légende andalouse donna au bon Perez de Guzman le sobriquet de *el Astuto* : le rusé. On n'a pas sitôt fait que cela d'épuiser les ressources d'Ulysse.

Voici ce qui s'était passé :

Les stipendiés de Pedro Gil, déguisés en trabucaires, n'avaient éprouvé aucune difficulté pour s'introduire au palais, où régnait le plus entier désordre. Pedro Gil et ses féaux étaient entrés eux-mêmes par la grande porte, dont les gardiens avaient salué bien bas la faveur nouvelle du bon duc dans la personne d'Esteban.

Tout allait bien. Cet Esteban était un instrument admirable !

Cependant il avait fallu se séparer pour pénétrer dans les dépendances de l'appartement royal. Esteban avait alors disparu. Personne ne s'était d'abord occupé de son absence. Chacun de nos conjurés croyait qu'il avait accompagné les autres.

Esteban avait une plus importante besogne. Il était parvenu à s'esquiver en restant le dernier au détour d'un corridor et en revenant sur ses pas en toute hâte. Son plan de conduite était tracé d'avance, car il n'hésita point.

Ayant traversé tout ce quartier du palais qui portait le nom de Philippe II. Il gagna les derrières de l'Alcazar et ne s'arrêta qu'à la porte de la Chasse.

Le guichet était gardé par un détachement de la garde flamande, commandé par un officier portant à son feutre une branche de myrte. Esteban s'approcha de lui et tira de son sein la médaille de Louis de Haro.

— Nous attendons depuis ce matin les ordres de Sa Seigneurie, dit l'officier.

— Tout va bien, répliqua Esteban ; le roi saura

récompenser ceux qui aiment l'Espagne... J'ai besoin de sortir du palais par la porte des Bannières, dans dix minutes je rentrerai par celle-ci. Me reconnaîtrez-vous ?

— Il suffit d'avoir vu Votre Grâce, répliqua l'officier en s'inclinant.

— Chut !... point de ces mots-là, Seigneur... et de la discrétion, car vous allez tenir en vos mains un des secrets de l'État.

Le jeune officier prit aussitôt un air d'importance.

Esteban s'approcha de lui et d'un ton confidentiel :

— Pour voir si vous me reconnaissez, dit-il tout bas, je vous donne ce mot d'ordre. Vous me direz ; Esteban !

— Esteban, oui, Seigneur.

— Et vous ajouterez : Le duc attend au jardin, près de la fontaine des Palmiers.

— Seigneur, il suffit.

— Et sous aucun prétexte, acheva Esteban, vous ne quitterez votre poste avant de m'avoir vu revenir.

— Sous aucun prétexte, Seigneur.

Esteban rentra au palais et se rendit tout d'un temps à la fontaine des Palmiers, où il s'assit à l'ombre d'un lentisque.

Quelques minutes après, un homme enveloppé d'un manteau sombre se présenta à la porte de la Chasse. L'officier, repoussant la sentinelle qui voulait lui barrer le passage, l'introduisit respectueusement.

— Esteban, lui dit-il à l'oreille.

— Après? riposta le nouveau venu, d'un ton chagrin.
— Le duc attend au jardin, près de la fontaine des Palmiers, poursuivit l'officier en souriant.
— Que le diable l'emporte! répliqua l'autre.

Il entra et se dirigea vers le jardin du palais, après s'être fait indiquer la fontaine.

L'officier se disait :
— On ne comprends rien à ces comédies politiques. C'est le même homme, et son visage a complètement changé d'expression.
— En avant! s'écria le bon duc dès qu'il vit paraitre le second Esteban ; nous sommes en retard !

Il brisa une petite branche de myrte et la passa à la ganse du feutre de son compagnon.

Celui-ci se laissa conduire le long des allées de buis centenaire. En arrivant sous le péristyle mauresque qui donnait sur les jardins, il dit :
— Je voudrais pourtant bien savoir où je vais, et ce que je fais.
— Tu vas à ta fortune, répondit le bon duc, et tu fais ton devoir.

Esteban eût préféré une réplique plus précise, mais toute son effrontée hardiesse tombait en présence du Medina-Celi.

Les vestibules, du côté du jardin, étaient absolument déserts : le soleil y tombait d'aplomb. Valets et gardiens avaient fui cette torride atmosphère. Le bon duc s'arrêta au pied du grand escalier.
— L'ami, dit-il de sa voix grave et hautaine, je ne te veux point de mal. Tu n'es qu'un instru-

ment. On s'est servi de toi contre moi. A mon tour, je me sers de toi, non point contre mes ennemis, mais contre ceux de mon souverain. Tu seras payé de ton travail et de ton péril.

— Je suis donc en péril, Seigneur, demanda Esteban, qui pâlit.

— Tous ceux qui dorment et tous ceux qui veillent présentement dans l'enceinte du palais sont en péril, répliqua le Medina-Celi : prends cet escalier, le corridor qui le suit te conduit droit à la galerie des Ambassadeurs, au bout de laquelle est l'antichambre royale... C'est là que tu dois te rendre... mais n'oublie point ceci, c'est ton salut : un détachement des gardes du roi veille à l'ombre du cloître qui entoure le patio des Marionnettes, sous la galerie des Ambassadeurs... En passant penche-toi à une fenêtre et appelle l'officier... montre lui cette branche de myrte qui est à ton feutre et répète-lui ces propres paroles : « Hidalgo ! si tu sais la devise qui entoure l'écusson d'azur aux trois éperons d'or, dis-la. » L'officier te répondra : *Par aguijar a haron*. Tu ajouteras alors : « Que le Seigneur soit avec vous, hidalgo ! Au nom du maître, l'Espagne a besoin de vous ; pénétrez à l'instant même, de gré ou de force, dans l'antichambre du roi. » Va !

Esteban écoutait encore, que le bon duc avait déjà disparu dans le couloir qui tournait l'escalier.

De ce côté, c'était les étuves.

Esteban resta un moment indécis, puis il monta lentement, grommelant à part lui :

— Je suis en danger !... je vais jouer à colin-maillard... appeler les desservidores... me faire assommer par les gens du roi !... Dans quel diable de guêpier m'a fourré ce coquin de Pedro Gil !

Philippe d'Espagne s'éveilla brusquement. Un homme était debout et penché à son chevet.

C'était un enfant, ce roi. Peut-être, au fond, n'avait-il point de méchanceté, car il n'avait point de crainte. Au milieu des passions imbéciles et sanguinaires qui s'agitaient autour de lui, son sommeil était tranquille et son réveil serein.

Il ouvrit les yeux et demanda en souriant :

— Est-ce toi, Gaspar ?

— Votre Majesté a exilé le comte-duc, répondit le Medina-Celi à voix basse.

— C'est juste ! dit le roi, il paraît que Gaspar me trompait... Dieu te garde, Hernan !... Est-ce toi qui est mon ministre ?

Mais, dis-moi, s'interrompit-il, voyant que le bon duc hochait la tête gravement : — ai-je rêvé cela ?... Don Luiz de Haro a-t-il été tué ?... tué par toi son meilleur ami ?

— Vous n'avez pas rêvé, Royal Seigneur... prononça le bon duc avec effort.

— Si bien, s'écria Philippe ; — j'ai rêvé de taureaux... Quelle espada que ce Cuchillo ! je l'aurai à ma prochaine course, dût-il m'en coûter cinq mille réaux de plate !

Il se prit à écouter et demanda tout à coup :

— Qu'est cela ?

Un bruit confus partait du coin de la chambre la plus voisine de la porte communiquant au corps de garde.

— Sire, répondit le bon duc, c'est aujourd'hui

que vous allez reprendre en main votre souveraine autorité...

— L'ai-je donc jamais perdue, Hernan ?

— D'autres l'ont trop longtemps exercée à votre lieu et place, Sire.

— Vierges et martyrs ! s'écria Philippe avec un véritable effroi, penses-tu qu'un roi puisse tout faire par lui-même ?

— Tout faire et tout voir, repartit le bon duc respectueux, mais ferme.

— Malepeste ! Perez... mais les ministres...

— Les ministres sont autour du roi comme les lieutenants autour d'un général.

— Cependant, ami...

— Que Votre Majesté daigne m'écouter... On a pénétré ce matin dans sa chambre à coucher pendant qu'elle faisait la sieste... On a bâillonné et garrotté le gentilhomme couché en travers du seuil.

Philippe se mit sur son séant.

Il regarda du côté de la porte.

En voyant les efforts que faisait le familier pour se dégager, il eut d'abord envie de rire ; mais le rouge lui monta au front et il sauta sur ses pieds.

— A-t-on voulu m'assassiner ? balbutia-t-il.

Le Medina-Celi mit un genou en terre.

— Royal Seigneur, répondit-il, quand nous étions jeunes tous les deux, Philippe d'Espagne a été mon rival en amour. Pendant quinze ans les ministres de Philippe d'Espagne m'ont tenu captif dans ma forteresse... Je supplie Votre Majesté de me prêter attention. Ces mêmes hommes qui ont si cruellement persécuté ma vie ont essayé de déshonorer ma mort... Ils ont cherché, ils ont trouvé un malheureux qui me ressemble par les traits du visage.

— Ah! ah! fit le roi, dont la curiosité puérile s'éveillait.

— De ce mannequin, poursuivit Perez de Guzman, ils ont fait un duc de Medina-Celi... Ils lui ont mis le poignard à la main... Puis, pour donner plus de vraisemblance à leur comédie infâme, ils ont osé pénétrer dans la chambre du roi, ils ont bâillonné et garrotté les chambriers du roi... de telle sorte que l'histrion chargé de jouer mon rôle puisse être arrêté en flagrant délit...

— Mais toi... objecta le roi, qui semblait intéressé vivement, n'es-tu pas là pour crier au mensonge ?

Don Hernan ouvrit ses vêtements et montra sa poitrine toute labourée de récentes cicatrices...

Voici ce qu'ils ont fait, dit-il : aujourd'hui, Sire, ils comptaient achever leur besogne... On faisait disparaître mon cadavre, et l'histrion, convaincu de haute trahison, portait sur l'échafaud le blason dégradé de Tarifa.

— De par tous les saints! s'écria Philippe, c'est une audacieuse intrigue! Le comte-duc n'a pas assez d'esprit pour avoir trouvé cela! Je devine tout, moi ; si j'avais voulu, j'aurais fait des imbroglios de théâtre...

Medina-Celi jaloux, Medina-Celi martyr se vengeait du roi ; quoi de plus vraisemblable ! Allons, Perez, mon compagnon, le sage Salomon n'aurait pas mieux éclairé ces ténèbres. Vive Dieu ! je suis pressé de voir le coquin qui te ressemble... La journée commence bien !... Je m'étais ennuyé hier... Conduis-moi, je vais rendre la justice !

Don Hernan avait tranché d'un coup d'épée les liens qui retenaient le gentilhomme gardien.

Celui-ci ne put rien dire, sinon qu'étant garrotté déjà et bâillonné, il avait vu un homme dont le visage se cachait derrière un masque.

Le roi ne se possédait plus d'impatience. Il voulait voir, il voulait juger.

— Sire, dit le bon duc, les coupables sont en ce moment dans votre antichambre. L'un des capitaines de votre garde, averti par moi, doit y mener sa compagnie, et Votre Majesté ne court aucun danger sérieux... Permettez, cependant, que je passe le premier.

— Passe ! répliqua le roi. Toi, Ruy, va quérir un détachement de nos trabucaires, et don Baltazar de Alcoy, président de l'audience.

— Don Baltazar est au nombre des traîtres, sire, répliqua don Hernan.

— Passe donc !... Quel spectacle !... Je vais produire sur eux l'effet de la tête de Méduse !

Il redressa de son mieux sa taille fatiguée et disposa les plis de son manteau.

— Va, Ruy, reprit-il en montrant au gentilhomme gardien l'issue qui donnait sur la chambre appelée la Toilette ; sors par les étuves, et hâte-toi !... mes trabucaires et l'alcade mayor de Séville !

Sur un signe du roi, équivalent à un ordre exprès, le bon duc ouvrit la porte du corps de garde.

Il s'arrêta pour écouter.

Un silence profond régnait dans l'antichambre dont il n'était plus séparé que par la draperie.

Il souleva la draperie et ne vit d'abord que trois soldats de la garde et un chambrié couché sur les dalles.

Mais à peine eut-il fait un pas dans l'antichambre, qu'une grande clameur s'éleva.

Une demi-douzaine d'autres soldats de la garde sortirent des embrasures des portes et des fenêtres, en même temps que don Pascual de Haro, Alcoy et le connétable de Castille s'avançaient l'épée haute.

— Sauvez le roi, Messeigneurs, et mort à l'assassin ! ordonna Pedro Gil.

Philippe voulut ouvrir la bouche, étonné qu'il était de voir tant de soldats de la garde dont les visages lui étaient inconnus, mais l'almirante Jean Sforce et l'oidor, passant derrière le bon duc, le saisirent à bras-le-corps en criant :

— Sauvons le roi ! sauvons le roi ! même malgré lui !

Philippe fut enlevé et porté dans sa chambre, dont la porte se referma sur lui.

On l'entendit qui criait derrière les planches :

— Traîtres ! je vous déclare coupables de lèse-majesté. Ouvrez, sous peine de la hache !

Sa voix se perdit bientôt dans la clameur furieuse.

— Vive le roi ! Mort à l'assassin du roi !

Le regard du bon duc, furtif et rapide comme l'éclair, avait compté les assaillants.

Il eut la force de retenir sa main, qui voulait sauter à son épée.

Il eut la force d'éteindre l'éclair foudroyant de sa prunelle.

Il recula. Il mit sa main tremblante et lâche au-devant de ses yeux, en poussant un gémissement de femme. Ses jambes défaillaient sous lui. Le fer de Cuchillo, qui brillait à deux pouces de sa poitrine, s'abaissa.

Trasdoblo, bouche béante, l'examinait, en se frottant les yeux.

— Ce n'est pas le Medina-Celi! balbutia-t-il.

Le toréador éclata de rire en demandant :

— Faut-il tuer tout de même ?

— Par le diable! gronda Pedro Gil, ce n'est qu'Esteban.

Ceux qui étaient derrière, des figures de gibet, foulaient et disaient :

— Tue! tue!

Les dents du bon duc claquèrent. Cuchillo lui ayant asséné un coup de plat d'épée sur les épaules, il chancela et tomba prosterné.

— Que vous ai-je fait, Seigneurs ?... balbutia-t-il; à quoi vous servira la mort d'un malheureux tel que moi ?

Alcoy, don Pascual et le connétable dirent à la fois :

— C'est ce misérable Esteban!

— Pourquoi nous as-tu quittés ? demanda rudement l'oidor.

— Comme je passais le dernier au coude de la galerie, répondit le bon duc dont la voix s'étouffait dans son gosier, un homme tout semblable à moi-même m'a saisi par la nuque en posant sa main sur ma bouche...

— Le Medina-Celi !... dit-on de toutes parts.

Et l'oïdor secouant le bras du bon duc :

— Où est-il ?... sur ta vie ! où est-il ?

— Que Dieu ait pitié de moi ! je ne sais pas...

Il y eut un silence plein de frémissements.

Le connétable, Pascual de Haro, Alcoy et l'almirante Sforze s'étaient groupés au milieu de l'antichambre. Le vieux Zuniga était collé à la muraille, les deux mains sur son épée nue. Il avait les yeux hagards et sortis de la tête. Il balbutiait sans savoir qu'il parlait :

— Le roi sait bien si je lui suis fidèle... Voilà vingt ans que je contresigne... Hélas ! hélas ! comment tout ceci va-t-il finir ?

Neuf des bandits déguisés en gardes entourèrent le bon duc. Pedro Gil était au milieu d'eux.

Le dixième, qui n'était autre que Bobazon, restait auprès de la porte principale.

Il regardait de tous ses yeux, cherchant à comprendre et prêt à tirer, de quelque façon que ce fût, son épingle du jeu.

Philippe ne frappait plus à la porte et ceci était une menace.

— Parle, Pedro Gil, dit don Pascual ; c'est toi qui as fait tout ceci ?

Nous sommes sur une mine chargée et prête à sauter, ajouta Alcoy.

— Quelque soit cet homme, répondit l'oïdor du ton dont on prononce un arrêt sans appel, c'est l'assassin du roi. C'est lui qui a garrotté le chambrier de garde... c'est lui qui a pénétré dans la Chambre royale... Nous sommes-nous trompés ? Qui peut songer à punir l'excès de zèle ?... Cuchillo ! un coup au cœur !... et vous, chacun un coup !... Il faut que ce soit un massacre... Ainsi agit l'indignation loyale en face du plus abominable des crimes !

Cuchillo leva son épée, le bon duc ferma les yeux à demi. Trasdoblo, encouragé par son attitude, le saisit à la gorge.

— Mais l'autre... disaient nos hommes d'État.

— L'autre, le voici ! prononça tout à coup Bobazon, ouvrant la porte toute grande et livrant passage à Esteban.

— Chargez ! s'écria Pedro Gil avec triomphe, nous sommes sauvés !... Dieu vivant ! sus ! à l'assassin du roi !

Esteban voulut reculer, mais Bobazon, l'épée à la main, était déjà entre lui et la porte. A la voix de l'oidor, tous les bravi, excepté Trasdoblo, abandonnant le bon duc, s'étaient rués sur le nouvel arrivant.

Trasdoblo n'avait garde de se joindre à ses compagnons.

Le bon duc venait de lui saisir le poignet. Il se redressa tout d'un coup et dégaina. Le boucher tomba, le crâne ouvert et horriblement fracassé.

En même temps, le bon duc se dépouilla de son manteau et découvrit son brillant costume, tout pareil à celui d'Esteban. Il roula son manteau autour de son bras droit, et s'avança d'un pas ferme, l'épée et la tête hautes, vers le groupe formé par nos hommes d'État, que Pedro Gil avait rejoints.

Ceux-ci le regardaient avec stupeur. Et le roi des gueux demandait grâce, disant lui aussi :

— Mes bons seigneurs, que vous ai-je fait ?... Ce n'est pas moi, vous le savez bien, qui suis le duc de Medina-Celi !

Nous ne croyons pas pouvoir raconter autrement que ne le fait la légende andalouse elle-même cet épique combat, livré par Hernan Perez de Guzman, seul, à quinze adversaires, dont cinq étaient des gentilshommes.

Parmi ces quinze combattants, il y en avait plusieurs de redoutables, entre autres Cuchillo, le connétable de Castille, Jean Sforce et l'ancien commandant des gardes.

Les autres étaient des soldats mercenaires habitués au maniement des armes, des gitanos souples comme des tigres et sachant lancer le couteau catalan avec une terrible adresse.

— De par le ciel ! seigneurs, s'écria Pedro Gil, dont les lèvres blêmirent, celui-ci est le duc ! Il n'y a plus ni à reculer, ni à hésiter, faisons justice au nom du roi !

L'oïdor se mit bravement en garde, en seconde ligne cependant, car Jean Sforze et don Pascual étaient tous les deux en avant de lui.

— Bas les armes, ordonna le bon duc, et je vous garantis grâce de la vie, de par le roi !

— Don Hernan, mon noble cousin, dit le vieux Zuniga, j'ai déposé mon épée...

— Reprends-la, ou je t'assomme ! s'écria Pascual de Haro.

— Nous sommes tous unis dans un même dévouement loyal, ajouta Pedro Gil; don Hernan Perez de Guzman, surpris en flagrant sacrilège, tout ce que nous pouvons vous promettre, si vous rendez votre épée, c'est d'être livré à la justice de l'audience.

— Pitié! mes bons seigneurs, pitié! gémissait Esteban qui étouffait, la gorge serrée par la main du toréador.

— Débarrassez-nous de ce coquin! commanda l'oidor.

— L'ami, dit le bon duc en se tournant vers le roi des gueux, si tu fais ton devoir, tant mieux pour toi; le secours doit être proche... Moi, je n'ai pas besoin d'aide; le temps qu'il me faut, je le prends!

— Vous voyez bien, messeigneurs, que je suis avec vous! commença le saint d'Antequerre; cet homme m'avait donné des ordres... Je n'ai pas prévenu la garde du roi...

— Ils sont complices! dit Pedro Gil, qui fit un signe.

L'épée de Cuchillo brilla; Esteban poussa un cri sourd et tomba à la renverse. Un instant il se débattit, puis ce fut l'immobilité de la mort.

Cuchillo et ses compagnons revinrent alors vers le groupe principal, tandis que Hadjar, Nombres et plusieurs soldats manœuvraient pour entourer le bon duc.

— Commençons donc le boléro, seigneur, dit celui-ci, qui eut un sourire aux yeux et aux lèvres.

D'un mouvement plus prompt que la foudre, il

bondit au moment où les deux gitanos allaient le saisir par les jambes. Don Pascual, le connétable et Jean Sforce le reçurent à la pointe de leurs épées, mais son glaive sonna trois fois pour parades exécutées avec une vélocité prestigieuse, et Jean Sforce tomba sur ses genoux, percé d'un coup profond à la hauteur de la gorge.

Le connétable, homme robuste et lourd se sentit enlevé de terre. Don Hernan l'opposa d'abord comme un massif bouclier à la rapière du toréador, qui fondait sur lui de tout son élan. Le connétable percé entre les deux épaules poussa un hurlement de rage. Don Hernan tourna sur lui-même et précipita ce mort au milieu du groupe principal, qui fut rompu comme par le choc d'un quartier de roc lancé par une machine de siège. Il passa dans le trou, élargi par le redoutable moulinet de son épée, et gagna l'embrasure de la fenêtre la plus voisine de cette banquette qui gardait le nom de Cristophe Colomb. C'était le but de sa tactique. Il était là dans une forteresse de trois côtés et ne pouvait être pris que de face. Pendant que nos assaillants étourdis se comptaient, il alla tout d'un temps jusqu'au fond de l'embrasure, et mettant son torse dehors, il cria d'une voix retentissante :

— A moi, mon fils Mendoze !... à moi les amis de l'écusson aux trois éperons d'or !

Sa main gauche avait glissé sous son pourpoint. Il arracha le médaillon donné par Louis de Haro mourant, et le jeta dans la cour des Marionnettes, en disant :

— Qui l'aime, le rapporte.

— Il appelle les desservidores à son secours ! s'écria Pedro avec un éclair de joie féroce ; ne craignez plus rien, messeigneurs, le traître a fait l'aveu de son crime ! Nous combattons pour le roi... notre sang est notre témoin... chacun de ces cadavres nous absout et condamne le parricide... Chargeons, de par le Christ ! et qu'en arrivant ses compagnons trouvent la besogne faite ! Don Pascual et Cuchillo, soutenus par trois mercenaires, se prirent à marcher vers l'embrasure. Le bon duc était prêt. Le jour le touchait à revers et donnait à sa haute taille des proportions héroïques. Il avait cet avantage de voir les yeux des assaillants, tandis que les siens restaient dans l'ombre.

— Tirez aux jambes, enfants ! dit le commandant des gardes ; Spada, à toi le front du taureau ; je me réserve la poitrine : en avant ! Cinq coups furent portés, cinq parés : deux épées de mercenaires volèrent en éclats. Cuchillo redoubla, don Pascual aussi, Alcoy se mit de la partie. Pedro Gil s'agitait comme un démon. Il avait de l'écume à la bouche.

— Estremeno ! disait-il à Bobazon, défends cette porte sous peine de la vie !... Reuben, ouvre l'huis du roi !... Il faut que le roi puisse voir comme nous mourons pour l'amour de lui !... Ferme, Cuchillo !... Courage, don Pascual !... Poussez, poussez ! il est à nous !

Don Bernard de Zuniga, toujours collé au lambris, n'était pas tout à fait oisif, bien qu'il ne prît pas une part effective à la lutte ; il tirait à demi son épée, puis il la replongeait au fourreau, puis il dégainait encore à moitié, puis encore il rengainait, selon que le dieu signature lui conseillait la paix ou la guerre : c'était un secrétaire d'État bien cruellement embarrassé. Cependant le combat continuait. Don Pascual avait une large blessure à l'épaule, et la tête de Cuchillo saignait par deux plaies. Les mercenaires ne voulaient plus charger, les gitanos tournaient autour des portes.

— Aux couteaux! ordonna Pedro Gil, qui voyait rouge, et dont les cheveux se hérissaient sur son crâne.

— Cet homme est le démon, grommela un soldat, serrant à deux mains son ventre ouvert.

— Sauve qui peut! dit un autre.

Le bon duc restait immobile et muet au seuil de son embrasure.

Pedro Gil arracha le couteau catalan de Reuben. Il se mit à l'abri derrière la vaste carrure de don Pascual. Il visa. Le couteau partit en sifflant et disparut tout entier dans les plis du manteau du bon duc.

On vit un tressaillement léger courir par tous ses membres et contracter un instant les muscles de sa face.

— Touché! cria l'oidor; un dernier assaut, au nom du diable! je vous dis que nous le tenons! Alcoy, Pascual, Cuchillo et trois des mercenaires s'élancèrent à la fois. Deux gitanos lancèrent en même temps leurs couteaux, qui produisirent un bruit sinistre, en traversant le manteau du bon duc. Celui-ci se redressa plus fier, et tandis que les soldats reculaient en répétant : C'est le démon! il renversa d'un seul élan le toréador et le commandant des gardes. Alcoy se jeta de côté. Pedro Gil voulut fuir. Le bon duc le saisit aux cheveux, l'enleva de terre et l'écrasa contre les dalles. Puis, se couvrant de son épée, il regagna son poste à pas lents. Pedro Gil se roula, eut un râle, imprima ses ongles sanglants dans la pierre et expira. Un grand bruit se faisait au dehors. Moncade et les trabucaires traversaient au pas de course la chambre du roi. En même temps Bobazon ouvrait toute grande la porte qu'il était chargé de défendre. Mendoze, qui ne le reconnut point, l'écarta d'un coup de pommeau au visage, et Bobazon s'écria en pleurant de joie :

— Pour le coup, ma fortune est faite !... On verra bien que c'est moi qui ai sauvé Sa Majesté ! L'instant d'après, Pascual était sous le genou de Moncade, et l'épée de Ramire s'appuyait sur la gorge de Cuchillo.

— C'est ma dernière corrida ! murmurait ce dernier ; j'ai manqué le taureau, j'ai ce que je mérite ! Philippe se précipita, haletant.

— Par les cinq plaies ! s'écria-t-il en courant droit à Mendoze ; ne vas-tu pas me tuer la meilleure épée de l'Espagne !... Je le préfère à Corrientes, sais-tu ?... arrière, jeune homme ! Mendoze recula, respectueusement incliné. Le roi poursuivit :

— Nous sommes arrivés à temps, quoique ce diable de Perez se soit fait justice lui-même. Nous étions de la même force autrefois. Il poussa du pied le corps de Pedro Gil.

— Alcade ! dit-il, voici tout ce qu'on vous a laissé : Baltazar de Alcoy, président de mon audience de Séville, et Pascual de Haro, commandant de mes gardes... De par le Dieu vivant ! où est ce vieux traître de Zuniga ?

— Majesté, dit le secrétaire d'État, levant sa tête maigre et pâle au-dessus de sa fraise empesée, vous avez la sagesse du fils de David, vous ne me confondrez pas avec ces misérables... Je suis le parent de Medina-Celi... Qu'il ait la première place, je consens à garder sous lui l'expédition des affaires... Le roi le regarda en riant.

— Tu conserveras la signature, dit-il, pour contresigner l'ordre d'exil qui t'envoie à ton château de la Navarre... Que je ne te voie plus ! Je veux régner ! Pendant que les trabucaires emmenaient don Pascual, Alcoy et le vieux Zuniga, Bobazon pensa que le moment était favorable pour montrer à Philippe la contusion qu'il avait sur la joue.

— Majesté ! commença-t-il, en prenant une pose noble et digne.

— Qu'on me montre le coquin qui ressemble au Medina-Celi ! interrompit le roi avec sa pétulance d'enfant. Le saint Esteban d'Antequerre était couché dans un coin parmi les morts. Aux dernières paroles de Philippe, il se releva gaillardement, secoua la poussière qui souillait ses riches habits, et s'en vint, le poing sur la hanche, saluer Sa Majesté.

— Regardez-moi, Royal Seigneur, dit-il, sans être déconcerté le moins du monde ; j'ai joué plus d'un rôle en ma vie, ayant été comédien de mon état, et j'ose le dire, comédien distingué.. Du diable si je voudrais recommencer la pièce !... Ce misérable Pedro Gil, qui a trouvé ici le châtiment de ses forfaits, m'avait donné à choisir entre le bûcher et le titre de duc... Majesté, je vous le demande : à ma place, qu'eussiez-vous fait? Le roi écoutait cette harangue, et regardait tantôt Esteban, tantôt le duc de Medina-Celi, qui depuis la fin de la bataille restait appuyé sur son épée.

— De par le ciel ! s'écria-t-il, voilà un amusant bouffon et une miraculeuse ressemblance... Hernan, tu es plus pâle que lui... Je ferai quelque chose pour ce comédien... Approche, Cuchillo ; je te retiens pour ma grande corrida. Qui donc est ce jeune homme ? ajouta-t-il en fronçant le sourcil. Son doigt tendu désignait Mendoze.

— Si tu avais tué Cuchillo, capitaine, reprit-il rudement, tu aurais eu affaire à moi.

— Sire, dit le bon duc, dont la voix sembla tout à coup altérée, ce jeune homme est le fils de don Louis de Haro, comte de Buniol, et de dona Isabel d'Aguilar. Les deux mains de Moncade saisiront la main de Mendoze.

— J'étais votre ami avant de savoir que nous étions cousins, Seigneur, dit le marquis de Pescaire.

— Ah bah ! fit le roi. Mystère !... péripétie !... si notre poète Calderon était du voyage, il ferait ample moisson, ce matin. Eh bien ! Louis de Haro, marquis de Buniol, ton père était notre ami... Baise notre main, si tu veux, et ne t'attaque plus à Cuchillo. Bobazon ouvrait des yeux énormes.

— Sire, reprit le bon duc, je désire entretenir Votre Majesté.

— Pourquoi non, Hernan ? n'as-tu pas ton franc parler ?... Nous causerons ce soir.

— Il faut que ce soit sur le champ, Sire.

— Sur le champ, vive Dieu ?...

— Ce soir, Royal Seigneur, il serait trop tard.

— Pourquoi cela, duc ?

— Parce que mes minutes sont comptées, Sire. Je suis blessé à mort. Le roi pâlit. Il y eut parmi l'assistance un mouvement de stupeur, puis d'incrédulité. Cet homme qui parlait de blessure mortelle était droit et fier comme un chêne. Mendoze et Moncade avaient fait ensemble un pas vers le bon duc. Celui-ci les éloigna de la main. Il se pencha à l'oreille du roi, qui s'était approché tout ému, et qui disait :

— Tu rêves, duc, ou tu veux m'effrayer ?

— Sire, murmura don Hernan, dont le front blêmissait de plus en plus et qui avait de la sueur aux tempes, vous avez entre vos mains l'avenir de cet enfant et celui de ma fille. Ils s'aiment, vous seul au monde savez comment don Louis mort, ce noble sang serait entre eux comme une barrière. Philippe l'interrompit d'un geste hautain et grave.

— Nous vous engageons notre parole royale, Hernan, dit-il ; ce secret mourra en nous.

— Soyez béni, Sire, dit le bon duc qui toucha la main du roi de ses lèvres et reprit :

— Approche maintenant, mon fils Mendoze ! Ramire ayant obéi, Medina-Celi appuya ses deux mains croisées sur son épaule. Les orbites de ses yeux se creusaient. Son front et ses joues se couvraient de plaques livides.

— Don Louis, prononça-t-il avec solennité, don Louis de Haro, tel est ton nom, je le jure devant Dieu, moi qui vais mourir, tu portes ton écusson sur ta poitrine... Ton père était un noble homme. Nous étions frères tous deux par le cœur, et mon dernier souhait est que nous soyons réunis dans la même tombe... Je te donne, avec doña Isabel, ma fille, mes biens, mon nom et mon titre de duc!... Tu es vaillant, sois fidèle! Mendoze sentait plus lourd à chaque instant le poids qui pesait sur son épaule. A l'entour de cette scène, les assistants faisaient un grand silence.

— Don Louis, poursuivit le bon duc, il est une chose que je retire de mon héritage. Ne touche pas à la devise de Perez. Je suis le dernier fils de Tarifa ; j'emporte mon cri de guerre dans la tombe... J'en ai acquis le droit, car j'ai donné au roi ce qu'on ne doit qu'à Dieu. Il prit son épée, dont il baisa la croix à trois reprises, puis il tomba de son haut tout à coup, sans pousser un cri, sans rendre une plainte. On écarta les plis de son manteau, ainsi que les revers de son pourpoint. Chacun put voir trois lames catalanes piquées dans sa poitrine. L'épée ne l'avait point touché. Le couteau de Pedro Gil s'enfonçait jusqu'au manche, à quelques lignes au-dessus du cœur.

XV

ÉPILOGUE

DEUX RECLUSES

Trois mois s'étaient écoulés. Le roi n'avait point quitté Séville : une longue et cruelle maladie l'avait retenu au palais de l'Alcazar.

La nuit venait de tomber, mais les abords du couvent Sainte-Marie-Mineure, situé à l'angle de l'Alameda Vieja, étaient resplendissants de lumière. Les arbres de l'antique promenoir se reliaient entre eux par des guirlandes de lampions et de fleurs; des pyramides couvertes de flambeaux s'élevaient çà et là, et les maisons étaient tout illuminées de la base au faîte.

Il s'agissait, sans nul doute, d'une haute et solennelle cérémonie, car la place et les rues avoisinantes étaient encombrées de petit peuple. Majos et majas se trémoussaient sous les arbres, coudoyant sans façon la cohue et imposant à tous la gaieté turbulente de leurs amours. Les pêcheurs de la Triana, les bohémiens de Los Cumeros, les villageois de la vallée mêlaient leurs costumes bizarres et pittoresques. Les baladins faisaient leurs tours à la lueur de mille torches, et de tous côtés, les notes sourdes et plaintives de la guitare accompagnaient les prestes arpèges de la mandoline.

C'était fête et, vive Dieu, nos gueux, seigneurs de la Grandesse, maîtres de l'Eldorado, prenaient leur revanche des persécutions et humiliations subies sous le dernier ministère. Ils étageaient insolemment leurs grappes immondes sur les degrés même du portail de l'église et juchaient jusque sur la base des colonnes leurs plaies postiches et leurs haillons menteurs.

Au milieu du parvis, un bûcher élevé. Au-dessus du bûcher se balançait, suspendu à une potence, un mannequin de taille colossale, représentant le comte-duc.

Ce bûcher était l'œuvre des gueux. Maravadis, Cornejo, Escaramujo, et tout un bataillon de jeunes mendiants, montaient la garde à l'entour.

Sur les degrés, aux meilleures places, s'installaient les sénateurs du Gaspacho : Picaros, le premier, grimé en Nestor et portant plus d'un siècle sur son chef vénérable ; Gabacho, époux de la criminelle Brigida ; Mazapan, Domingo le nègre, l'éloquent et fier Manoël Palabras, Moscatel, Gingibro, Raspadillo et autres.

La nouvelle et l'ancienne école fraternisaient.

Un seul manquait parmi cette troupe d'élite. L'ambitieux Caparosa était mort le soir de la grande émeute.

Toute cette tourbe gémissait, glapissait, hurlait. Chaque fois qu'une chaise contenant des dames et des seigneurs s'arrêtait au bas des degrés, c'était un concert de lugubres clameurs.

Sur la plus haute marche du perron était placé un fauteuil garni d'oripeaux déguenillés et fanés. Un homme de belle prestance s'y asseyait. Il portait en tête une couronne de papier doré, et sa main droite tenait un sceptre terminé par une Folie au corsage entouré de grelots.

C'était le saint Esteban d'Antequerre, reconnu roi des gueux et maintenu dans tous les privilèges héréditaires de cette vénérable dignité par lettres patentes de Philippe IV.

Dieu sait que l'on causait dans la foule et que ce bon peuple andalous faisait ample récolte de nouvelles!

— Il est bon, disait maitre Galfaros, propriétaire des délicias les mieux achalandées de Séville, il est bon de ne point parler des affaires du gouvernement... Le comte-duc était ce qu'il était, voilà le vrai; son successeur est ce qu'il est.

Un murmure flatteur accueillit ces sages paroles.

Et pourtant, objecta Dolores, une des jolies servantes de la maison du Sépulcre, on peut bien desserrer les dents un jour de fête... Moi qui vous parle, j'étais sous le porche, le matin où il se prit de querelle avec le comte de Palomas...

— A bas Palomas! gronda un chœur formidable; à bas le neveu du comte-duc!

— C'était un joli seigneur! dit bravement Dolores; mais il s'agit de l'autre... Eh bien! il demanda une mesure de vin de la Manche et un morceau de fromage... Était-ce le déjeuner d'un gentilhomme? Non!... Cependant je dis tout de suite : « Voici un jeune cavalier qui fera son chemin à la cour! »

— Holà ! Galfaros, cria une voix de femme sortant d'une litière, quatre onces pour toi si tu me procures une place dans la chapelle !

— Ximena ! la saltarine !... Elles peuvent jeter les onces à poignées, celles-là !

— Le comte-duc avait voulu purger Séville de cette lèpre.

— Il avait du bon, le comte-duc !

— Répète ce mot, Diego, pour avoir mon couteau dans la gorge.

On échangea quelques bourrades.

Les valets armés de torches criaient à haute voix le nom de leurs maîtres, et ouvraient de larges trouées parmi la cohue. Il y avait des disputes sur le parvis, entre les meneurs de chaises. Les valets courroucés se renvoyaient des chapelets de titres historiques et de noms retentissants. La liste entière de la grandesse d'Espagne se défilait à grand fracas, par demandes et réponses, comme un catéchisme.

Tout à coup, un escadron de gardes à cheval déboucha par la rue Sainte-Lucie et tomba sur les gueux à grands coups de plat de sabre.

On démolit en un clin d'œil le bûcher et l'on fit disparaître le mannequin du comte-duc.

— Place à la chaise de Vincent de Moncade, premier marquis de Pescaire ! fut-il proclamé en même temps.

— Un de mariés ! un des mariés ! répondit la foule en se massant comme une botte d'asperges.

Chacun tâchant de voir, les femmes criaient, les hommes blasphémaient, les filous coupaient les bourses. Tout le monde était content.

Don Vincent, portant le riche et galant uniforme de capitaine général commandant les gardes du roi, descendit de sa litière et fut entouré aussitôt d'un nombreux cercle d'amis.

Ce groupe fit escorte jusqu'au haut du perron à une chaise drapée de satin blanc, d'où sortit, sous le péristyle même de la chapelle, une jeune fille dont le visage et la taille disparaissaient derrière le long voile des épousées.

— Une des mariées! une des mariées! cria encore la foule.

— Longue vie à la noble Inez de Guzman!

— Honte et malheur à la fille du comte-duc!

— Insulterez-vous la marquise de Pescaire, misérables!

— Scélérats! soutiendrez-vous la Guzman, dont le père mérite cent fois le fagot.

Il y eut quelques bons coups de couteaux catalans plantés sourdement entre les côtes. Quelques pauvres hidalgos essayèrent même de dégainer en conjuguant leur verbe généalogique. Mais la place manquait. On pouvait du moins se gourmer : cela soulage en attendant mieux.

Dieu vivant! la belle cérémonie! On se battait partout. Les gueux, chassés de leur position, chargeaient à leur façon l'escadron des gardes à cheval ; ils s'en prenaient aux jarrets des nobles bêtes, qui tombaient estropiées, avec leurs cavaliers furieux. Les gitanos rampaient entre les jambes de la cohue comme des serpents et visitaient les poches ; les pêcheurs, se tenant par le bras, piquaient de l'avant comme la phalange macédonienne, et faisaient l'effet d'un fouloir dans une cuve. Les portefaix, chantant à tue-tête, avançaient en sens contraire. Malheur à ceux qui se trouvaient entre ces deux pilons !

Au dernier rang, c'était le cercle des prudents comme Galfaros, Pedro, le mercier de la rue de l'Infante, et maître Garcias, le maréchal-ferrant.

Ceux-là voyaient peu de chose, mais ils devinaient et glosaient à leur aise.

Comme don Vincent de Moncade et la jeune fille au long voile traversaient le péristyle, le saint Esteban d'Antequerre se leva noblement et drapa son manteau d'un geste sublime.

— Moncade, dit-il, nous avons été mêlés tous deux dans ces derniers temps à des événements d'importance... Le roi, que Dieu garde! nous a récompensés tous deux... Je te taxe à dix onces d'or pour moi, marquis, à l'occasion de ton heureux mariage, et à cinquante onces pour mon peuple... Moyennant quoi, Moncade, les cent mille frères de la gueuserie andalouse diront dévotement un chapelet pour ta longue félicité sur cette terre.

D'une main il agita les grelots de son sceptre, de l'autre il tendit une sébile vaste comme un saladier.

Un tonnerre d'applaudissements éclata. Les uns savaient pourquoi : c'était le petit nombre ; les autres acclamaient de confiance et bien plus fort. L'offrande de Moncade sonna dans la soupière du saint Esteban, qui se découvrit alors et fit un salut de cour avant de reprendre place en son vieux fauteuil.

Une des portes latérales de Sainte-Marie-Mineure roula sur ses gonds, la grande porte ne devant s'ouvrir que pour le roi. Un jet de lumière s'échappa, semblable à un rayon de soleil. On eût dit que l'église était en feu. Quand le battant se fut refermé, Ximena, ivre de curiosité, offrit son collier de sequins, ses amulettes, sa bourse, sa ceinture à franges d'or et son cœur, à qui l'introduirait dans la chapelle.

Mais la cohue se mit à onduler à larges houles, comme la marée des équinoxes sur les plages de l'Océan.

— Sa Grâce! disait-on, Sa Grâce!
— La Medina-Celi! la Medina-Celi!
— La noble Eleonor de Tolède!
— Vertu-Dieu! dit Dolorès, la servante de Galfaros, un cuarto de fromage et du vin de la Manche, était-ce là le déjeuner d'une Excellence?
— Veux-tu te taire, malheureuse! fit le maître des Délicias. Voyez, vous autres : la bonne duchesse est encore belle dans son deuil.
— Et son pourpoint de buffle, limé aux deux coudes!... reprenait Dolorès; et son pauvre feutre dont les bords pleurent comme un saule....

La foule :
— Honneur et gloire à don Louis de Haro! Longue vie au premier ministre du roi!

Le couvent des carmélites cloîtrées, connu sous le nom de Sainte-Marie-Mineure, avait, outre sa chapelle privée, une église paroissiale, dont la domination arabe avait fait longtemps un caravansérail. Philippe III avait pris sous sa protection ce temple, qui était pour lui vierge des abominations du culte musulman. La restauration, qu'il avait payée des deniers de sa cassette, était des plus magnifiques, et Philippe IV, dont le goût enfantin se portait vers toutes les choses neuves et éclatantes, l'avait déclaré paroisse royale. Aussi les statues jumelles de Philippe III et de Philippe IV étaient-elles placées en bon aspect aux deux côtés du chœur. Ce soir, c'était un véritable éblouissement. La nef, de style gothique, aux nervures surabondamment dorées, resplendissait, littéralement tapissées de feux. L'autel était une pyramide de cierges ; chaque colonne semblait un arbre de lumières, et cet éclat des plans supérieurs se répercutait dans la couche inférieure qui était toute d'or et de pierreries. La Cour était là, la Cour d'Espagne, la riche cour, portant sur son velours les mines du Nouveau-Monde. De la porte d'entrée au chœur, une autre foule se pressait, compacte comme celle du dehors, mais diaprée de couleurs miroitantes et toute saupoudrée d'étincelles. C'était ruisselant d'éclairs comme les facettes mobiles de la mer, ce lustre immense allumé par le regard du soleil couchant. Agrafes de diamants à tous les feutres pour relever les fiers panaches, rivières de diamants sur toutes les épaules nues ; broderies d'or, gaze d'or... Tous les hauts seigneurs que nous avons vus dans l'antichambre du roi se trouvaient ici, sauf les membres de l'ancienne administration. Encore se montrait-on au doigt, dans l'ombre d'un pilier, un vieillard souffreteux, courbé sous le chagrin encore plus que par l'âge, et que nous eussions reconnu pour don Bernard de Zuniga, ex-secrétaire d'État et fanatique de la signature.

Le roi lui avait fait grâce ; il poursuivait le roi comme un fantôme, lui demandant la mort ou des affaires à expédier. Il y avait de plus la noblesse des Castilles, accourue pour la maladie du roi, et tous ceux que la nouvelle fortune des ennemis du comte-duc avait ramenés à la cour. Aucun des amis du comte-duc ne manquait, au contraire : c'étaient les plus impitoyables. Les femmes, il faut le proclamer, gardent toujours quelque courage, même dans cette énervante atmosphère des camarillas. Vous n'eussiez pas trouvé parmi les hommes une seule voix pour défendre l'ancien favori contre les outrages qui pleuvaient sur son nom de toutes parts.

Dans le bas-côté de droite, auprès de la chapelle de Saint-Jean, décorée par le robuste pinceau du vieux Pacheco, un homme tenait le centre d'un groupe, composé en majeure partie de nos jeunes seigneurs de la maison du Sépulcre.

C'était un gros gaillard, lourd de formes, commun de langage, et qui aurait dû prêter à rire à cette jeunesse évaporée. Cependant on l'écoutait avec une attention voisine du respect. Il avait un habit de bon velours rouge, galonné d'or faux, et ses dentelles sentaient d'une lieue la friperie.

— Alors, seigneur, lui dit le petit don Narciso d'un ton de très humble déférence, vous avez eu l'honneur de connaître Sa Grâce au temps où elle portait le nom de Ramire de Mendoze ?

— Demandez à Pepino, répliqua le contador second, car notre homme portait cet honorable titre, demandez à Micaja... Mendoze et moi nous étions, pardieu! les deux doigts de la main.

— Et quel est, je vous prie, ce don Pepino? questionna Julian de Silva.

— La senora Micaja, ajouta Soto-Mayor, remis de ses blessures, est-elle, par hasard, de notre connaissance?

Le gros contador rit dans sa barbe.

— Là, là, mes jeunes fils, répliqua-t-il, vous avez la curiosité de votre âge. M'avez-vous bien regardé? Ai-je l'air d'un bavard? Point d'excuses, mes amis, les excuses et les compliments, du vent! Je ne vous ai pas dit, je pense, que Mendoze ait jamais été mon domestique? Non. A quoi bon sortir de la vérité? Mais l'homme a dans sa vie bien des hauts et des bas. Ma bourse était la sienne; comprenez-vous cela? Micaja était un cheval, mes chers jouvenceaux, et quel cheval? Pepino seul valait mieux que lui. Ces deux chevaux appartenaient légitimement à votre serviteur. Or, comptez sur vos doigts : il y a bien des lieues depuis le château de Penamacor jusqu'à la porte du Soleil, par où dona Eleonor entra dans Séville. Mendoze ne pouvait pas faire à pied tout le chemin.

Je lui prêtai mes deux chevaux, je lui achetai un pourpoint de cadet, fort propre et taillé comme il faut; je lui mis un demi-cent de douros dans la poche... et vogue la galère, n'est-ce pas? Bonnes jambes bien chaussées vont loin sans s'arrêter. Nous avions des branches de myrte à nos feutres, et si vous ne savez pas le reste, interrogez mon ami le ministre.

— Tudieu! seigneur, dit Jaime de Luna, vous

avez une merveilleuse façon de raconter ; Sa Grâce entretenait donc déjà des relations avec Moncade et ceux qu'on appelait alors les desservidores ?

Le contador second souffla dans ses joues.

— Mon père, prononça-t-il lentement, avait nom don Torribio Bobazon de la Cochuela y Mamarrochada. Il était borgne de l'œil gauche pour avoir montré trop de vaillance dans une bataille contre les ennemis ; ma mère était fille cadette de don Guttiero Parlanchim, qui disait « mon cousin » à l'évêque de Ségorbe... Moi, je m'appelle uniment le seigneur Bobazon... pas fier et si mon petit compatriote, devant lequel vous marchez maintenant à plat ventre, l'ancien Mendoze, devenu Louis de Haro, premier ministre du roi Philippe, ne m'a fait d'un coup grand d'Espagne, duc et le reste, c'est que l'espèce humaine n'est point pour se corriger du péché d'ingratitude...

— Il est bien jeune pour un si haut emploi, risqua un vieil hidalgo qui avança ses longues moustaches.

Tout le monde le regarda de travers.

— L'homme, dit aigrement notre Bobazon, c'est de mes propres deniers que j'ai acheté ma place de contador... et j'ai encore là-bas de bonnes pistoles enfouies sous le chevet du lit de mon père...

Saint-Jacques ! tout cela fut gagné loyalement par la charrue ou par l'épée ! Parlez seulement comme vous venez de le faire devant un alguazil et vous me direz comment on est logé dans les prisons d'Andalousie... Bien ! bien ! ne vous excusez point, je ne suis pas l'alcade... Et en parlant de prisons, mes mignons, c'est une dure forteresse que le château d'Alcala ; pourtant nous délivrâmes le bon duc en dépit de la trahison.

— Vous ! s'écrièrent dix voix étonnées.

— Connaissez-vous Trasdoblo le boucher ? Pedro Gil, l'oïdor ? l'Italien Sforce, qu'on avait fait almirante de Castille ? Et là-bas, dans l'ile Majeure de Guadalquivir, connaissez-vous l'hôtellerie de maître Colombo ? Le comte-duc est bien où nous l'avons mis, et pour avoir sauvé l'État, moi qui vous parle, je n'irai pas crier sur les toits : « Le premier ministre de Philippe IV mange les marrons que son compagnon Bobazon a retirés du feu tout brûlants. » Voici Sa Majesté, que Dieu bénisse.

Il salua fièrement, et s'appuya contre une colonne en croisant ses bras sur sa poitrine.

— Le roi ! crièrent les massiers en frappant les dalles du bois de leurs hallebardes.

Et l'huissier-majeur, avec sa cotte chargée de tous les écussons royaux, toucha la porte en répétant :

— Notre seigneur le roi !

La porte ouvrit aussitôt ses deux battants pour livrer passage à Philippe, donnant la main à Elisabeth de France, la reine.

Un corridor long et sombre, communiquant de l'intérieur du couvent aux galeries grillées régnait en demi-couronne derrière le chœur de la chapelle. Ce soir, une sorte de lumière mystérieuse et diffuse y pénétrait malgré les grilles. C'était la réverbération des feux prodigués dans l'église. Ces lueurs allaient s'affaiblissant à mesure qu'on s'enfonçait dans les profondeurs du corridor. Il faisait nuit à l'extrémité qui aboutissait à la porte du monastère. Cette porte roula sur ses gonds lentement. Deux formes indécises s'y montrèrent.

— Où me conduisez-vous, ma sœur? demanda une voix douce et tremblante.

— Allez droit devant vous, vers cette lumière, répondit une voix qui appartenait à une vieille femme ; celle que vous aimiez autrefois va venir... La porte se referma.

La jeune fille, restée seule, obéit et se dirigea vers les galeries, dont l'ouverture ressemblait de loin à la bouche d'une caverne, vue de l'intérieur et frappée par les rayons du soleil. A mesure que la jeune fille avançait, on aurait pu distinguer son costume. Elle portait une robe droite de toile de chanvre, couleur de peau nouvellement tannée. Un voile de bure grise descendait sur son visage. Tel était le costume du noviciat des carmélites réformées de l'ordre Sainte-Thérèse.

Quand la jeune fille arriva dans la tribune, elle fut obligée de fermer ses yeux, blessés par l'éclat des lumières. Elle s'agenouilla, le dos tourné à la grille et releva son voile pour faire le signe de la croix. Le voile grossier, rejeté en arrière, découvrit le doux et gracieux visage de Gabrielle, la fille de l'oidor. Ses beaux cheveux blonds, qui flottaient naguère si gaiement au vent de sa course, étaient coupés déjà. Ses grands yeux bleus gardaient la trace des larmes. Un murmure large et incessant montait de la nef avec de tièdes bouffées de parfums. De ce murmure se dégageaient deux noms : Louis de Haro et Medina-Celi.

Gabrielle entendit tout au fond du corridor le bruit de la porte qui s'ouvrait une seconde fois et qui se refermait. Un pas précipité s'approcha.

Une autre novice, vêtue de toile bise et voilée de bure, parut au seuil de la galerie.

— Aïdda ! s'écria Gabrielle, avant même que la nouvelle venue eût relevé son voile.

Elle courut vers l'Africaine, les bras ouverts : mais elle recula quand celle-ci, écartant son voile d'un geste saccadé, lui eut montré son visage. C'était deux yeux brûlants, éclairant la pâleur d'une morte.

— Ma sœur !... oh ! ma sœur ! balbutia Gabrielle ; n'as-tu point trouvé en ce saint lieu l'oubli et le repos?

— Je n'y ai cherché ni le repos ni l'oubli, répliqua la Mauresque d'une voix sourde. Elle saisit la main de Gabrielle qui tressaillit à ce contact. Sa main était de marbre. Elle s'assit sur le banc de bois qui était au fond de la tribune. Gabrielle, cédant à son invitation muette, se plaça auprès d'elle.

Au bout d'une minute de silence, l'Africaine étendit le doigt vers l'église illuminée.

— Ils vont venir, murmura-t-elle, tous deux... le tien avec Isabel Perez de Guzman... le mien avec la fille du comte-duc. Une larme roula sur la joue de Gabrielle.

— Tu pleures ! dit l'Africaine, dont l'œil lança un fauve éclair ; tu aimes encore !... Il n'y a ni oubli ni repos, ma fille, et le cloître lui-même est un mensonge ! Au-dessus des bourdonnements de la foule, les orgues chantèrent une mélodie suave et lente. Aïdda eut ce rire strident qui déchire la poitrine.

— Ils vont venir ! répéta-t-elle. Puis courbant la tête et regardant le sol à ses pieds.

— Je suis ici pour me venger, ma sœur ! prononça-t-elle d'un accent incisif et bref.

— Dans la maison du Seigneur ! s'écria Gabrielle épouvantée ; sous cet habit de renoncement et de pénitence !

— Tais-toi !... Dieu se venge aussi, puisque Satan souffre éternellement pour l'avoir trahi... Tu ne sais pas... tu as des armes... tu as une arme terrible et qui tuera comme un coup de foudre !...

— Je ne veux point des armes que tu m'apportes, Aïdda.

— Tais-toi... ce mariage qui fait ton malheur est impie, impie comme celui qui cause ma misère... Entre Mendoze et Isabel il y a du sang, comme entre Moncade et cette Inez :

— Du sang répéta Gabrielle.

— Le sang d'un père... Écoute !...

— Au sortir de cette nuit de tortures où Moncade foula aux pieds mon amour et le souvenir de sa sœur assassinée, je m'enfuis la rage dans le cœur. Tout m'avait abandonné, tout, jusqu'au père de Blanche, ma marraine, dont l'agonie fut une désertion. Inez triomphait... Cependant, je n'étais pas vaincue... Tant qu'un souffle de vie restera dans ma poitrine, je ne serai pas vaincue...

Je cherchai Moghrab, dont j'avais été la servante fidèle, parce que je croyais sa haine aussi forte que la mienne ; je ne trouvai pas Moghrab...

Je me rendis chez le comte-duc... celui-là du moins devait s'entendre avec moi. Sa vie entière était ma garantie : il s'était vengé cruellement, horriblement... Je lui pardonnais déjà, à condition qu'il se mit de moitié dans ma vengeance. Je fus introduite... je vis un misérable fou écrivant les pages d'un libelle, j'entendis des cris de désespoir, des imprécations, de lâches extravagances... je voulus ranimer ce feu éteint, mais il n'y avait plus que des cendres... Le roi ! je songeai au roi !... Il fallait être folle, n'est-ce pas ?... J'étais folle... L'antichambre royale était encombrée, mais j'avais le mot d'ordre des desservidores qui gardaient depuis le matin toutes les issues : le palais appartenait à Moghrab. Je pénétrai dans l'appartement du roi par les étuves... En traversant la salle des bains, je croisai un homme qui avait à son manteau des taches sanglantes... Cet homme était don Hernan Perez de Guzman, père de la Medina-Celi.

Je poursuivis mon chemin... dans la toilette du roi, un autre homme était étendu mort sur les dalles... celui-là était Moghrab le maragut, que j'appelais mon père... Le roi parut sur le seuil et dit à ses chambriers : « Enlevez le corps de Louis de Haro, marquis de Buniol, et qu'il soit mis en terre sainte... » Comprends-tu ?

— Non, répondit Gabrielle.

— Tu ne sais donc pas le vrai nom de ton Mendoze ?

— Je ne sais rien... je suis ici depuis le jour où l'on vint m'apprendre la mort de Pedro Gil, mon père...

Un grand tumulte avait lieu dans la nef, où la foule, violemment déplacée par les hallebardiers, s'ouvrait pour faire une large voie de la porte jusqu'à l'autel. Un couple s'avançait sous un dais porté par quatre pages à la livrée royale.

Et les huissiers disaient :

— Place à dona Isabel Perez de Guzman ! place à don Louis de Haro, marquis de Buniol, premier ministre du roi !

— Mendoze, murmura Gabrielle défaillante.

— Comprends-tu ? répéta Aidda. Mendoze est le fils de l'homme assassiné ? balbutia la novice. Les orgues jouaient une marche triomphale. Un autre dais, couvrant dona Inez et le marquis de Pescaire, allait vers l'autel. Aidda fermait les yeux et ses dents se choquaient.

— Et le meurtrier ? demanda Gabrielle.

— Le père de la Medina-Celi.

— Tes preuves ?

— La marquise est exilée... Pendant que tu pleurais ici, j'étais la maîtresse du roi...

— Et le roi t'a dit ?

— Le roi seul et moi nous savons ce secret !

Ce fut à ce moment que la grand'porte du fond s'ouvrit pour donner passage au cortège royal. Malgré la sainteté du lieu, les acclamations éclatèrent, dominées par les profonds retentissements de l'orgue. Cette blonde enfant, Gabrielle, avait, elle aussi maintenant, de sombres éclairs dans les yeux.

— Tes armes... prononça-t-elle entre ses dents serrées ; quelles sont les armes ?

L'Africaine se pencha jusqu'à son oreille ; sa réplique se perdit dans les mille fracas qui montaient de la nef. On aurait pu entendre seulement ces paroles :

— J'avais de l'or ; je l'ai semé à pleines mains... Elle tendit un poignard à Gabrielle, en ajoutant :

— On ne nous prendra pas vivantes !...

Les doigts délicats de la novice se crispèrent autour du manche du poignard. Aïdda se leva et ouvrit une porte percée dans l'épaisseur du mur de la tribune.

— Par ici, dit-elle ; c'est le chemin du chœur... nous verrons leur agonie... viens.

— Passe la première, dit Gabrielle avec un son de voix étrange ; je te suis.

La porte donnait sur un escalier noir et ténébreux. Aïdda passa la première. Dans la tribune, maintenant déserte, on aurait pu entendre un cri étouffé. Les deux couples était agenouillés devant l'autel. Le roi, la reine et la cour attendaient. Dans la sacristie, l'évêque de Léon, chapelain du roi, avait déjà en main calice et patène pour célébrer le saint sacrifice.

— Sacrilège ! sacrilège ! dit une voix brisée à la porte, derrière le clergé et les servants. En même temps, malgré les efforts de tous, une jeune fille en costume de novice, éperdue et les yeux hagards, se précipita jusqu'aux pieds du prélat.

— Sacrilège ! répéta-t-elle, sacrilège !... On a mis du poison dans le pain du Seigneur !... C'est la mort que vous allez donner au lieu de la vie !

L'évêque s'arrêta. Les prêtres, cependant, voulaient écarter Gabrielle qu'ils prenaient pour une fille échappée du cloître.

Du dehors on répétait :

— Le roi attend.

L'évêque dit :

— Jeune fille, expliquez-vous.

— Devant vous seul et en confession, Monseigneur, répondit Gabrielle.

D'un geste, le prélat écarta son clergé.

Gabrielle, toujours agenouillée, lui dit :

— Mon père, les hosties qui doivent servir à la célébration du mariage sont empoisonnées.

L'évêque se signa épouvanté.

— C'était pour tuer le corps, mon père... mais il y avait une plus horrible vengeance... A ceux qui s'aiment, on allait dire : « Vous êtes condam-« nés à la haine ! Il existe une malédiction entre « vous... Je vous défie de franchir ce fleuve de « sang qui vous sépare à jamais ! » Mon père, que Dieu pardonne à celle qui voulait faire ce double deuil !...

— Où est-elle ?... son nom ?...

— C'est le nom d'une morte, mon père... Elle a deviné que j'allais parler... elle a voulu me retenir, et moi je l'ai poignardée. Gabrielle s'affaissa évanouie.

Le roi n'attendit pas plus longtemps. L'évêque de Léon, à la tête de son clergé, monta au chœur. Personne ne s'aperçut qu'on changeait le ciboire pour la célébration de la messe. Isabel et Inez, belles et mélancoliques toutes deux, mais heureuses, s'entresouriaient parmi les tièdes vapeurs de l'encens. Mendoze et Moncade mirent ensemble le pied sur la première marche de l'autel, et reçurent les anneaux bénits donnés par le roi. Des flots de lente et pure harmonie tombaient de l'orgue.

— Longue vie à Vincent de Moncade, connétable de Castille! Longue vie à Louis de Haro, duc de Medina-Celi, ministre de S. M. Philippe le Grand!

Le lendemain, Cuchillo tua trois taureaux, et le roi l'embrassa. Almanzor, le plus chéri des perroquets, vécut, privé qu'il était de son docteur Hussein le Noir. Le comte-duc édita son *Nicandro*, paquet de flèches émoussées qui ne servit qu'à éterniser son exil. Eleonor de Tolède garda le deuil toute sa vie dans sa maison pleine de gloire et de bonheur. A Séville, le populaire attendit longtemps le retour du sorcier Moghrab, qui avait deviné à l'avance le nom du successeur du comte-duc. Quant à Esteban, son règne fut illustre, presque autant que celui du grand *Gafedado*. Il réconcilia l'ancienne et la nouvelle école. Le sage Picaros lui succéda à l'âge de cent trente-huit ans. Il était vert encore, et buvait quand il voulait sa demi-douzaine de flacons d'alicante. Maravedi vint après lui et fut le dernier roi de la gueuserie andalouse.

Ainsi meurent les plus belles choses de ce monde. Ce qui ne passe pas, c'est la mémoire du cœur.

A trois lieues de Séville, sur les rives du Guadalquivir, vous pourriez encore admirer une villa du vieux style qui porte le nom singulier de

Pepino. Là-bas, au fond de l'Estramadure, le vaste et magnifique château de Micaja élève ses fières tourelles à l'endroit même où tombait en ruine la maison du vieux paysan Mendoze. Bobazon, don Torribio Bobazon de la Cochuela y Mamarrochada, contador mayor et trésorier de l'épargne du roi, avait consacré par ces deux monuments sa reconnaissance envers les humbles instruments de son immense fortune.

FIN

TABLE

DU TOME DEUXIÈME

	Pages
I. — Le médaillon de Mendoze.	1
II. — La fille d'Olivarès.	15
III. — Le serment de Moncade.	36
IV. — Sultan Yusuf.	62
V. — L'hôtellerie de maître Colombo.	82
VI. — Medianoche.	100
VII. — La chambre de la marquise.	118
VIII. — Tristesse de Bobazon.	138
IX. — L'antichambre du roi.	159
X. — La toilette du roi.	185
XI. — Frères d'armes.	199
XII. — La mort du lion.	217
XIII. — L'oïdor Pedro Gil.	232
XIV. — Les prédictions de Moghrab.	252
XV. — Épilogue. — Deux recluses.	302

Imprimerie de Poissy — S. Lejay.